El Cielo Nuevo
y
La Tierra Nueva

Robert Wayne Atkins, P.E.

La Santa Biblia revela
los planes de Dios para
crear un cielo nuevo
y una tierra nueva.

Para obtener más información, visite: https://www.grandpappy.org

El Cielo Nuevo y La Tierra Nueva
Robert Wayne Atkins, P.E.

Copyright © 2021 por Robert Wayne Atkins, P.E. Reservados todos los derechos. Ninguna parte de este libro puede usarse o reproducirse de ninguna manera sin el permiso por escrito del autor, excepto para breves citas que se incluyen como parte de un artículo de revisión. Para obtener información adicional, comuníquese con el autor por correo electrónico a: RobertWayneAtkins@hotmail.com

Las imágenes de la portada de este libro pertenecen a Corel Mega Gallery Copyright © 1996 de Corel Corporation. Las imágenes se utilizan con el permiso otorgado por Corel Corporation al autor de este libro como comprador, propietario y usuario original de los CD, software, contrato de licencia y manual originales.

Los versículos de la Biblia son de una de las siguientes cuatro traducciones al español de la Santa Biblia:

1. RVA = La Biblia Reina-Valera Antigua, Versión de Casiodoro de Reina 1569, Revisda por Cipriano de Valera 1602, y Revisda 1862 y 1909. Dominio Publico.
   Paginas 5-8,9-13,15-19,22-27,29-43,46-48,50,52,54,55,57-60,63-64, 67-69,71-76,79-85,87-96,99,101,103-121,123-131,133-135,137-141, 144-158,161-174,177-179,181-190,193-205, y contraportada.
2. RVR 1960 = La Biblia Reina-Valera (RVR 1960), Copyright © 1960 por Sociedades Biblicas en América Latina; © renovado 1988 Sociedades Biblicas Unidas. Utilizado con permiso.
   Páginas 5,7,9,10,15,22,54,57,60,67,72,73,96,104,118,120,138,141-144,146,153,154,155,169,170,174,177,179,181,183,186,187,188,193, 198-201,203.
3. LBLA = La Biblia de las Américas® (LBLA®), Copyright © 1986, 1995, 1997 por The Lockman Foundation. Usadas con permiso.
   Páginas 5,7,9,10,15,43,46,47,48,67,71,74,104,139,146,155,166,174, 185,187,188,198-201.
4. NTV = Nueva Traducción Viviente, Copyright © 1996, 2004, 2015 por Tyndale House Foundation. Usadas con permiso de Tyndale House Publishers, Inc., Carol Stream, Illinois 60188. Reservados todos los derechos.
   Páginas 5,7,9,11,15,16,25,54,67,104,139,146,155,175,184,185,187, 188,197-202,204.

Primera edición publicada por Grandpappy, Inc.

La Santa Biblia revela los planes de Dios
para crear un cielo nuevo y una tierra nueva.

ISBN: 978-1-7370680-0-6

Impreso en los Estados Unidos de América.
10 9 8 7 6 5 4 3 2

Prefacio a
El Cielo Nuevo y La Tierra Nueva

Un día, el cielo actual y la tierra actual desaparecerán y Dios creará un cielo nuevo y una tierra nueva.

La Santa Biblia contiene muchas Escrituras que revelan cómo serán el cielo nuevo y la tierra nueva. Sin embargo, no todas estas Escrituras aparecen en un solo libro de la Biblia. En cambio, estas Escrituras se encuentran en varios de los libros del Antiguo Testamento y del Nuevo Testamento.

Para comprender mejor cómo serán el cielo nuevo y la tierra nueva, este libro consolida las Sagradas Escrituras sobre un tema específico en un solo capítulo sobre ese tema.

Los capítulos de este libro generalmente comienzan citando Escrituras de la Santa Biblia. Después de que se hayan presentado varias Escrituras, se proporciona un breve resumen y consolidación de esas Escrituras. Finalmente, al final de cada capítulo hay un resumen de todas las Escrituras que se citan en ese capítulo.

Este libro cita versículos de las Escrituras extensamente y, por lo tanto, aproximadamente el 46% de este libro contiene citas directas de la Santa Biblia. El 54% restante de este libro es un resumen y una aclaración de esas Escrituras basado en la interpretación más probable de esas Escrituras cuando se ven como un todo cohesivo.

La mayoría de los versículos de las Escrituras en este libro son de Reina-Valera Antigua. Sin embargo, se citan cuatro traducciones al español y las siguientes abreviaturas se utilizan a lo largo de este libro para indicar la fuente exacta de cada cita de las Escrituras:

1. RVA = La Biblia Reina-Valera Antigua, 1569, 1602, 1862, 1909.
2. RVR 1960 = La Biblia Reina-Valera, 1960 Revisión © 1960, 1988.
3. LBLA = La Biblia de las Américas © 1986, 1995, 1997.
4. NTV = Nueva Traducción Viviente, © 1996, 2004, 2015.

Algunas traducciones al español de la Santa Biblia, como la NBLA, escriben con mayúscula palabras que se refieren específicamente a Dios, como Mi y Su y Él.

En este libro, las Escrituras se muestran exactamente como aparecen en la traducción original y se retuvo el método de uso de mayúsculas que utilizaron los traductores. Sin embargo, como autor del resto del material de este libro, he escrito con mayúscula las palabras que se refieren a Dios para indicar claramente que las palabras se refieren a Dios y mostrar respeto a Dios como el Creador de todo lo que ahora existe y existirá.

Es mi oración que este libro le ayude a comprender mejor lo que dice la Santa Biblia acerca de dónde pasarán la eternidad los cristianos.

Respetuosamente,
Robert Wayne Atkins, P.E.
1-12-2020 (versión en inglés) y 1-6-2021 (versión en español)

El Cielo Nuevo y La Tierra Nueva
Tabla de contenido

Capítulo		Página
1	Una vista previa de todo el libro	1
2	El principio y el fin de la Santa Biblia	5
3	Cuerpo, alma, espíritu, dos nacimientos y dos muertes	9
4	Ángeles, diablos y demonios	15
5	Cielo, tierra, paraíso, infierno, el lago de fuego y el abismo	21
6	Las cartas a las siete iglesias de Apocalipsis	29
7	El templo reconstruido de la gran tribulación	35
8	La gran tribulación	45
9	El rapto de los santos	71
10	La batalla de Armagedón	79
11	La primera resurrección	85
12	El templo durante el reinado de los mil años de Jesucristo	87
13	El reinado de los mil años de Jesucristo	89
14	La batalla final entre el bien y el mal	99
15	La segunda resurrección	101
16	El juicio del gran trono blanco de Dios Todopoderoso	103
17	El libro de la vida del Cordero	113
18	El tribunal de Cristo y el tesoro en el cielo	117
19	El cielo nuevo, la tierra nueva y la nueva Jerusalén	123
20	El agua viva	129
21	El árbol de la vida	133
22	Nuestros cuerpos resucitados	137
23	¿Qué edad tiene la religión cristiana?	161
24	Hubo tres cruces en el calvario	177
25	El plan de Dios de salvación eterna	181
26	¿Qué nos llevaremos a la eternidad?	193
	Índice	207
	Acerca del autor	212

Si prefiere la versión RVR 1960 de la Santa Biblia y le gustaría comprender mejor esa versión, le recomiendo la siguiente Biblia de estudio:
RVR 1960 Biblia de Estudio Holman © 2014 por Holman Bible Publishers.
La Biblia de Estudio Holman tiene las Escrituras RVR 1960 en la parte superior de cada página y una explicación de muchas de esas Escrituras en la parte inferior de la misma página. Esto le permite ampliar fácil y rápidamente su conocimiento y comprensión de la Santa Biblia.
La Biblia de Estudio Holman tiene las Palabras de Jesucristo impresas en rojo. También tiene una introducción a cada uno de los libros de la Biblia que incluye información histórica sobre cada libro. Tiene más de 100 fotografías e ilustraciones, y 60 mapas a todo color. Recomiendo ampliamente la Biblia de Estudio Holman a cualquiera que desee comprender mejor la Santa Biblia.

Capítulo uno
Una vista previa de todo el libro

La Santa Biblia nos dice que Dios creará un cielo nuevo y una tierra nueva en el futuro. El cielo nuevo y la tierra nueva se mencionan en varios de los libros de la Santa Biblia. Algunas de estas Escrituras están en el Antiguo Testamento y algunas de estas Escrituras están en el Nuevo Testamento.

Para comprender mejor todas estas diferentes Escrituras, las Escrituras se reunirán en los distintos capítulos de este libro según el tema principal que describe cada uno de los versículos de las Escrituras. Esto permitirá que todas las Escrituras sobre un tema se examinen a la vez, y esto debería ayudarnos a ver el panorama general en lugar de centrar nuestra atención en una pequeña parte del panorama general.

Se citarán Escrituras específicas directamente de la Santa Biblia en cada capítulo. Después de que se hayan presentado varias Escrituras, se proporcionará un resumen del contenido combinado de todas las Escrituras para consolidar y aclarar la información en todas las Escrituras. Esto debería ayudarnos a evitar una mala interpretación de un versículo específico de las Escrituras. Puede ocurrir un error de interpretación porque a veces es posible interpretar una escritura específica de más de una manera. Sin embargo, cuando se comparan varias Escrituras juntas, los problemas con algunas de las posibles interpretaciones se vuelven obvios.

Las declaraciones resumidas proporcionadas en este libro intentarán aclarar el significado de varias Escrituras dando igual peso a todas las Escrituras. Las declaraciones resumidas no ignorarán ni minimizarán la importancia de ningún pasaje bíblico para respaldar una interpretación específica. Cualquier interpretación que no esté de acuerdo con el significado de todas las Escrituras relevantes no se incluirá en este libro. Las únicas excepciones serán cuando una interpretación ya ha ganado mucha publicidad pero esa interpretación no es consistente con toda la Santa Biblia de cabo a rabo. Este tipo de interpretación se mencionará ocasionalmente en un capítulo con el propósito de explicar por qué no es razonable y para explicar claramente exactamente cómo no está de acuerdo con otras Escrituras de la Santa Biblia.

En raras ocasiones, un capítulo puede incluir mis pensamientos personales al final del capítulo. Cuando esto ocurre, trato de dejar muy claro que la información no es más que mi opinión basada en mi conocimiento limitado de la Santa Biblia y en mis experiencias personales de vida. Mis opiniones personales no están "inspiradas" y la única razón por la que las incluyo ocasionalmente en este libro es porque creo que pueden ayudar a respaldar y aclarar aún más la información que ya se ha presentado en un capítulo específico.

Para apreciar mejor el cielo nuevo y la tierra nueva que Dios creará, los primeros capítulos de este libro proporcionarán una breve discusión sobre la vida eterna, los ángeles y los demonios, y el cielo y el infierno. Una mejor comprensión de estos temas puede mejorar significativamente el concepto de eternidad, tal como se explica a lo largo de la Santa Biblia.

El capítulo sobre ángeles y demonios consolidará la información que se encuentra a lo largo de la Santa Biblia para proporcionar una mejor comprensión del origen y los objetivos de los ángeles y demonios. Los ángeles se aparecían con frecuencia a las personas en el Antiguo Testamento para decirles lo que Dios quería que hicieran o para ayudarlos en su trabajo. Los ángeles anunciaron el nacimiento de Jesucristo a María su madre, a su padrastro José ya los pastores en los campos cerca de Belén. Los ángeles también ayudaron a Jesús en diferentes momentos durante su ministerio. Un ángel liberó a Pedro de la prisión y los ángulos con frecuencia proporcionaron orientación al apóstol Pablo. Jesús expulsó demonios de muchas personas durante su ministerio. La Santa Biblia proporciona información muy específica sobre los objetivos de los demonios, lo que los demonios pueden hacer y lo que los demonios no pueden hacer.

El capítulo sobre el cielo y el infierno explicará el cielo y el infierno con más detalle basándose en versículos específicos de la Santa Biblia. El cielo y el infierno son temas extremadamente importantes, pero algunas personas solo tienen una comprensión muy básica del cielo y el infierno. Este libro explicará lo que le sucede al espíritu eterno de una persona cuando muere. Este libro también utilizará versículos de las Escrituras para explicar claramente que el espíritu eterno de una persona no permanece para siempre en su destino original cuando sale del cuerpo por primera vez. En cambio, el espíritu de una persona un día se reunirá con su cuerpo en la resurrección y luego el cuerpo resucitado de la persona será enviado a un lugar específico en función de si aceptamos o no a Jesucristo como nuestro Salvador personal.

El libro también discutirá el templo judío reconstruido, la gran tribulación, el rapto de los santos, la batalla de Armagedón, la primera resurrección, el reinado de 1.000 años de Jesucristo, la batalla final entre el bien y el mal, y la segunda resurrección.

Luego, este libro examinará de cerca el juicio de Dios en el gran trono blanco, el libro de la vida del Cordero y el trono del juicio de Cristo. Se proporcionarán Escrituras específicas para mostrar que los cristianos no serán juzgados en el juicio de Dios del gran trono blanco. En cambio, los cristianos cuyos nombres están escritos en el libro de la vida del Cordero aparecerán ante el tribunal de Cristo con el propósito de recibir recompensas eternas por las obras que hicimos mientras vivíamos aquí en esta tierra.

Los siguientes tres capítulos discuten el cielo nuevo, la tierra nueva, la nueva Jerusalén, el agua viva y el árbol de la vida. Estos son temas importantes y la información sobre estos temas aparece en la Biblia desde el Génesis hasta el Apocalipsis. Una mejor comprensión de estos temas puede ayudarnos a ver más claramente su relación con la salvación que Jesucristo nos ofrece.

Cerca del final de este libro hay un capítulo que analiza cómo serán nuestros cuerpos resucitados. Este capítulo consolidará versículos específicos de las Escrituras que se encuentran esparcidos por toda la Biblia. Al consolidar y repasar todas las Escrituras relacionadas en un capítulo, será más fácil obtener una visión más realista de cómo serán nuestros cuerpos resucitados y de lo que nuestros nuevos cuerpos serán capaces de hacer.

También hay un capítulo sobre el origen del cristianismo. El propósito de este capítulo es ayudar a aclarar que el cristianismo no es una religión "nueva". Este capítulo no se basa en opiniones ni en libros de historia. Este capítulo se basa completamente en lo que dice la Santa Biblia.

Debido a que cada uno de nosotros pasará la eternidad con Dios, o separado de Dios, también hay un capítulo que presenta el plan de Dios para nuestra salvación eterna. En mi opinión, este es probablemente el capítulo más importante de este libro. Hay mucha confusión en el siglo veintiuno sobre la "salvación". El problema es que parte de la información que está disponible actualmente es 100% incorrecta. Y parte de la información que está disponible es solo parcialmente correcta y no incluye toda la información que una persona necesita saber para ser "guardada". El capítulo de salvación de este libro cita Escrituras específicos de la Santa Biblia. Todas las Escrituras se interpretan de manera coherente para que todas las Escrituras concuerden entre sí. No hay contradicciones ni detalles faltantes que puedan llevar a una persona a una conclusión incorrecta sobre la salvación.

El último capítulo de este libro trata sobre lo que podemos llevarnos a la eternidad. Algunas personas creen que cuando morimos no podemos llevarnos nada a la próxima vida. Esto es cierto si estamos eternamente separados de Dios. Pero si nuestro hogar eterno está en la gloria, entonces nuestro espíritu puede llevarse una variedad de cosas espirituales muy importantes con nosotros a la eternidad. Y si hacemos buenas acciones mientras estamos vivos aquí en esta tierra, entonces habrá recompensas por esas buenas acciones esperándonos cuando lleguemos al cielo. El último capítulo de este libro puede ayudar a una persona a comprender mejor lo que podemos hacer ahora mientras aún estamos vivos para mejorar significativamente nuestra vida eterna en la gloria.

En mi opinión, las tres siguientes traducciones al español de la Santa Biblia son buenas traducciones de los textos originales hebreo, arameo y griego:

RVR = La Biblia Reina-Valera.
LBLA = La Biblia de las Américas.
NTV = Nueva Traducción Viviente.

Este libro cita Escrituras de las tres traducciones al español de la Santa Biblia mencionadas anteriormente por las siguientes dos razones:

1. No quería centrarme en una traducción de la Santa Biblia porque eso podría llevar a algunas personas a creer que una traducción al español era superior a todas las demás traducciones al español.
2. Cuando un idioma se traduce a otro idioma, generalmente no es posible traducir simplemente palabra por palabra. Algunos idiomas colocan adjetivos antes de un sustantivo (una roja flor), y algunos idiomas colocan adjetivos después de un sustantivo (una flor roja). Algunos idiomas solo tienen una palabra para algo, y un idioma diferente puede tener varias palabras para lo mismo, pero cada palabra tiene un significado ligeramente diferente. Por lo tanto, la mayoría de los traductores intentan traducir el significado original de una oración y no solo las palabras de la oración. En este libro intenté seleccionar traducciones al español que fueran traducciones legítimas válidas de versículos de las Escrituras específicas, pero que también fueran relativamente fáciles de leer y comprender.

Por último, permítame decirle muy claramente que este no es un libro "inspirado". Los versículos de las Escrituras que se presentan a lo largo de este libro son las palabras inspiradas de Dios. Pero todo lo demás es simplemente la opinión de un anciano que ha estado leyendo la Santa Biblia casi todos los días desde 1976. Cuando miro hacia atrás en mi vida, me sorprende lo mucho que he crecido espiritualmente con cada año que pasa simplemente por mi estudio bíblico diario y mi asistencia semanal a la iglesia.

Puede crecer en la fe cristiana si comienza a leer la Santa Biblia todos los días, incluso si es solo por unos minutos cada día, como una página o media página por día. Y debe esforzarse por asistir a un servicio religioso al menos una vez por semana. Esto se puede hacer en persona, o puede ver el servicio de una iglesia que transmite su servicio en internet, o puede ver un servicio de la iglesia en la televisión, o puede escuchar un servicio de la iglesia en la radio. Por lo tanto, cada uno de nosotros puede adorar a Dios en el día de reposo, incluso si estamos confinados en nuestro hogar o en una cama de hospital.

Mi esperanza y mi oración es que Dios los bendiga eternamente a usted y a toda su familia extendida mientras continúan leyendo su Biblia y continúan adorando fielmente al Señor su Dios.

Capitulo dos
El principio y el fin de la Santa Biblia

La Santa Biblia es un libro asombroso. Cualquiera que se tome el tiempo para leer la Santa Biblia descubrirá que algunos conceptos se enseñan desde el principio hasta el final de la Biblia. Este capítulo analizará brevemente uno de estos conceptos tan importantes.

El comienzo de la Santa Biblia

Génesis 1:1-3 RVA
¹ EN el principio crió *Dios* los cielos y la tierra.
² Y la tierra estaba desordenada y vacía, y las tinieblas estaban sobre la haz del abismo, y el *Espíritu de Dios* se movía sobre la haz de las aguas.
³ Y dijo Dios: *Sea la luz*: y fué la luz.

Génesis 1:1-3 RVR 1960
¹ En el principio crió *Dios* los cielos y la tierra.
² Y la tierra estaba desordenada y vacía, y las tinieblas estaban sobre la faz del abismo, y el *Espíritu de Dios* se movía sobre la faz de las aguas.
³ Y dijo Dios: *Sea la luz:* y fue la luz.

Génesis 1:1-3 LBLA
¹ En el principio creó *Dios* los cielos y la tierra.
² Y la tierra estaba sin orden y vacía, y las tinieblas cubrían la superficie del abismo, y el *Espíritu de Dios* se movía sobre la superficie de las aguas.
³ Entonces dijo Dios: *Sea la luz.* Y hubo luz.

Génesis 1:1-3 NTV
¹ En el principio, Dios creó los cielos y la tierra.
² La tierra no tenía forma y estaba vacía, y la oscuridad cubría las aguas profundas; y el Espíritu de Dios se movía en el aire sobre la superficie de las aguas.
³ Entonces Dios dijo: «Que haya luz»; y hubo luz.

Resumen de las Escrituras: En el principio, Dios creó todo en todas partes. Dios hizo esto hablando de las cosas para que existieran. Al principio, las Palabras de Dios contenían un poder eterno infinito. Y las Palabras de Dios todavía contienen un poder eterno infinito hoy.

Los primeros tres versículos de la Santa Biblia son extremadamente importantes porque contienen la siguiente información acerca de Dios:

1. **Dios** (Versículo 1): Dios Todopoderoso, o Dios el Padre, se menciona al comienzo de la Santa Biblia. Y Dios el Padre se menciona en toda la Santa Biblia. Y Dios el Padre se menciona al final de la Santa Biblia.
2. **El Espíritu de Dios** (Versículo 2): El Espíritu de Dios, o el Espíritu Santo, se menciona al principio de la Santa Biblia. Y el Espíritu Santo se menciona en toda la Santa Biblia. Y el Espíritu Santo se menciona al final de la Santa Biblia.
3. **Las Palabras de Dios** (Versículo 3): Las Palabras de Dios se mencionan al principio de la Santa Biblia. Y la Palabra se menciona en

toda la Santa Biblia. Y la Palabra se menciona al final de la Santa Biblia.

Los siguientes versículos de las Escrituras brindan más información sobre la Palabra de Dios, or el Verbo de Dios:

Juan 1:1-3 RVA
[1] EN el principio era el Verbo, y el Verbo era con Dios, y el Verbo era Dios. [2] Este era en el principio con Dios. [3] Todas las cosas por él fueron hechas; y sin él nada de lo que es hecho, fué hecho.

Juan 1:14 RVA
[14] Y aquel Verbo fué hecho carne, y habitó entre nosotros . . .

Lucas 2:11 RVA
[11] . . . os ha nacido hoy, en la ciudad de David, un Salvador, que es CRISTO el Señor.

Colosenses 1:15-17 RVA
[15] El cual es la imagen del Dios invisible, el primogénito de toda criatura. [16] Porque por él fueron criadas todas las cosas que están en los cielos, y que están en la tierra, visibles é invisibles; sean tronos, sean dominios, sean principados, sean potestades; todo fué criado por él y para él. [17] Y él es antes de todas las cosas, y por él todas las cosas subsisten:

Resumen de las Escrituras: Las Escrituras anteriores explican muy claramente que Jesucristo es el Verbo de Dios encarnado, y que Él es la imagen del Dios invisible, y que Él creó todo.

El fin de la Santa Biblia

Apocalipsis 22:16-21 RVA
[16] Yo *Jesús* he enviado mi ángel para daros testimonio de estas cosas en las iglesias. Yo soy la raíz y el linaje de David, la estrella resplandeciente, y de la mañana.
[17] Y el *Espíritu* y la Esposa dicen: Ven. Y el que oye, diga: Ven. Y el que tiene sed, venga: y el que quiere, tome del agua de la vida de balde.
[18] Porque yo protesto á cualquiera que oye las palabras de la profecía de este libro: Si alguno añadiere á estas cosas, *Dios* pondrá sobre él las plagas que están escritas en este libro. [19] Y si alguno quitare de las palabras del libro de esta profecía, *Dios* quitará su parte del libro de la vida, y de la santa ciudad, y de las cosas que están escritas en este libro. [20] El que da testimonio de estas cosas, dice: Ciertamente, vengo en breve. Amén, sea así. Ven: *Señor Jesús.*
[21] La gracia de nuestro *Señor Jesucristo* sea con todos vosotros. Amén.

Resumen de las Escrituras: Los últimos versículos al final de la Santa Biblia mencionan a Dios, el Espíritu Santo y Jesucristo, quien es el Verbo de Dios encarnado.

Dios se refiere a Sí Mismo como "Nuestra"
Génesis 1:26-27 RVA
²⁶ Y dijo Dios: *Hagamos* al hombre á *nuestra imagen*, conforme á *nuestra semejanza*; y señoree en los peces de la mar, y en las aves de los cielos, y en las bestias, y en toda la tierra, y en todo animal que anda arrastrando sobre la tierra. ²⁷ Y crió Dios al hombre á su imagen, á imagen de Dios lo crió; varón y hembra los crió.

Resumen de las Escrituras: En el primer capítulo del primer libro de la Santa Biblia, Dios se refiere a sí mismo como "hagamos" y "nuestra imagen" y "nuestra semejanza". Estas palabras significan más de una. Dios no dijo "Yo haré" o "mi imagen" o "mi semejanza", que sería singular.

La Santa Biblia explica la palabra "nuestra" como el Padre, el Espíritu Santo y Jesús el Hijo
Mateo 3:16-17 RVA
¹⁶ Y *Jesús*, después que fué bautizado, subió luego del agua; y he aquí los cielos le fueron abiertos, y vió al *Espíritu de Dios* que descendía como paloma, y venía sobre él. ¹⁷ Y he aquí una *voz de los cielos* que decía: Este es mi *Hijo* amado, en el cual tengo contentamiento.

2 Corintios 13:14 RVA
¹⁴ La gracia del *Señor Jesucristo*, y el amor de *Dios*, y la participación del *Espíritu Santo* sea con vosotros todos. Amén

Juan 10:30
RVA: ³⁰ Yo y el Padre una cosa somos.
RVR 1960: ³⁰ Yo y el Padre uno somos.
LBLA: ³⁰ Yo y el Padre somos uno.
NTV: ³⁰ El Padre y yo somos uno.

Resumen de las Escrituras: Las Escrituras anteriores claramente mencionan a Dios el Padre, Dios el Espíritu Santo y Jesús el Hijo. Aunque Dios existe en tres personas distintas, las tres personas de Dios son Una. Esto es lo que Jesús quiso decir cuando dijo: "Yo y el Padre somos uno".

Santo, santo, santo
Isaías 6:1-3 RVA
¹ EN el año que murió el rey Uzzías vi yo al Señor sentado sobre un trono alto y sublime, y sus faldas henchian el templo. ² Y encima de él estaban serafines: cada uno tenía seis alas; con dos cubrían sus rostros, y con dos cubrían sus pies, y con dos volaban. ³ Y el uno al otro daba voces, diciendo: *Santo, santo, santo*, Jehová de los ejércitos: toda la tierra está llena de su gloria.

Apocalipsis 4:6-8 RVA
⁶ Y delante del trono había como un mar de vidrio semejante al cristal; y en medio del trono, y alrededor del trono, cuatro animales llenos de ojos

delante y detrás. ⁷ Y el primer animal era semejante á un león; y el segundo animal, semejante á un becerro; y el tercer animal tenía la cara como de hombre; y el cuarto animal, semejante á un águila volando. ⁸ Y los cuatro animales tenían cada uno por sí seis alas alrededor, y de dentro estaban llenos de ojos; y no tenían reposo día ni noche, diciendo: *Santo, santo, santo* el Señor Dios Todopoderoso, que era, y que es, y que ha de venir.

Resumen de las Escrituras: En el Antiguo Testamento, Isaías tuvo una visión del cielo y había serafines con seis alas cerca del trono del Señor y cantaban: "*Santo, santo, santo,* Jehová de los ejércitos: toda la tierra está llena de su gloria". En el Nuevo Testamento, el apóstol Juan tuvo una visión del cielo y había serafines con seis alas cerca del trono del Señor y decían: "Santo, santo, santo el Señor Dios Todopoderoso, que era, y que es, y que ha de venir". Los serafines repetían constante y eternamente la palabra "santo" tres veces. Una muy buena razón para repetir la palabra "santo" tres veces fue para honrar a Dios el Padre, Jesús el Hijo y el Espíritu Santo.

Breve resumen del capítulo
El principio y el fin de la Santa Biblia

El comienzo de la Santa Biblia nos dice cómo Dios creó el universo entero.

El final de la Santa Biblia nos dice que un día el universo entero pasará y Dios creará un cielo nuevo y una tierra nueva donde morará con nosotros para siempre. Esta información se encuentra en los siguientes versículos de las Escrituras.

Apocalipsis 21:1-3 RVA
¹ Y VI un cielo nuevo, y una tierra nueva: porque el primer cielo y la primera tierra se fueron, y el mar ya no es. ² Y yo Juan vi la santa ciudad, Jerusalem nueva, que descendía del cielo, de Dios, dispuesta como una esposa ataviada para su marido. ³ Y oí una gran voz del cielo que decía: He aquí el tabernáculo de Dios con los hombres, y morará con ellos; y ellos serán su pueblo, y el mismo Dios será su Dios con ellos.

El centro de la Santa Biblia se puede resumir en los siguientes versículos de las Escrituras.

Mateo 22:37-40 RVA
³⁷ Y Jesús le dijo: Amarás al Señor tu Dios de todo tu corazón, y de toda tu alma, y de toda tu mente. ³⁸ Este es el primero y el grande mandamiento.
³⁹ Y el segundo es semejante á éste: Amarás á tu prójimo como á ti mismo.
⁴⁰ De estos dos mandamientos depende toda la ley y los profetas.

Los capítulos restantes de este libro contendrán información adicional sobre Dios el Padre, el Espíritu Santo y Jesucristo el Hijo de Dios.

Capítulo tres
Cuerpo, alma, espíritu, dos nacimientos y dos muertes

Este capítulo comenzará con una discusión sobre el cuerpo humano, el alma humana y el espíritu humano. La segunda mitad de este capítulo analizará los dos nacimientos y las dos muertes.

El primer hombre

Génesis 2:7
RVA: [7] Formó, pues, Jehová Dios al hombre del polvo de la tierra, y alentó en su nariz soplo de vida; y fué el hombre en alma viviente.

RVR 1960: [7] Entonces Jehová Dios formó al hombre del polvo de la tierra, y sopló en su nariz aliento de vida, y fue el hombre un ser viviente.

LBLA: [7] Entonces el SEÑOR Dios formó al hombre del polvo de la tierra, y sopló en su nariz el aliento de vida; y fue el hombre un ser viviente.

NTV: [7] Luego el SEÑOR Dios formó al hombre del polvo de la tierra. Sopló aliento de vida en la nariz del hombre, y el hombre se convirtió en un ser viviente.

Resumen de las Escrituras: Dios creó el universo y todos los animales hablándolos para que existieran. Pero Dios formó cuidadosamente al hombre del polvo de la tierra y luego Dios sopló Su Espíritu en el hombre y el hombre se convirtió en un alma viviente. El cuerpo físico del hombre no tenía vida hasta que Dios sopló Su Espíritu en el cuerpo del hombre. El aliento de Dios, que es Su Espíritu Santo, hizo a las personas únicas en comparación con todas las otras cosas que Dios creó.

El cuerpo mortal y el espíritu

Job 33:4 RVA
[4] El espíritu de Dios me hizo, Y la inspiración del Omnipotente me dió vida.

Eclesiastés 12:7 RVA
[7] Y el polvo se torne á la tierra, como era, y el espíritu se vuelva á Dios que lo dió.

Resumen de las Escrituras: Las Escrituras anteriores confirman que nuestros cuerpos mortales fueron hechos del polvo de la tierra y que el espíritu de Dios dio vida a nuestros cuerpos mortales. Las Escrituras anteriores mencionan que nuestros cuerpos volverán al polvo, pero nuestros espíritus eternos volverán a Dios.

Los capítulos futuros de este libro contendrán más información sobre cómo nuestro espíritu regresa a Dios.

Cuerpo, alma y espíritu

1 Tesalonicenses 5:23 RVA
[23] Y el Dios de paz os santifique en todo; para que vuestro espíritu y alma y cuerpo sea guardado entero sin represión para la venida de nuestro Señor Jesucristo.

Hebreos 4:12 RVA
¹² Porque la palabra de Dios es viva y eficaz, y más penetrante que toda espada de dos filos: y que alcanza hasta partir el alma, y aun el espíritu, y las coyunturas y tuétanos, y discierne los pensamientos y las intenciones del corazón.

Resumen de las Escrituras: Los versículos de las Escrituras anteriores nos dicen que tenemos cuerpo, alma y espíritu. Aunque los términos alma y espíritu a veces se usan como sinónimos, el alma y el espíritu en realidad se refieren a cosas diferentes en la Santa Biblia.

1. **Cuerpo:** El cuerpo se refiere a todo nuestro cuerpo físico ya nuestros cinco sentidos del gusto, tacto, vista, oído y olfato. El cuerpo físico es mortal y eventualmente morirá y el cuerpo volverá al polvo.
2. **Alma:** El alma se refiere a los componentes intangibles dentro de nuestro cuerpo. El alma está formada por nuestra fuerza vital, nuestros pensamientos, nuestros recuerdos, nuestras emociones, nuestra conciencia y nuestra voluntad. Controlamos nuestro cuerpo a través de nuestra voluntad. El alma es la chispa de vida que mantiene vivos nuestros cuerpos mortales. El alma vivirá para siempre, ya sea en el cielo o en el infierno.
3. **Espíritu:** Nuestro espíritu es cómo nos comunicamos con Dios y es cómo Dios se comunica con nosotros. Recuerde que Dios es tres personas: Padre, Hijo y Espíritu Santo.

El primer nacimiento

Génesis 2:24 RVA
²⁴ Por tanto, dejará el hombre á su padre y á su madre, y allegarse ha á su mujer, y serán una sola carne.

Génesis 3:16 RVA
¹⁶ A la mujer dijo: Multiplicaré en gran manera tus dolores y tus preñeces; con dolor parirás los hijos; y á tu marido será tu deseo, y él se enseñoreará de ti.

Malaquías 2:15
RVA: ¹⁵ Pues qué ¿no hizo él uno solo aunque tenía la abundancia del *espíritu*? ¿Y por qué uno? Para que procurara una simiente de Dios. Guardaos pues en vuestros *espíritus*, y contra la mujer de vuestra mocedad no seáis desleales.
RVR 1960: ¹⁵ ¿No hizo él uno, habiendo en él abundancia de *espíritu*? ¿Y por qué uno? Porque buscaba una descendencia para Dios. Guardaos, pues, en vuestro *espíritu*, y no seáis desleales para con la mujer de vuestra juventud.
LBLA: ¹⁵ Pero ninguno que tenga un remanente del *Espíritu* lo ha hecho así. ¿Y qué hizo este mientras buscaba una descendencia de parte de Dios? Prestad atención, pues, a vuestro *espíritu*; no seas desleal con la mujer de tu juventud.

NTV: ¹⁵¿No te hizo uno el SEÑOR con tu esposa? En cuerpo y espíritu ustedes son de él. ¿Y qué es lo que él quiere? De esa unión quiere hijos que vivan para Dios. Por eso, guarda tu corazón y permanece fiel a la esposa de tu juventud.

Ezequiel 18:4 RVA
⁴ He aquí que todas las *almas* son mías; como el *alma* del padre, así el *alma* del hijo es mía; el *alma* que pecare, esa morirá.

Mateo 10:28 RVA
²⁸ Y no temáis á los que matan el *cuerpo*, mas al *alma* no pueden matar: temed antes á aquel que puede destruir el *alma* y el *cuerpo* en el infierno.

Resumen de las Escrituras: Cuando un hombre y una mujer se unen, crean descendencia. Este es el primer nacimiento. En nuestro primer nacimiento recibimos un cuerpo, un alma y un espíritu. Nuestro cuerpo, alma y espíritu pertenecen a Dios nuestro Creador. Pero nuestro cuerpo, alma y espíritu morirán y pasarán la eternidad en el infierno a menos que experimentemos el segundo nacimiento.

El segundo nacimiento

Juan 3:3-9 RVA
³ Respondió Jesús, y díjole: De cierto, de cierto te digo, que el que no naciere otra vez, no puede ver el reino de Dios.
⁴ Dícele Nicodemo: ¿Cómo puede el hombre nacer siendo viejo? ¿puede entrar otra vez en el vientre de su madre, y nacer?
⁵ Respondió Jesús: De cierto, de cierto te digo, que el que no naciere de agua y del Espíritu, no puede entrar en el reino de Dios. ⁶ Lo que es nacido de la carne, carne es; y lo que es nacido del Espíritu, espíritu es. ⁷ No te maravilles de que te dije: Os es necesario nacer otra vez. ⁸ El viento de donde quiere sopla, y oyes su sonido; mas ni sabes de dónde viene, ni á dónde vaya: así es todo aquel que es nacido del Espíritu.
⁹ Respondió Nicodemo, y díjole: ¿Cómo puede esto hacerse?

Ezequiel 36:26-27 RVA
²⁶ Y os daré corazón nuevo, y pondré espíritu nuevo dentro de vosotros; y quitaré de vuestra carne el corazón de piedra, y os daré corazón de carne.
²⁷ Y pondré dentro de vosotros mi espíritu, y haré que andéis en mis mandamientos, y guardéis mis derechos, y los pongáis por obra.

Efesios 1:13-14 RVA
¹³ En el cual esperasteis también vosotros en oyendo la palabra de verdad, el evangelio de vuestra salud: en el cual también desde que creísteis, fuisteis sellados con el Espíritu Santo de la promesa, ¹⁴ Que es las arras de nuestra herencia, para la redención de la posesión adquirida para alabanza de su gloria.

Hechos 15:8 RVA
⁸ Y Dios, que conoce los corazones, les dió testimonio, dándoles el Espíritu Santo también como á nosotros;

1 Corintios 3:16 RVA
¹⁶ ¿No sabéis que sois templo de Dios, y que el Espíritu de Dios mora en vosotros?

Resumen de las Escrituras: Cuando aceptamos a Jesucristo como nuestro Señor y Salvador, nuestro espíritu es activado por el Espíritu Santo y nuestro espíritu nace de nuevo. Este es el segundo nacimiento. Nuestros espíritus fueron separados del Espíritu Santo de Dios cuando Adán pecó, pero nuestro espíritu puede reunirse con el Espíritu Santo de Dios si creemos que Jesús es el único Hijo de Dios, y que cuando murió en la cruz pagó la pena completa por todos nuestros pecados, y que cuando resucitó de la tumba conquistó la muerte para todos los que creen en Él, y que da Su Espíritu Santo a todos los que lo confiesan como Señor. El don del Espíritu Santo en nuestros corazones es nuestra garantía de vida eterna con Dios en Gloria.

La primera muerte

Génesis 2:16-17 RVA
¹⁶ Y mandó Jehová Dios al hombre, diciendo: De todo árbol del huerto comerás; ¹⁷ Mas del árbol de ciencia del bien y del mal no comerás de él; porque el día que de él comieres, morirás.

Génesis 3:17-19 RVA
¹⁷ Y al hombre dijo: Por cuanto obedeciste á la voz de tu mujer, y comiste del árbol de que te mandé diciendo, No comerás de él; maldita será la tierra por amor de ti; con dolor comerás de ella todos los días de tu vida; ¹⁸ Espinos y cardos te producirá, y comerás hierba del campo; ¹⁹ En el sudor de tu rostro comerás el pan hasta que vuelvas á la tierra; porque de ella fuiste tomado: pues polvo eres, y al polvo serás tornado.

Resumen de las Escrituras: Dios le dijo a Adán que si comía del árbol prohibido, seguramente moriría. En otras palabras, Adán podría haber vivido para siempre si simplemente hubiera obedecido a Dios. Pero Adán desobedeció a Dios y el pecado de Adán resultó en la separación del Espíritu Santo de Dios del espíritu de Adán. Y el pecado de Adán también resultó en el envejecimiento gradual y la muerte de su cuerpo físico. Dado que la muerte física de Adán y su muerte espiritual resultaron del uno pecado de Adán, en la Santa Biblia se hace referencia a ellas como la primera muerte.

La segunda muerte

Apocalipsis 2:11 RVA
¹¹ El que tiene oído, oiga lo que el Espíritu dice á las iglesias. El que venciere, no recibirá daño de *la muerte segunda*.

Apocalipsis 20:6 RVA
⁶ Bienaventurado y santo el que tiene parte en la primera resurrección; *la segunda muerte* no tiene potestad en éstos; antes serán sacerdotes de Dios y de Cristo, y reinarán con él mil años.

Apocalipsis 21:5-8 RVA
⁵ Y el que estaba sentado en el trono dijo: He aquí, yo hago nuevas todas las cosas. Y me dijo: Escribe; porque estas palabras son fieles y verdaderas. ⁶ Y díjome: Hecho es. Yo soy Alpha y Omega, el principio y el fin. Al que tuviere sed, yo le daré de la fuente del agua de vida gratuitamente. ⁷ El que venciere, poseerá todas las cosas; y yo seré su Dios, y él será mi hijo. ⁸ Mas á los temerosos é incrédulos, á los abominables y homicidas, á los fornicarios y hechiceros, y á los idólatras, y á todos los mentirosos, su parte será en el lago ardiendo con fuego y azufre, que es *la muerte segunda*.

Apocalipsis 20:11-15 RVA
¹¹ Y vi un gran trono blanco y al que estaba sentado sobre él, de delante del cual huyó la tierra y el cielo; y no fué hallado el lugar de ellos. ¹² Y vi los muertos, grandes y pequeños, que estaban delante de Dios; y los libros fueron abiertos: y otro libro fué abierto, el cual es de la vida: y fueron juzgados los muertos por las cosas que estaban escritas en los libros, según sus obras. ¹³ Y el mar dió los muertos que estaban en él; y la muerte y el infierno dieron los muertos que estaban en ellos; y fué hecho juicio de cada uno según sus obras. ¹⁴ Y el infierno y la muerte fueron lanzados en *el lago de fuego. Esta es la muerte segunda*. ¹⁵ Y el que no fué hallado escrito en el libro de la vida, fué lanzado en el lago de fuego.

Resumen de las Escrituras: La segunda muerte es el lago de fuego donde los pecadores rebeldes pasarán la eternidad. Sin embargo, todo aquel cuyo nombre esté escrito en el libro de la vida no será arrojado al lago de fuego.

Breve resumen del capítulo
Cuerpo, alma, espíritu, dos nacimientos y dos muertes

Dios creó el cuerpo de Adán del polvo de la tierra y luego Dios sopló Su Espíritu Santo en Adán y Adán se convirtió en un alma viviente. El alma es la chispa de vida que da vida a nuestro cuerpo. El espíritu es la forma en que nos comunicamos con Dios.

El primer nacimiento comienza con la concepción y nos volvemos conscientes de nosotros mismos cuando nacemos. El segundo nacimiento ocurre cuando aceptamos a Jesucristo, el Hijo de Dios, como nuestro Salvador y en ese momento el Espíritu Santo activa nuestro espíritu y nacemos de nuevo. Esto significa que podemos entrar al paraíso cuando muere nuestro cuerpo físico.

La primera muerte es la muerte de nuestro cuerpo físico. Si no tenemos al Espíritu Santo viviendo dentro de nosotros cuando nuestro cuerpo muera, entonces experimentaremos la segunda muerte, lo que significa que pasaremos la eternidad en el lago de fuego. El lago de fuego es la muerte segunda y es la separación eterna de Dios. Sin embargo, si tenemos al Espíritu Santo viviendo dentro de nosotros cuando morimos, entonces evitamos la segunda muerte y vamos al paraíso en lugar del lago de fuego.

Muchos de los temas que se han mencionado brevemente en este capítulo se discutirán con más detalle en capítulos futuros, como la salvación, la primera resurrección, el reinado de 1.000 años de Jesucristo, la segunda resurrección, el gran trono blanco de Dios, el libro de la vida, el agua de la vida y el lago de fuego.

Una observación personal

La única criatura en la que Dios sopló Su Espíritu Eterno fue el hombre. Por lo tanto, el hombre tiene un espíritu eterno que vivirá para siempre, ya sea con Dios o separado de Dios.

Cuando Dios creó los cielos y la tierra, Dios no sopló Su Espíritu Eterno en las otras cosas que Él creó. En cambio, Dios habló y todo lo demás llegó a existir. Pero Dios dio algunas de las otras cosas que Él creó el regalo de la vida.

Sin embargo, todos los demás seres vivos que existen en la tierra no tienen espíritus eternos a pesar de que viven por un tiempo y luego mueren. Esto incluye animales, peces, pájaros, insectos, árboles, flores y bacterias. Por lo tanto, no es bíblico decir que otros seres vivos tienen espíritus y que sus espíritus van al cielo cuando mueren porque solo las personas tienen espíritus eternos.

Capítulo cuatro
Ángeles, diablos y demonios

Algunas personas no creen en ningún tipo de espíritu invisible. Pero algunas personas creen en espíritus invisibles.

Algunas personas que creen en Dios no comprenden por qué existen los espíritus malignos y no comprenden por qué Dios tolera los espíritus malignos.

Este capítulo examinará lo que dice la Santa Biblia sobre ángulos, diablos y demonios. Este capítulo también mencionará brevemente el destino futuro de todo espíritu maligno.

Ángeles buenos

Salmo 103:20
RVA: [20] Bendecid á Jehová, vosotros sus ángeles, Poderosos en fortaleza, que ejecutáis su palabra, Obedeciendo á la voz de su precepto.

RVR 1960: [20] Bendecid a Jehová, vosotros sus ángeles, Poderosos en fortaleza, que ejecutáis su palabra, Obedeciendo a la voz de su precepto.

LBLA: [20] Bendecid al SEÑOR, vosotros sus ángeles, poderosos en fortaleza, que ejecutáis su mandato, obedeciendo la voz de su palabra.

NTV: [20] Alaben al SEÑOR, ustedes los ángeles, ustedes los poderosos que llevan a cabo sus planes, que están atentos a cada uno de sus mandatos.

Lucas 2:8-15 RVA
[8] Y había pastores en la misma tierra, que velaban y guardaban las vigilias de la noche sobre su ganado. [9] Y he aquí el ángel del Señor vino sobre ellos, y la claridad de Dios los cercó de resplandor; y tuvieron gran temor.

[10] Mas el ángel les dijo: No temáis; porque he aquí os doy nuevas de gran gozo, que será para todo el pueblo: [11] Que os ha nacido hoy, en la ciudad de David, un Salvador, que es CRISTO el Señor. [12] Y esto os será por señal: hallaréis al niño envuelto en pañales, echado en un pesebre.

[13] Y repentinamente fué con el ángel una multitud de los ejércitos celestiales, que alababan á Dios, y decían:

[14] Gloria en las alturas á Dios, Y en la tierra paz, buena voluntad para con los hombres.

[15] Y aconteció que como los ángeles se fueron de ellos al cielo, los pastores dijeron los unos á los otros: Pasemos pues hasta Bethlehem, y veamos esto que ha sucedido, que el Señor nos ha manifestado.

Resumen de las Escrituras: Un ángel bueno es un ángel que obedece a Dios.

Ángeles malos
Isaías 14:12-14 RVA
¹² Cómo caiste del cielo, oh Lucero, hijo de la mañana! Cortado fuiste por tierra, tú que debilitabas las gentes. ¹³ Tú que decías en tu corazón: Subiré al cielo, en lo alto junto á las estrellas de Dios ensalzaré mi solio, y en el monte del testimonio me sentaré, á los lados del aquilón; ¹⁴ Sobre las alturas de las nubes subiré, y seré semejante al Altísimo.

Apocalipsis 12:7-9 RVA
⁷ Y fué hecha una grande batalla en el cielo: Miguel y sus ángeles lidiaban contra el dragón; y lidiaba el dragón y sus ángeles. ⁸ Y no prevalecieron, ni su lugar fué más hallado en el cielo. ⁹ Y fué lanzado fuera aquel gran dragón, la serpiente antigua, que se llama Diablo y Satanás, el cual engaña á todo el mundo; fué arrojado en tierra, y sus ángeles fueron arrojados con él.

Resumen de las Escrituras: Las Escrituras anteriores nos dicen que el cielo fue originalmente el hogar de todos los ángeles. Sin embargo, el diablo (Satanás) llevó a un grupo de ángeles por mal camino e hicieron la guerra contra Miguel y los ángeles buenos en el cielo. Satanás y su banda de ángeles fueron derrotados y arrojados del cielo a la tierra. Para distinguir claramente entre los ángeles buenos en el cielo y los ángeles malos que fueron expulsados del cielo, la Santa Biblia se refiere a los ángeles caídos como diablos, demonios y espíritus malignos.

Las obras del diablo
1 Juan 3:7-10 RVA
⁷ Hijitos, no os engañe ninguno: el que hace justicia, es justo, como él también es justo.

⁸ El que hace pecado, es del diablo; porque el diablo peca desde el principio. Para esto apareció el Hijo de Dios, para deshacer las obras del diablo.

⁹ Cualquiera que es nacido de Dios, no hace pecado, porque su simiente está en él; y no puede pecar, porque es nacido de Dios. ¹⁰ En esto son manifiestos los hijos de Dios, y los hijos del diablo: cualquiera que no hace justicia, y que no ama á su hermano, no es de Dios.

Juan 8:44 RVA
⁴⁴ Vosotros de vuestro padre el diablo sois, y los deseos de vuestro padre queréis cumplir. Él, homicida ha sido desde el principio, y no permaneció en la verdad, porque no hay verdad en él. Cuando habla mentira, de suyo habla; porque es mentiroso, y padre de mentira.

2 Corintios 11:14 NTV
¹⁴ ¡Pero no me sorprende para nada! Aun Satanás se disfraza de ángel de luz.

Resumen de las Escrituras: El diablo es un asesino y un mentiroso. La Biblia nos advierte que Satanás puede aparecer como un ángel de luz en su esfuerzo por engañarnos para que lo sigamos.

Posesión demoníaca y enfermedades

Mateo 8:16 RVA
^{16} Y como fué ya tarde, trajeron á él muchos endemoniados: y echó los demonios con la palabra, y sanó á todos los enfermos;

Mateo 9:32-33 RVA
^{32} Y saliendo ellos, he aquí, le trajeron un hombre mudo, endemoniado. ^{33} Y echado fuera el demonio, el mudo habló; y las gentes se maravillaron, diciendo: Nunca ha sido vista cosa semejante en Israel.

Mateo 12:22 RVA
^{22} Entonces fué traído á él un endemoniado, ciego y mudo, y le sanó; de tal manera, que el ciego y mudo hablaba y veía.

Marcos 1:32-34 RVA
^{32} Y cuando fué la tarde, luego que el sol se puso, traían á él todos los que tenían mal, y endemoniados; ^{33} Y toda la ciudad se juntó á la puerta. ^{34} Y sanó á muchos que estaban enfermos de diversas enfermedades, y echó fuera muchos demonios; y no dejaba decir á los demonios que le conocían.

Mateo 4:23-25 RVA
^{23} Y rodeó Jesús toda Galilea, enseñando en las sinagogas de ellos, y predicando el evangelio del reino, y sanando toda enfermedad y toda dolencia en el pueblo. ^{24} Y corría su fama por toda la Siria; y le trajeron todos los que tenían mal: los tomados de diversas enfermedades y tormentos, y los endemoniados, y lunáticos, y paralíticos, y los sanó. ^{25} Y le siguieron muchas gentes de Galilea y de Decápolis y de Jerusalem y de Judea y de la otra parte del Jordán.

Lucas 4:33-36 RVA
^{33} Y estaba en la sinagoga un hombre que tenía un espíritu de un demonio inmundo, el cual exclamó á gran voz, ^{34} Diciendo: Déjanos, ¿qué tenemos contigo Jesús Nazareno? ¿has venido á destruirnos? Yo te conozco quién eres, el Santo de Dios.
^{35} Y Jesús le increpó, diciendo: Enmudece, y sal de él. Entonces el demonio, derribándole en medio, salió de él, y no le hizo daño alguno.
^{36} Y hubo espanto en todos, y hablaban unos á otros, diciendo: ¿Qué palabra es ésta, que con autoridad y potencia manda á los espíritus inmundos, y salen?

Mateo 17:18 RVA
^{18} Y Jesús le reprendió, y salió el demonio de él; y el mozo fué sano desde aquella hora.

Marcos 16:9 RVA
^{9} Mas como Jesús resucitó por la mañana, el primer día de la semana, apareció primeramente á María Magdalena, de la cual había echado siete demonios.

Hechos 10:37-38 RVA
³⁷ Vosotros sabéis lo que fué divulgado por toda Judea; comenzando desde Galilea después del bautismo que Juan predicó, ³⁸ Cuanto á Jesús de Nazaret; cómo le ungió Dios de Espíritu Santo y de potencia; el cual anduvo haciendo bienes, y sanando á todos los oprimidos del diablo; porque Dios era con él.

Mateo 14:35-36 RVA
³⁵ Y como le conocieron los hombres de aquel lugar, enviaron por toda aquella tierra alrededor, y trajeron á él todos los enfermos; ³⁶ Y le rogaban que solamente tocasen el borde de su manto; y todos los que tocaron, quedaron sanos.

Mateo 15:30-31 RVA
³⁰ Y llegaron á él muchas gentes, que tenían consigo cojos, ciegos, mudos, mancos, y otros muchos enfermos: y los echaron á los pies de Jesús, y los sanó: ³¹ De manera que se maravillaban las gentes, viendo hablar los mudos, los mancos sanos, andar los cojos, y ver los ciegos: y glorificaron al Dios de Israel.

Resumen de las Escrituras: Algunas enfermedades y dolencias son el resultado de causas naturales. Pero algunos problemas médicos pueden ser el resultado de uno o más demonios que atacan a una persona. Afortunadamente, Jesús puede curarlo todo, incluidos los problemas causados por los demonios y para los que no existe una cura médica conocida.

Adoración al demonio

Deuteronomio 32:17 RVA
¹⁷ Sacrificaron á los diablos, no á Dios; A dioses que no habían conocido, A nuevos dioses venidos de cerca, Que no habían temido vuestros padres.

Salmo 106:37 RVA
³⁷ Y sacrificaron sus hijos y sus hijas á los demonios;

1 Timoteo 4:1-2 RVA
¹ EMPERO el Espíritu dice manifiestamente, que en los venideros tiempos alguno apostatarán de la fe escuchando á espíritus de error y á doctrinas de demonios; ² Que con hipocresía hablarán mentira, teniendo cauterizada la conciencia.

Apocalipsis 9:20-21 RVA
²⁰ Y los otros hombres que no fueron muertos con estas plagas, aun no se arrepintieron de las obras de sus manos, para que no adorasen á los demonios, y á las imágenes de oro, y de plata, y de metal, y de piedra, y de madera; las cuales no pueden ver, ni oir, ni andar: ²¹ Y no se arrepintieron de sus homicidios, ni de sus hechicerías, ni de su fornicación, ni de sus hurtos.

Resumen de las Escrituras: En el jardín del Edén, Satanás le mintió a Eva y la llevó al pecado que finalmente resultó en su muerte. Desde entonces, el diablo y sus demonios han estado engañando a la gente y llevándola al pecado y a la muerte.

La verdad sobre la adoración al diablo

Mateo 4:1 RVA
¹ ENTONCES Jesús fué llevado del Espíritu al desierto, para ser tentado del diablo.

Mateo 4:8-11 RVA
⁸ Otra vez le pasa el diablo á un monte muy alto, y le muestra todos los reinos del mundo, y su gloria,

⁹ Y dícele: Todo esto te daré, si postrado me adorares.

¹⁰ Entonces Jesús le dice: Vete, Satanás, que escrito está: Al Señor tu Dios adorarás y á él solo servirás.

¹¹ El diablo entonces le dejó: y he aquí los ángeles llegaron y le servían.

Marcos 8:36-37 RVA
³⁶ Porque ¿qué aprovechará al hombre, si granjeare todo el mundo, y pierde su alma? ³⁷ ¿O qué recompensa dará el hombre por su alma?

Romanos 6:23 RVA
²³ Porque la paga del pecado es muerte: mas la dádiva de Dios es vida eterna en Cristo Jesús Señor nuestro.

Resumen de las Escrituras: El diablo nos prometerá todo lo que crea que deseamos. Pero cuando muramos entraremos en la eternidad sin ninguna de las cosas que adquirimos mientras estábamos vivos aquí en la tierra. Si seguimos al diablo, nuestras almas pasarán la eternidad en el infierno. Pero si aceptamos a Jesús como Salvador, pasaremos la eternidad con Jesús en Gloria.

El destino final del diablo y todos los espíritus malignos

Santiago 2:19 RVA
¹⁹ Tú crees que Dios es uno; bien haces: también los demonios creen, y tiemblan.

Mateo 25:41 RVA
⁴¹ Entonces dirá también á los que estarán á la izquierda: Apartaos de mí, malditos, *al fuego eterno preparado para el diablo y para sus ángeles:*

Apocalipsis 20:10 RVA
¹⁰ Y el diablo que los engañaba, fué lanzado en el lago de fuego y azufre, donde está la bestia y el falso profeta; y serán atormentados día y noche para siempre jamás.

Resumen de las Escrituras: Cuando Dios esté listo, arrojará al diablo y a todo ángel y demonio maligno al lago de fuego, donde serán atormentados día y noche por los siglos de los siglos. Esto se discutirá con más detalle en el próximo capítulo.

Breve resumen del capítulo
Ángeles, diablos y demonios

En el principio, Dios creó a todos los ángeles y todos los ángeles estaban con Dios en el cielo. Pero Satanás y algunos ángeles decidieron luchar contra Dios y los ángeles buenos. Pero Satanás y sus ángeles perdieron la batalla y fueron arrojados a la tierra.

Los ángeles malos ahora se llaman diablos o demonios en la Santa Biblia. Los demonios son muy poderosos y no deben subestimarse. Los demonios pueden llevar a la gente al pecado, pueden hacer que le sucedan cosas malas y pueden poseer a la gente y enfermarla, tanto mental como físicamente.

Sin embargo, un día Dios arrojará a Satanás y a todos los ángeles malos (demonios, diablos) al lago de fuego donde serán atormentados día y noche para siempre.

Capitulo cinco
Cielo, tierra, paraíso, infierno, el lago de fuego y el abismo

Este libro generalmente tiene un resumen de las Escrituras al final del capítulo. Sin embargo, este capítulo comenzará con un resumen de las Escrituras que se revisarán en este capítulo.

El siguiente resumen se basa en mi capacidad limitada para comprender la Santa Biblia y, por lo tanto, mi resumen puede contener errores. Cuando lea las Escrituras que he seleccionado para respaldar el siguiente resumen, puede llegar a una interpretación diferente de esas Escrituras y no hay nada de malo en eso. Dios nos ha dado a cada uno de nosotros la habilidad de entender Sus Santas Palabras basadas en Su gracia.

Resumen de las Escrituras que serán revisado en este capítulo

1. **Cielo actual:** La morada de Dios y Sus santos ángeles.
2. **Tierra:** La morada de la humanidad y la morada actual de Satanás y sus ángeles rebeldes que ahora se llaman diablos y demonios.
3. **Hades:** La morada temporal de las almas de la humanidad. (Nota: Hades será arrojado al lago de fuego por Dios en el juicio del gran trono blanco). Hades actualmente está dividido en dos partes:
   a. **Paraíso:** Es un lugar de descanso temporal y pacífico para las almas rectas. Un día, las almas en el paraíso se reunirán con sus cuerpos mortales en un cuerpo eterno glorificado y pasarán la eternidad en el cielo nuevo que será creado por Dios.
   b. **Infierno:** Es un lugar temporal de confinamiento y tortura para las almas rebeldes. Un día, las almas en el infierno se reunirán con sus cuerpos mortales. Entonces serán juzgados por Dios por las obras que hicieron mientras estaban vivos y serán arrojados al lago de fuego, que es la muerte segunda.
4. **Abismo:** Una mazmorra temporal donde los ángeles rebeldes están actualmente encadenados. El abismo puede ser un área especial dentro del infierno.
5. **Eternidad:**
   a. **Cielo nuevo y tierra nueva:** El cielo nuevo y la tierra nueva serán creados por Dios y aquí es donde Dios morará para siempre con Sus ángulos santos y Sus santos resucitados.
   b. **Lago de fuego:** Este fue creado para el diablo (Satanás) y sus ángeles rebeldes (diablos y demonios). El lago de fuego es el lugar de tormento y castigo eterno para Satanás, los diablos, los demonios y las personas que se rebelan contra Dios.

Eso completa un resumen de las Escrituras que se revisarán en este capítulo. Ahora veamos lo que dijo Jesús sobre los espíritus de dos personas que murieron. Luego echaremos un vistazo al ladrón que murió en la cruz.

Muere un mendigo llamado Lázaro y un hombre rico
Lucas 16:19-31 RVA

[19] Había un hombre rico, que se vestía de púrpura y de lino fino, y hacía cada día banquete con esplendidez.

[20] Había también un mendigo llamado Lázaro, el cual estaba echado á la puerta de él, lleno de llagas, [21] Y deseando hartarse de las migajas que caían de la mesa del rico; y aun los perros venían y le lamían las llagas.

[22] Y aconteció que murió el mendigo, *y fué llevado por los ángeles al seno de Abraham*: y murió también el rico, y fué sepultado. [23] Y en el infierno alzó sus ojos, estando en los tormentos, y vió á Abraham de lejos, y á Lázaro en su seno. [24] Entonces él, dando voces, dijo: Padre Abraham, ten misericordia de mí, y envía á Lázaro que moje la punta de su dedo en agua, y refresque mi lengua; porque soy atormentado en esta llama.

[25] Y díjole Abraham: Hijo, acuérdate que recibiste tus bienes en tu vida, y Lázaro también males; mas ahora éste es consolado aquí, y tú atormentado.

[26] Y además de todo esto, una grande sima está constituída entre nosotros y vosotros, que los que quisieren pasar de aquí á vosotros, no pueden, ni de allá pasar acá.

[27] Y dijo: Ruégote pues, padre, que le envíes á la casa de mi padre;
[28] Porque tengo cinco hermanos; para que les testifique, porque no vengan ellos también á este lugar de tormento.

[29] Y Abraham le dice: A Moisés y á los profetas tienen: óiganlos.

[30] El entonces dijo: No, padre Abraham: mas si alguno fuere á ellos de los muertos, se arrepentirán.

[31] Mas Abraham le dijo: Si no oyen á Moisés y á los profetas, tampoco se persuadirán, si alguno se levantare de los muertos.

El ladrón en la cruz
Lucas 23:39-43 RVA

[39] Y uno de los malhechores que estaban colgados, le injuriaba, diciendo: Si tú eres el Cristo, sálvate á ti mismo y á nosotros. [40] Y respondiendo el otro, reprendióle, diciendo: ¿Ni aun tú temes á Dios, estando en la misma condenación? [41] Y nosotros, á la verdad, justamente padecemos; porque recibimos lo que merecieron nuestros hechos: mas éste ningún mal hizo.

[42] Y dijo á Jesús: Acuérdate de mí cuando vinieres á tu reino. [43] Entonces Jesús le dijo: De cierto te digo, que hoy estarás conmigo en el paraíso.

Lucas 23:46 RVR 1960

[46] Entonces Jesús, clamando a gran voz, dijo: Padre, en tus manos encomiendo mi espíritu. Y habiendo dicho esto, expiró.

Resumen de la Escritura: Cuando el mendigo murió, *su espíritu fue escoltado por ángeles al paraíso.* Cuando murió el rico, su espíritu fue arrojado al infierno. Cuando Jesús murió, entregó Su Espíritu a Dios. Luego, el Espíritu de Jesús entró en el paraíso mientras Su cuerpo estaba enterrado en una tumba prestada. Poco tiempo después, el ladrón en la cruz siguió a Jesús al paraíso. En la mañana del tercer día, el cuerpo de Jesús resucitó de entre los muertos y Jesús dejó el paraíso y regresó a la tierra.

Un estudio cuidadoso de la Santa Biblia revelará que el reino espiritual es un poco más complejo de lo que muchas personas creen. En la Santa Biblia, el destino de las almas eternas a veces puede denominarse Hades, Seol, o la tumba. Todos estos son sinónimos y todos se refieren al mismo lugar que es el destino de las almas eternas. Sin embargo, Hades, o el reino espiritual, en realidad se divide en dos áreas distintas: una para los justos (paraíso) y otra para los malvados (infierno). Estas dos áreas están muy separadas y los espíritus no pueden viajar de un área a otra.

El Espíritu de Jesús estuvo en el paraíso hasta su resurrección

Los siguientes versículos de las Escrituras brindan un breve vistazo de lo que Jesús pudo haber hecho mientras estuvo brevemente en el paraíso.

1 Pedro 3:18-20 RVA
[18] Porque también Cristo padeció una vez por los injustos, para llevarnos á Dios, siendo á la verdad muerto en la carne, pero vivificado en espíritu; [19] En el cual también fué y predicó á los espíritus encarcelados; [20] Los cuales en otro tiempo fueron desobedientes, cuando una vez esperaba la paciencia de Dios en los días de Noé, cuando se aparejaba el arca; en la cual pocas, es á saber, ocho personas fueron salvas por agua.

1 Pedro 4:3-6 RVA
[3] Porque nos debe bastar que el tiempo pasado de nuestra vida hayamos hecho la voluntad de los Gentiles, cuando conversábamos en lascivias, en concupiscencias, en embriagueces, abominables idolatrías. [4] En lo cual les parece cosa extraña que vosotros no corráis con ellos en el mismo desenfrenamiento de disolución, ultrajándoos: [5] Los cuales darán cuenta al que está aparejado para juzgar los vivos y los muertos. [6] Porque por esto también ha sido predicado el evangelio á los muertos; para que sean juzgados en carne según los hombres, y vivan en espíritu según Dios.

Resumen de las Escrituras: Las Escrituras anteriores no contienen suficiente información para sacar conclusiones sobre lo que Jesús predicó a los espíritus encarcelados o para especular sobre cuál pudo haber sido el resultado de esa predicación. Sin embargo, algunas personas han elaborado con gran detalle los versículos anteriores y han ofrecido sus propias opiniones sobre lo que significan estos versículos. Pero hacer una suposición que va más allá de lo que dicen las Escrituras no es apropiado porque la Santa Biblia nos advierte que no agreguemos ni quitemos de lo que dice la Biblia.

Algunos recibirán castigo eterno
y algunos recibirán gloria eterna

Ezequiel 18:21-23 RVA
[21] Mas el impío, si se apartare de todos sus pecados que hizo, y guardare todas mis ordenanzas, é hiciere juicio y justicia, de cierto vivirá; no morirá. [22] Todas sus rebeliones que cometió, no le serán recordadas: en su justicia que hizo vivirá. [23] ¿Quiero yo la muerte del impío? dice el Señor Jehová. ¿No vivirá, si se apartare de sus caminos?

2 Pedro 3:9 RVA
[9] El Señor no tarda su promesa, como algunos la tienen por tardanza; sino que es paciente para con nosotros, no queriendo que ninguno perezca, sino que todos procedan al arrepentimiento.

1 Juan 5:12 RVA
[12] El que tiene al Hijo, tiene al vida: el que no tiene la Hijo de Dios, no tiene la vida.

2 Tesalonicenses 1:7-10 RVA
[7] Y á vosotros, que sois atribulados, dar reposo con nosotros, cuando se manifestará el Señor Jesús del cielo con los ángeles de su potencia, [8] En llama de fuego, para dar el pago á los que no conocieron á Dios, ni obedecen al evangelio de nuestro Señor Jesucristo; [9] Los cuales serán castigados de eterna perdición por la presencia del Señor, y por la gloria de su potencia, [10] Cuando viniere para ser glorificado en sus santos, y á hacerse admirable en aquel día en todos los que creyeron: (por cuanto nuestro testimonio ha sido creído entre vosotros.)

Mateo 25:41 RVA
[41] Entonces dirá también á los que estarán á la izquierda: Apartaos de mí, malditos, *al fuego eterno preparado para el diablo y para sus ángeles:*

Resumen de las Escrituras: En las Escrituras anteriores se nos dice que nuestra alma es eterna y que nuestra alma seguirá viviendo en el reino espiritual después de que muera nuestro cuerpo mortal.

Los que creen, se arrepientan y pidan a Dios misericordia serán escoltados por los santos ángeles al paraíso. No tenemos que encontrar el camino al paraíso por nosotros mismos. A veces se le llama al paraíso un lugar de descanso. Descansar no significa ausencia de actividad. Descanso significa ausencia de dolor, sufrimiento, duda y ansiedad. El lugar de descanso temporal de las almas justas no es el cielo. El cielo es donde está el trono de Dios y el cielo es donde Dios habita con sus santos ángeles. En la Santa Biblia, varias personas, como Isaías (Isaías 6: 1), Esteban (Hechos 7:55) y Pablo (2 Corintios 12:2), vieron visiones del cielo. Y es posible que algunas personas, como Enoc (Génesis 5:23-24) y Elías (2 Reyes 2:11), fueran llevadas directamente al cielo para estar con Dios. Y algunos cristianos serán arrebatados directamente al cielo (1 Tesalonicenses 4:13-18). Y durante la gran tribulación es posible que las almas de algunos santos martirizados aparezcan en el cielo debajo del altar (Apocalipsis 6: 9). Pero la mayoría de las almas justas residirán en el paraíso hasta la segunda resurrección. Y un día Dios creará un cielo nuevo y una tierra nueva y Dios morará con nosotros después de que hayamos recibido nuestros cuerpos glorificados resucitados inmortales.

Aquellos que no creen y que no aceptan el evangelio de Jesucristo pasarán la eternidad en tormento. *Las Escrituras anteriores nos dicen que el lago de fuego no fue creado para la humanidad, sino que fue creado para el diablo y sus ángeles y serán arrojados a él porque se rebelaron contra Dios.* Dios desea que todos sus hijos terrenales se arrepientan y no desea que ninguno de sus hijos terrenales pase la eternidad en el lago de fuego. Sin embargo, Dios nos ha dado a cada uno de nosotros la libertad de aceptar o rechazar a Jesucristo como nuestro Salvador personal y nuestra elección determinará el destino de nuestras almas eternas.

El lago de fuego

Mateo 13:41-42 RVA
[41] Enviará el Hijo del hombre sus ángeles, y cogerán de su reino todos los escándalos, y los que hacen iniquidad, [42] Y los echarán en el horno de fuego: allí será el lloro y el crujir de dientes.

Mateo 22:13 RVA
[13] Entonces el rey dijo á los que servían: Atado de pies y de manos tomadle, y echadle en las tinieblas de afuera: allí será el lloro y el crujir de dientes.

Apocalipsis 19:20 NTV
[20] Y la bestia fue capturada, y junto con ella, el falso profeta que hacía grandes milagros en nombre de la bestia; milagros que engañaban a todos los que habían aceptado la marca de la bestia y adorado a su estatua. Tanto la bestia como el falso profeta fueron lanzados vivos al lago de fuego que arde con azufre.

Apocalipsis 20:7-15 RVA
[7] Y cuando los mil años fueren cumplidos, Satanás será suelto de su prisión, [8] Y saldrá para engañar las naciones que están sobre los cuatro ángulos de la tierra, á Gog y á Magog, á fin de congregarlos para la batalla; el número de los cuales es como la arena del mar. [9] Y subieron sobre la anchura de la tierra, y circundaron el campo de los santos, y la ciudad amada: y de Dios descendió fuego del cielo, y los devoró. [10] Y el diablo que los engañaba, fué lanzado en el lago de fuego y azufre, donde está la bestia y el falso profeta; y serán atormentados día y noche para siempre jamás.
[11] Y vi un gran trono blanco y al que estaba sentado sobre él, de delante del cual huyó la tierra y el cielo; y no fué hallado el lugar de ellos. [12] Y vi los muertos, grandes y pequeños, que estaban delante de Dios; y los libros fueron abiertos: y otro libro fué abierto, el cual es de la vida: y fueron juzgados los muertos por las cosas que estaban escritas en los libros, según sus obras. [13] Y el mar dió los muertos que estaban en él; y la muerte y el

infierno dieron los muertos que estaban en ellos; y fué hecho juicio de cada uno según sus obras. [14] *Y el infierno y la muerte fueron lanzados en el lago de fuego.* Esta es la muerte segunda. [15] Y el que no fué hallado escrito en el libro de la vida, fué lanzado en el lago de fuego.

Resumen de las Escrituras: El lago de fuego es la muerte segunda. La muerte y el Hades serán arrojados al lago de fuego. La bestia, el falso profeta, Satanás y todo aquel cuyo nombre no se encuentre escrito en el libro de la vida serán arrojados al lago de fuego. El lago de fuego es un lugar de tormento y el diablo no será el gobernante de este horrible lugar. El diablo y todos sus demonios serán prisioneros que serán eternamente atormentados en el lago de fuego.

El abismo

Lucas 8:30-31 RVA
[30] Y le preguntó Jesús, diciendo: ¿Qué nombre tienes? Y él dijo: Legión. Porque muchos demonios habían entrado en él. [31] Y le rogaban que no les mandase ir al *abismo*.

Judas 1:6 RVA
[6] Y á los ángeles que no guardaron su dignidad, mas dejaron su habitación, los ha reservado debajo de oscuridad en prisiones eternas hasta el juicio del gran día:

2 Pedro 2:4 RVA
[4] Porque si Dios no perdonó á los ángeles que habían pecado, sino que habiéndolos despeñado en el infierno con cadenas de oscuridad, los entregó para ser reservados al juicio;

Apocalipsis 9:1-2 RVA
[1] Y EL quinto ángel tocó la trompeta, y vi una estrella que cayó del cielo en la tierra; y le fué dada la llave del pozo del *abismo*. [2] Y abrió el pozo del abismo, y subió humo del pozo como el humo de un gran horno; y oscurecióse el sol y el aire por el humo del pozo.

Apocalipsis 17:8 RVA
[8] La bestia que has visto, fué, y no es; y ha de subir del *abismo*, y ha de ir á perdición: y los moradores de la tierra, cuyos nombres no están escritos en el libro de la vida desde la fundación del mundo, se maravillarán viendo la bestia que era y no es, aunque es.

Apocalipsis 11:7 RVA
[7] Y cuando ellos hubieren acabado su testimonio, la bestia que sube del *abismo* hará guerra contra ellos, y los vencerá, y los matará.

Apocalipsis 20:1-3 RVA
[1] Y VI un ángel descender del cielo, que tenía la llave del *abismo*, y una grande cadena en su mano. [2] Y prendió al dragón, aquella serpiente antigua, que es el Diablo y Satanás, y le ató por mil años; [3] Y arrojólo al *abismo*, y le encerró, y selló sobre él, porque no engañe más á las naciones, hasta que mil años sean cumplidos: y después de esto es necesario que sea desatado un poco de tiempo.

Resumen de las Escrituras: El abismo es un agujero profundo que contiene un horno ardiente humeante. El abismo tiene una puerta que se puede cerrar con llave desde el exterior. El abismo es una prisión especial que fue diseñada para ángeles rebeldes y para Satanás. Los ángeles que son arrojados al abismo primero son atados con cadenas. La Santa Biblia no contiene mucha información sobre el abismo y no sería prudente hablar sobre el abismo más allá de lo que la Santa Biblia nos revela.

Un cielo nuevo y una tierra nueva

Apocalipsis 21:1-3 RVA

¹ Y VI un cielo nuevo, y una tierra nueva: porque el primer cielo y la primera tierra se fueron, y el mar ya no es. ² Y yo Juan vi la santa ciudad, Jerusalem nueva, que descendía del cielo, de Dios, dispuesta como una esposa ataviada para su marido. ³ Y oí una gran voz del cielo que decía: He aquí el tabernáculo de Dios con los hombres, y morará con ellos; y ellos serán su pueblo, y el mismo Dios será su Dios con ellos.

Resumen de las Escrituras: Después de que Dios haya juzgado a todas las almas rebeldes en el juicio del gran trono blanco y las haya arrojado al lago de fuego, Dios creará un cielo nuevo y una tierra nueva. Y Dios morará con sus santos resucitados para siempre en el cielo nuevo y la tierra nueva.

Breve resumen del capítulo
Cielo, tierra, paraíso, infierno, el lago de fuego y el abismo

El siguiente resumen se mostró al principio de este capítulo con el fin de proporcionar un bosquejo para la presentación de las Escrituras que se incluyen en este capítulo. Ahora puede decidir si el siguiente es un resumen razonable de las Escrituras que se incluyen en este capítulo.

1. **Cielo actual:** La morada de Dios y Sus santos ángeles.
2. **Tierra:** La morada de la humanidad y la morada actual de Satanás y sus ángeles rebeldes que ahora se llaman diablos y demonios.
3. **Hades:** La morada temporal de las almas de la humanidad. (Nota: Hades será arrojado al lago de fuego por Dios en el juicio del gran trono blanco). Hades actualmente está dividido en dos partes:
   a. **Paraíso:** Es un lugar de descanso temporal y pacífico para las almas rectas. Un día, las almas en el paraíso se reunirán con sus cuerpos mortales en un cuerpo eterno glorificado y pasarán la eternidad en el cielo nuevo que será creado por Dios.
   b. **Infierno:** Es un lugar temporal de confinamiento y tortura para las almas rebeldes. Un día, las almas en el infierno se reunirán con sus cuerpos mortales. Entonces serán juzgados por Dios por las obras que hicieron mientras estaban vivos y serán arrojados al lago de fuego, que es la muerte segunda.

4. **Abismo:** Una mazmorra temporal donde los ángeles rebeldes están actualmente encadenados. El abismo puede ser un área especial dentro del infierno.

5. **Eternidad:**
   a. **Cielo nuevo y tierra nueva:** El cielo nuevo y la tierra nueva serán creados por Dios y aquí es donde Dios morará para siempre con Sus ángulos santos y Sus santos resucitados.
   b. **Lago de fuego:** Este fue creado para el diablo (Satanás) y sus ángeles rebeldes (diablos y demonios). El lago de fuego es el lugar de tormento y castigo eterno para Satanás, los diablos, los demonios y las personas que se rebelan contra Dios.

Una observación personal

La mayoría de la gente cree que el cielo es la morada de Dios, los santos ángeles y las almas de las personas buenas. Y la mayoría de la gente cree que el infierno es el lugar donde se envían las almas de las personas malas. Esto es esencialmente cierto. Por lo tanto, no creo que un cristiano deba invertir mucho tiempo en explicar estos conceptos con más detalle a otras personas porque hay muchos otros temas realmente importantes en los que es necesario concentrarse. Por lo tanto, normalmente solo uso las palabras cielo e infierno cuando hablo del más allá porque deseo ser entendido y no deseo complicar las cosas usando terminología que pueda confundir a las personas en lugar de ayudarlas a comprender.

Capitulo seis
Las cartas a las siete iglesias del Apocalipsis

El libro de Apocalipsis trata sobre el fin de los tiempos y los dos últimos capítulos de Apocalipsis proporcionan algunos detalles sobre el cielo nuevo y la tierra nueva que serán creados por Dios. Sin embargo, el libro de Apocalipsis comienza con cartas que fueron escritas a siete iglesias. Por lo tanto, este capítulo analizará brevemente cada una de esas siete letras.

Las cartas a las siete Iglesias
Apocalipsis 1:1-3 RVA
^{1} LA revelación de Jesucristo, que Dios le dió, para manifestar á sus siervos las cosas que deben suceder presto; y la declaró, enviándo la por su ángel á Juan su siervo, ^{2} El cual ha dado testimonio de la palabra de Dios, y del testimonio de Jesucristo, y de todas las cosas que ha visto.

^{3} Bienaventurado el que lee, y los que oyen las palabras de esta profecía, y guardan las cosas en ella escritas: porque el tiempo está cerca.

Apocalipsis 1:9-11 RVA
^{9} Yo Juan, vuestro hermano, y participante en la tribulación y en el reino, y en la paciencia de Jesucristo, estaba en la isla que es llamada Patmos, por la palabra de Dios y el testimonio de Jesucristo.

^{10} Yo fuí en el Espíritu en el día del Señor, y oí detrás de mí una gran voz como de trompeta,

^{11} Que decía: Yo soy el Alpha y Omega, el primero y el último. Escribe en un libro lo que ves, y envía lo á las siete iglesias que están en Asia; á Efeso, y á Smirna, y á Pérgamo, y á Tiatira, y á Sardis, y á Filadelfia, y á Laodicea.

Resumen de las Escrituras: Juan, quien fue uno de los doce discípulos originales de Jesucristo, escribió el libro de Apocalipsis basado en lo que Jesucristo y varios santos ángeles le revelaron mientras estaba prisionero en la isla de Patmos.

El libro de Apocalipsis comienza con Jesucristo dictando cartas a Juan, y se le dijo a Juan que enviara las cartas a siete iglesias. Dado que el libro de Apocalipsis comienza con estas siete letras, estas siete letras se incluirán en este capítulo. Casi todo el mundo está de acuerdo en que las siete cartas estaban destinadas a ser recibidas y actuadas por siete iglesias cristianas que existían en el momento en que Juan escribió las cartas. También se ha sugerido que las siete letras podrían interpretarse de varias otras formas. Sin embargo, no hay acuerdo sobre estas otras interpretaciones. Por lo tanto, este capítulo se enfocará en el contenido real de las siete cartas como fueron escritas originalmente y como aparecen en la Santa Biblia.

Carta uno - A la iglesia de Efeso
Apocalipsis 2:1-7 RVA

¹ ESCRIBE al ángel de la iglesia en EFESO: El que tiene las siete estrellas en su diestra, el cual anda en medio de los siete candeleros de oro, dice estas cosas: ² Yo sé tus obras, y tu trabajo y paciencia; y que tú no puedes sufrir los malos, y has probado á los que se dicen ser apóstoles, y no lo son, y los has hallado mentirosos; ³ Y has sufrido, y has tenido paciencia, y has trabajado por mi nombre, y no has desfallecido.

⁴ Pero tengo contra ti que has dejado tu primer amor. ⁵ Recuerda por tanto de dónde has caído, y arrepiéntete, y haz las primeras obras; pues si no, vendré presto á ti, y quitaré tu candelero de su lugar, si no te hubieres arrepentido. ⁶ Mas tienes esto, que aborreces los hechos de los Nicolaítas; los cuales yo también aborrezco.

⁷ El que tiene oído, oiga lo que el Espíritu dice á las iglesias. Al que venciere, daré á comer del árbol de la vida, el cual está en medio del paraíso de Dios.

Resumen de las Escrituras: Jesús aprobó las obras que los cristianos de Éfeso habían hecho una vez. Y aprobó su rechazo de las enseñanzas de los Nicolaítas. (Hay más detalles sobre las Nicolaítas en la carta a la iglesia de Pérgamo). Sin embargo, Jesús reprendió a los cristianos en Efeso y les dijo que se arrepintieran. Les dijo que revivieran su fe y que hicieran el tipo de hechos que habían hecho cuando aceptaron la fe cristiana por primera vez. Si se arrepintieran, se les permitiría comer del árbol de la vida que está en el paraíso de Dios.

Carta dos - A la iglesia de Smirna
Apocalipsis 2:8-11 RVA

⁸ Y escribe al ángel de la iglesia en SMIRNA: El primero y postrero, que fué muerto, y vivió, dice estas cosas:

⁹ Yo sé tus obras, y tu tribulacion, y tu pobreza (pero tú eres rico), y la blasfemia de los que se dicen ser Judíos, y no lo son, mas son sinagoga de Satanás. ¹⁰ No tengas ningún temor de las cosas que has de padecer. He aquí, el diablo ha de enviar algunos de vosotros á la cárcel, para que seáis probados, y tendréis tribulación de diez días. Sé fiel hasta la muerte, y yo te daré la corona de la vida.

¹¹ El que tiene oído, oiga lo que el Espíritu dice á las iglesias. El que venciere, no recibirá daño de la muerte segunda.

Resumen de las Escrituras: Jesús felicitó a los cristianos de Smirna y les dijo que no se desanimaran por su pobreza, sus aflicciones y sus persecuciones. Jesús les advirtió que algunos de ellos serían ejecutados por su fe, pero que la segunda muerte no les haría daño. Jesús también les dijo que se regocijaran porque les daría una corona de la vida.

Carta tres - A la iglesia de Pérgamo
Apocalipsis 2:12-17 RVA

[12] Y escribe al ángel de la iglesia en PÉRGAMO: El que tiene la espada aguda de dos filos, dice estas cosas:

[13] Yo sé tus obras, y dónde moras, donde está la silla de Satanás; y retienes mi nombre, y no has negado mi fe, aun en los días en que fué Antipas mi testigo fiel, el cual ha sido muerto entre vosotros, donde Satanás mora.

[14] Pero tengo unas pocas cosas contra ti: porque tú tienes ahí los que tienen la doctrina de ahí los que tienen la doctrina de Fcbalaam, el cual enseñaba á Balac á poner escándalo delante de los hijos de Israel, á comer de cosas sacrificadas á los ídolos, y á cometer fornicación. [15] Así también tú tienes á los que tienen la doctrina de los Nicolaítas, lo cual yo aborrezco.

[16] Arrepiéntete, porque de otra manera vendré á ti presto, y pelearé contra ellos con la espada de mi boca.

[17] El que tiene oído, oiga lo que el Espíritu dice á las iglesias. Al que venciere, daré á comer del maná escondido, y le daré una piedrecita blanca, y en la piedrecita un nombre nuevo escrito, el cual ninguno conoce sino aquel que lo recibe.

Resumen de las Escrituras: Los Nicolaítas han desaparecido de la historia y lo único que se sabe de ellos aparece en la Santa Biblia. Los Nicolaítas se infiltraron en las iglesias cristianas y trataron de pervertir la fe cristiana alentando a los cristianos a comer alimentos sacrificados a los ídolos y aprobaron la inmoralidad sexual. Esto es similar a la estrategia que utilizó Balaam para socavar y destruir a los israelitas (Números 24:25 y Números 25:8). Jesús dijo que les daría a los cristianos que rechazaran estas enseñanzas algo del maná escondido y un nombre nuevo escrito en una piedra blanca.

Carta cuatro - A la iglesia de Tiatira
Apocalipsis 2:18-29 RVA

[18] Y escribe al ángel de la iglesia en TIATIRA: El Hijo de Dios, que tiene sus ojos como llama de fuego, y sus pies semejantes al latón fino, dice estas cosas:

[19] Yo he conocido tus obras, y caridad, y servicio, y fe, y tu paciencia, y que tus obras postreras son más que las primeras.

[20] Mas tengo unas pocas cosas contra ti: porque permites aquella mujer Jezabel (que se dice profetisa) enseñar, y engañar á mis siervos, á fornicar, y á comer cosas ofrecidas á los ídolos. [21] Y le he dado tiempo para que se arrepienta de la fornicación; y no se ha arrepentido. [22] He aquí, yo la echo en cama, y á los que adulteran con ella, en muy grande tribulación, si no se arrepintieren de sus obras: [23] Y mataré á sus hijos con muerte; y todas las iglesias sabrán que yo soy el que escudriño los riñones y los corazones: y daré á cada uno de vosotros según sus obras.

[24] Pero yo digo á vosotros, y á los demás que estáis en Tiatira, cualesquiera que no tienen esta doctrina, y que no han conocido las profundidades de

Satanás, como dicen: Yo no enviaré sobre vosotros otra carga. [25] Empero la que tenéis, tenedla hasta que yo venga.

[26] Y al que hubiere vencido, y hubiere guardado mis obras hasta el fin, yo le daré potestad sobre las gentes; [27] Y las regirá con vara de hierro, y serán quebrantados como vaso de alfarero, como también yo he recibido de mi Padre: [28] Y le daré la estrella de la mañana.

[29] El que tiene oído, oiga lo que el Espíritu dice á las iglesias.

Resumen de las Escrituras: Los cristianos de Tiatira estaban haciendo muchas buenas obras, pero estaban siendo engañados por una mujer malvada a quien Jesús llamó "Jezabel". En el Antiguo Testamento, Jezabel era el nombre de la esposa del rey Acab y fue fundamental para corromper el norte de Israel (1 Reyes 16:29-33 y 1 Reyes 21:25-26). Jesús dijo que esta mujer estaba alentando la inmoralidad sexual y el comer alimentos sacrificados a los ídolos, y estaba enseñando las mentiras de Satanás. Jesús prometió que los cristianos que rechazaron estos caminos perversos algún día gobernarían las naciones de la tierra con Él.

Carta cinco - A la iglesia de Sardis
Apocalipsis 3:1-6 RVA

[1] Y ESCRIBE al ángel de la iglesia en SARDIS: El que tiene los siete Espíritus de Dios, y las siete estrellas, dice estas cosas:
Yo conozco tus obras que tienes nombre que vives, y estás muerto. [2] Sé vigilante y confirma las otras cosas que están para morir; porque no he hallado tus obras perfectas delante de Dios. [3] Acuérdate pues de lo que has recibido y has oído, y guárda lo, y arrepiéntete. Y si no velares, vendré á ti como ladrón, y no sabrás en qué hora vendré á ti.

[4] Mas tienes unas pocas personas en Sardis que no han ensuciado sus vestiduras: y andarán conmigo en vestiduras blancas; porque son dignos.

[5] El que venciere, será vestido de vestiduras blancas; y no borraré su nombre del libro de la vida, y confesaré su nombre delante de mi Padre, y delante de sus ángeles.

[6] El que tiene oído, oiga lo que el Espíritu dice á las iglesias.

Resumen de las Escrituras: Los cristianos de Sardis se estaban alejando gradualmente de la fe y Jesús les dijo que se arrepintieran y obedecieran sus enseñanzas. Jesús también dijo que había algunos cristianos en la iglesia de Sardis que habían permanecido consistentemente fieles a Sus enseñanzas y que Él las reconocería ante Su Padre, y que sus nombres siempre aparecerían en el libro de la vida, y recibirían ropa blanca.

Carta seis - A la iglesia en Filadelfia
Apocalipsis 3:7-13 RVA
⁷ Y escribe al ángel de la iglesia en FILADELFIA: Estas cosas dice el Santo, el Verdadero, el que tiene la llave de David, el que abre y ninguno cierra, y cierra y ninguno abre:

⁸ Yo conozco tus obras: he aquí, he dado una puerta abierta delante de ti, la cual ninguno puede cerrar; porque tienes un poco de potencia, y has guardado mi palabra, y no has negado mi nombre.

⁹ He aquí, yo doy de la sinagoga de Satanás, los que se dicen ser Judíos, y no lo son, mas mienten; he aquí, yo los constreñiré á que vengan y adoren delante de tus pies, y sepan que yo te he amado.

¹⁰ Porque has guardado la palabra de mi paciencia, yo también te guardaré de la hora de la tentación que ha de venir en todo el mundo, para probar á los que moran en la tierra.

¹¹ He aquí, yo vengo presto; retén lo que tienes, para que ninguno tome tu corona. ¹² Al que venciere, yo lo haré columna en el templo de mi Dios, y nunca más saldrá fuera; y escribiré sobre él el nombre de mi Dios, y el nombre de la ciudad de mi Dios, la nueva Jerusalem, la cual desciende del cielo de con mi Dios, y mi nombre nuevo.

¹³ El que tiene oído, oiga lo que el Espíritu dice á las iglesias.

Resumen de las Escrituras: Jesús les dijo a los cristianos débiles de Filadelfia que debían continuar obedeciendo a Él y que debían resistir las enseñanzas de las personas dentro de la iglesia que decían estar enseñando la verdad pero estaban enseñando las mentiras de Satanás. Jesús prometió recompensar con una corona a los cristianos que resistieron estos engaños. Y Jesús dijo que escribiría su nuevo nombre, el nombre de Dios y el nombre de la nueva Jerusalén en sus frentes. Esto sugiere que estos cristianos serán coherederos con Jesús y tendrán derecho a vivir para siempre en la nueva Jerusalén cuando Dios lo revele desde el cielo.

Carta siete - A la iglesia de Laodicea
Apocalipsis 3:14-22 RVA
¹⁴ Y escribe al ángel de la iglesia en LAODICEA: He aquí dice el Amén, el testigo fiel y verdadero, el principio de la creación de Dios:

¹⁵ Yo conozco tus obras, que ni eres frío, ni caliente. Ojalá fueses frío, ó caliente! ¹⁶ Mas porque eres tibio, y no frío ni caliente, te vomitaré de mi boca. ¹⁷ Porque tú dices: Yo soy rico, y estoy enriquecido, y no tengo necesidad de ninguna cosa; y no conoces que tú eres un cuitado y miserable y pobre y ciego y desnudo; ¹⁸ Yo te amonesto que de mí compres oro afinado en fuego, para que seas hecho rico, y seas vestido de vestiduras blancas, para que no se descubra la vergüenza de tu desnudez; y unge tus ojos con colirio, para que veas. ¹⁹ Yo reprendo y castigo á todos los que amo: sé pues celoso, y arrepiéntete.

²⁰ He aquí, yo estoy á la puerta y llamo: si alguno oyere mi voz y abriere la puerta, entraré á él, y cenaré con él, y él conmigo. ²¹ Al que venciere, yo le

daré que se siente conmigo en mi trono; así como yo he vencido, y me he sentado con mi Padre en su trono.

²² El que tiene oído, oiga lo que el Espíritu dice á las iglesias.

Resumen de las Escrituras: Los cristianos de Laodicea tenían muchas bendiciones materiales y se habían engañado a sí mismos para creer que Dios estaba complacido con su comportamiento. Sin embargo, Jesús dijo que eran tibios y que las obras de las que estaban orgullosos eran en realidad neutrales y que sus obras no eran buenas ni malas. Jesús los reprendió y les dijo que se arrepintieran y cambiaran su comportamiento. Si no cambiaban, Jesús los rechazaría. Sin embargo, si se volvieran de todo corazón a Jesús, se les darían ropas blancas y se les permitiría sentarse en tronos con Jesús y gobernar con Él.

Breve resumen del capítulo
Las cartas a las siete iglesias del Apocalipsis

Las cartas a las siete iglesias contienen muchos conceptos importantes que se discutirán con más detalle más adelante en este libro. Esto incluye la muerte segunda, el libro de la vida, el árbol de la vida, la ropa blanca, una corona, la nueva Jerusalén, el paraíso de Dios y gobernar con Jesús por la eternidad.

Capítulo siete
El templo reconstruido de la gran tribulación

La Santa Biblia menciona que se ofrecerán sacrificios diarios en un templo reconstruido en Jerusalem durante los últimos tiempos (Daniel 9:27). El libro de Apocalipsis describe a dos testigos que predicarán cerca de este templo durante 1260 días (Apocalipsis 11:1-12). Apocalipsis también dice que la gloria de Dios llenará de humo el templo cuando las siete copas del juicio se derramen sobre la tierra (Apocalipsis 15:8).

La mayor parte de este capítulo presentará las Escrituras en la Santa Biblia que describen el templo reconstruido. Un bosquejo de cómo se verá el templo aparece en la última página de este capítulo.

Hageo 2:6-9 RVA
⁶ Porque así dice Jehová de los ejércitos: De aquí á poco aun haré yo temblar los cielos y la tierra, y la mar y la seca:
⁷ Y haré temblar á todas las gentes, y vendrá el Deseado de todas las gentes; y henchiré esta casa de gloria, ha dicho Jehová de los ejércitos.
⁸ Mía es la plata, y mío el oro, dice Jehová de los ejércitos.
⁹ La gloria de aquesta casa postrera será mayor que la de la primera, ha dicho Jehová de los ejércitos; y daré paz en este lugar, dice Jehová de los ejércitos.

Apocalipsis 11:1-2 RVA
¹ Y ME fué dada una caña semejante á una vara, y se me dijo: Levántate, y mide el templo de Dios, y el altar, y á los que adoran en él.
² Y echa fuera el patio que está fuera del templo, y no lo midas, porque es dado á los Gentiles; y hollarán la ciudad santa cuarenta y dos meses.

Ezequiel 40:1-49 RVA
¹ EN el año veinticinco de nuestro cautiverio, al principio del año, á los diez del mes, á los catorce años después que la ciudad fué herida, en aquel mismo día fué sobre mí la mano de Jehová, y llevóme allá.
² En visiones de Dios me llevó á la tierra de Israel, y púsome sobre un monte muy alto, sobre el cual había como edificio de una ciudad al mediodía.
³ Y llevóme allí, y he aquí un varón, cuyo aspecto era como aspecto de metal, y tenía un cordel de lino en su mano, y una caña de medir: y él estaba á la puerta.
⁴ Y hablóme aquel varón, diciendo: Hijo del hombre, mira con tus ojos, y oye con tus oídos, y pon tu corazón á todas las cosas que te muestro; porque para que yo te las mostrase eres traído aquí. Cuenta todo lo que ves á la casa de Israel.
⁵ Y he aquí, un muro fuera de la casa: y la caña de medir que aquel varón tenía en la mano, era de seis codos, de á codo y palmo: y midió la anchura del edificio de una caña, y la altura, de otra caña.
⁶ Después vino á la puerta que daba cara hacia el oriente, y subió por sus gradas, y midió el un poste de la puerta, de una caña en anchura, y el otro

poste de otra caña en ancho.

⁷ Y cada cámara tenía una caña de largo, y una caña de ancho; y entre las cámaras había cinco codos en ancho; y cada poste de la puerta junto á la entrada de la puerta por dentro, una caña.

⁸ Midió asimismo la entrada de la puerta por de dentro, una caña.

⁹ Midió luego la entrada del portal, de ocho codos, y sus postes de dos codos; y la puerta del portal estaba por de dentro.

¹⁰ Y la puerta de hacia el oriente tenía tres cámaras de cada parte, todas tres de una medida: también de una medida los portales de cada parte.

¹¹ Y midió la anchura de la entrada de la puerta, de diez codos; la longitud del portal de trece codos.

¹² Y el espacio de delante de las cámaras, de un codo de la una parte, y de otro codo de la otra; y cada cámara tenía seis codos de una parte, y seis codos de otra.

¹³ Y midió la puerta desde el techo de la una cámara hasta el techo de la otra, veinticinco codos de anchura, puerta contra puerta.

¹⁴ E hizo los postes de sesenta codos, cada poste del atrio y del portal por todo alrededor.

¹⁵ Y desde la delantera de la puerta de la entrada hasta la delantera de la entrada de la puerta de dentro, cincuenta codos.

¹⁶ Y había ventanas estrechas en las cámaras, y en sus portales por de dentro de la puerta alrededor, y asimismo en los corredores; y las ventanas estaban alrededor por de dentro; y en cada poste había palmas.

¹⁷ Llevóme luego al atrio exterior, y he aquí, había cámaras, y solado hecho al atrio en derredor: treinta cámaras había alrededor en aquel atrio.

¹⁸ Y el solado al lado de las puertas, en proporción á la longitud de los portales, era el solado más bajo.

¹⁹ Y midió la anchura desde la delantera de la puerta de abajo hasta la delantera del atrio interior por de fuera, de cien codos hacia el oriente y el norte.

²⁰ Y de la puerta que estaba hacia el norte en el atrio exterior, midió su longitud y su anchura.

²¹ Y sus cámaras eran tres de una parte, y tres de otra, y sus postes y sus arcos eran como la medida de la puerta primera: cincuenta codos su longitud, y veinticinco su anchura.

²² Y sus ventanas, y sus arcos, y sus palmas, eran conforme á la medida de la puerta que estaba hacia el oriente; y subían á ella por siete gradas; y delante de ellas estaban sus arcos.

²³ Y la puerta del atrio interior estaba enfrente de la puerta al norte; y así al oriente: y midió de puerta á puerta cien codos.

²⁴ Llevóme después hacia el mediodía, y he aquí una puerta hacia el mediodía: y midió sus portales y sus arcos conforme á estas medidas.

²⁵ Y tenía sus ventanas y sus arcos alrededor, como las ventanas: la longitud era de cincuenta codos, y la anchura de veinticinco codos.

²⁶ Y sus gradas eran de siete peldaños, con sus arcos delante de ellas; y tenía palmas, una de una parte, y otra de la otra, en sus postes.

²⁷ Y había puerta de hacia el mediodía del atrio interior: y midió de puerta á puerta hacia el mediodía cien codos.
²⁸ Metióme después en el atrio de adentro á la puerta del mediodía, y midió la puerta del mediodía conforme á estas medidas.
²⁹ Y sus cámaras, y sus postes y sus arcos, eran conforme á estas medidas; y tenía sus ventanas y sus arcos alrededor: la longitud era de cincuenta codos, y de veinticinco codos la anchura.
³⁰ Y los arcos alrededor eran de veinticinco codos de largo, y cinco codos de ancho.
³¹ Y sus arcos caían afuera al atrio, con palmas en sus postes; y sus gradas eran de ocho escalones.
³² Y llevóme al atrio interior hacia el oriente, y midió la puerta conforme á estas medidas.
³³ Y eran sus cámaras, y sus postes, y sus arcos, conforme á estas medidas: y tenía sus ventanas y sus arcos alrededor: la longitud era de cincuenta codos, y la anchura de veinticinco codos.
³⁴ Y sus arcos caían afuera al atrio, con palmas en sus postes de una parte y otra: y sus gradas eran de ocho escalones.
³⁵ Llevóme luego á la puerta del norte, y midió conforme á estas medidas:
³⁶ Sus cámaras, y sus postes, y sus arcos, y sus ventanas alrededor: la longitud era de cincuenta codos, y de veinticinco codos el ancho.
³⁷ Y sus postes caían fuera al atrio, con palmas á cada uno de sus postes de una parte y otra: y sus gradas eran de ocho peldaños.
³⁸ Y había allí una cámara, y su puerta con postes de portales; allí lavarán el holocausto.
³⁹ Y en la entrada de la puerta había dos mesas de la una parte, y otras dos de la otra, para degollar sobre ellas el holocausto, y la expiación, y el sacrificio por el pecado.
⁴⁰ Y al lado por de fuera de las gradas, á la entrada de la puerta del norte, había dos mesas; y al otro lado que estaba á la entrada de la puerta, dos mesas.
⁴¹ Cuatro mesas de la una parte, y cuatro mesas de la otra parte al lado de la puerta; ocho mesas, sobre las cuales degollarán.
⁴² Y las cuatro mesas para el holocausto eran de piedras labradas, de un codo y medio de longitud, y codo y medio de ancho, y de altura de un codo: sobre éstas pondrán las herramientas con que degollarán el holocausto y el sacrificio.
⁴³ Y dentro, ganchos de un palmo, dispuestos por todo alrededor; y sobre las mesas la carne de la ofrenda.
⁴⁴ Y fuera de la puerta interior, en el atrio de adentro que estaba al lado de la puerta del norte, estaban las cámaras de los cantores, las cuales miraban hacia el mediodía: una estaba al lado de la puerta del oriente que miraba hacia el norte.
⁴⁵ Y díjome: Esta cámara que mira hacia el mediodía es de los sacerdotes que tienen la guarda del templo.

⁴⁶ Y la cámara que mira hacia el norte es de los sacerdotes que tienen la guarda del altar: estos son los hijos de Sadoc, los cuales son llamados de los hijos de Leví al Señor, para ministrarle.
⁴⁷ Y midió el atrio, cien codos de longitud, y la anchura de cien codos cuadrados; y el altar estaba delante de la casa.
⁴⁸ Y llevóme al pórtico del templo, y midió cada poste del pórtico, cinco codos de una parte, y cinco codos de otra; y la anchura de la puerta tres codos de una parte, y tres codos de otra.
⁴⁹ La longitud del pórtico veinte codos, y la anchura once codos, al cual subían por gradas: y había columnas junto á los postes, una de un lado, y otra de otro.

Ezequiel 41:1-26 RVA
¹ METIOME luego en el templo, y midió los postes, siendo el ancho seis codos de una parte, y seis codos de otra, que era la anchura del tabernáculo.
² Y la anchura de la puerta era de diez codos; y los lados de la puerta, de cinco codos de una parte, y cinco de otra. Y midió su longitud de cuarenta codos, y la anchura de veinte codos.
³ Y pasó al interior, y midió cada poste de la puerta de dos codos; y la puerta de seis codos; y la anchura de la entrada de siete codos.
⁴ Midió también su longitud, de veinte codos, y la anchura de veinte codos, delante del templo: y díjome: Este es el lugar santísimo.
⁵ Después midió el muro de la casa, de seis codos; y de cuatro codos la anchura de las cámaras, en torno de la casa alrededor.
⁶ Y las cámaras eran cámara sobre cámara, treinta y tres por orden; y entraban modillones en la pared de la casa alrededor, sobre los que las cámaras estribasen, y no estribasen en la pared de la casa.
⁷ Y había mayor anchura y vuelta en las cámaras á lo más alto; el caracol de la casa subía muy alto alrededor por de dentro de la casa: por tanto la casa tenía más anchura arriba; y de la cámara baja se subía á la alta por la del medio.
⁸ Y miré la altura de la casa alrededor: los cimientos de las cámaras eran una caña entera de seis codos de grandor.
⁹ Y la anchura de la pared de afuera de las cámaras era de cinco codos, y el espacio que quedaba de las cámaras de la casa por de dentro.
¹⁰ Y entre las cámaras había anchura de veinte codos por todos lados alrededor de la casa.
¹¹ Y la puerta de cada cámara salía al espacio que quedaba; una puerta hacia el norte, y otra puerta hacia el mediodía: y la anchura del espacio que quedaba era de cinco codos por todo alrededor.
¹² Y el edificio que estaba delante del apartamiento al lado de hacia el occidente era de setenta codos; y la pared del edificio, de cinco codos de anchura alrededor, y noventa codos de largo.
¹³ Y midió la casa, cien codos de largo: y el apartamiento, y el edificio, y sus paredes, de longitud de cien codos;
¹⁴ Y la anchura de la delantera de la casa, y del apartamiento al oriente, de

cien codos.

¹⁵ Y midió la longitud del edificio que estaba delante del apartamiento que había detrás de él, y las cámaras de una parte y otra, cien codos; y el templo de dentro, y los portales del atrio.

¹⁶ Los umbrales, y las ventanas estrechas, y las cámaras, tres en derredor á la parte delantera, todo cubierto de madera alrededor desde el suelo hasta las ventanas; y las ventanas también cubiertas.

¹⁷ Encima de sobre la puerta, y hasta la casa de dentro, y de fuera, y por toda la pared en derredor de dentro y por de fuera, tomó medidas.

¹⁸ Y estaba labrada con querubines y palmas: entre querubín y querubín una palma: y cada querubín tenía dos rostros:

¹⁹ Un rostro de hombre hacia la palma de la una parte, y rostro de león hacia la palma de la otra parte, por toda la casa alrededor.

²⁰ Desde el suelo hasta encima de la puerta había labrados querubines y palmas, y por toda la pared del templo.

²¹ Cada poste del templo era cuadrado, y la delantera del santuario era como la otra delantera.

²² La altura del altar de madera era de tres codos, y su longitud de dos codos; y sus esquinas, y su superficie, y sus paredes, eran de madera. Y díjome: Esta es la mesa que está delante de Jehová.

²³ Y el templo y el santuario tenían dos portadas.

²⁴ Y en cada portada había dos puertas, dos puertas que se volvían: dos puertas en la una portada, y otras dos en la otra.

²⁵ Y en las puertas del templo había labrados de querubines y palmas, así como estaban hechos en las paredes, y grueso madero sobre la delantera de la entrada por de fuera.

²⁶ Y había ventanas estrechas, y palmas de una y otra parte por los lados de la entrada, y de la casa, y por las vigas.

Ezequiel 42:1-20 RVA

¹ SACOME luego al atrio de afuera hacia el norte, y llevóme á la cámara que estaba delante del espacio que quedaba enfrente del edificio de hacia el norte.

² Por delante de la puerta del norte su longitud era de cien codos, y la anchura de cincuenta codos.

³ Frente á los veinte codos que había en el atrio de adentro, y enfrente del solado que había en al atrio exterior, estaban las cámaras, las unas enfrente de las otras en tres pisos.

⁴ Y delante de las cámaras había un corredor de diez codos de ancho á la parte de adentro, con viaje de un codo; y sus puertas hacia el norte.

⁵ Y las cámaras más altas eran más estrechas; porque las galerías quitaban de ellas más que de las bajas y de las de en medio del edificio:

⁶ Porque estaban en tres pisos, y no tenían columnas como las columnas de los atrios: por tanto, eran más estrechas que las de abajo y las del medio desde el suelo.

⁷ Y el muro que estaba afuera enfrente de las cámaras, hacia el atrio

exterior delante de las cámaras, tenía cincuenta codos de largo.
⁸ Porque la longitud de las cámaras del atrio de afuera era de cincuenta codos: y delante de la fachada del templo había cien codos.
⁹ Y debajo de las cámaras estaba la entrada al lado oriental, para entrar en él desde el atrio de afuera.
¹⁰ A lo largo del muro del atrio hacia el oriente, enfrente de la lonja, y delante del edificio, había cámaras.
¹¹ Y el corredor que había delante de ellas era semejante al de las cámaras que estaban hacia el norte, conforme á su longitud, asimismo su anchura, y todas sus salidas; conforme á sus puertas, y conforme á sus entradas.
¹² Y conforme á las puertas de las cámaras que estaban hacia el mediodía, tenía una puerta al principio del camino, del camino delante del muro hacia el oriente á los que entran.
¹³ Y díjome: Las cámaras del norte y las del mediodía, que están delante de la lonja, son cámaras santas, en las cuales los sacerdotes que se acercan á Jehová comerán las santas ofrendas: allí pondrán las ofrendas santas, y el presente, y la expiación, y el sacrificio por el pecado: porque el lugar es santo.
¹⁴ Cuando los sacerdotes entraren, no saldrán del lugar santo al atrio de afuera, sino que allí dejarán sus vestimentas con que ministrarán, porque son santas; y vestiránse otros vestidos, y así se allegarán á lo que es del pueblo.
¹⁵ Y luego que acabó las medidas de la casa de adentro, sacóme por el camino de la puerta que miraba hacia el oriente, y midiólo todo alrededor.
¹⁶ Midió el lado oriental con la caña de medir, quinientas cañas de la caña de medir en derredor.
¹⁷ Midió al lado del norte, quinientas cañas de la caña de medir alrededor.
¹⁸ Midió al lado del mediodía, quinientas cañas de la caña de medir.
¹⁹ Rodeó al lado del occidente, y midió quinientas cañas de la caña de medir.
²⁰ A los cuatro lados lo midió: tuvo el muro todo alrededor quinientas cañas de longitud, y quinientas cañas de anchura, para hacer separación entre el santuario y el lugar profano.

Ezequiel 43:1-27 RVA
¹ LLEVOME luego á la puerta, á la puerta que mira hacia el oriente;
² Y he aquí la gloria del Dios de Israel, que venía de hacia el oriente; y su sonido era como el sonido de muchas aguas, y la tierra resplandecía á causa de su gloria.
³ Y la visión que vi era como la visión, como aquella visión que vi cuando vine para destruir la ciudad: y las visiones eran como la visión que vi junto al río de Chebar; y caí sobre mi rostro.
⁴ Y la gloria de Jehová entró en la casa por la vía de la puerta que daba cara al oriente.
⁵ Y alzóme el espíritu, y metióme en el atrio de adentro; y he aquí que la gloria de Jehová hinchió la casa.

⁶ Y oí uno que me hablaba desde la casa: y un varón estaba junto á mí.

⁷ Y díjome: Hijo del hombre, este es el lugar de mi asiento, y el lugar de las plantas de mis pies, en el cual habitaré entre los hijos de Israel para siempre: y nunca más contaminará la casa de Israel mi santo nombre, ni ellos ni sus reyes, con sus fornicaciones, y con los cuerpos muertos de sus reyes en sus altares:

⁸ Y poniendo ellos su umbral junto á mi umbral, y su poste junto á mi poste, y no más que pared entre mí y ellos, contaminaron mi santo nombre con sus abominaciones que hicieron: consumílos por tanto en mi furor.

⁹ Ahora echarán lejos de mí su fornicación, y los cuerpos muertos de sus reyes, y habitaré en medio de ellos para siempre.

¹⁰ Tú, hijo del hombre, muestra á la casa de Israel esta casa, y avergüéncense de sus pecados, y midan la traza de ella.

¹¹ Y si se avergonzaren de todo lo que han hecho, hazles entender la figura de la casa, y su traza, y sus salidas y sus entradas, y todas sus formas, y todas sus descripciones, y todas sus configuraciones, y todas sus leyes: y descríbelo delante de sus ojos, para que guarden toda su forma, y todas sus reglas, y las pongan por obra.

¹² Esta es la ley de la casa: Sobre la cumbre del monte, todo su término alrededor será santísimo. He aquí que esta es la ley de la casa.

¹³ Y estas son las medidas del altar por codos (el codo de á codo y palmo). El seno, de un codo, y de un codo el ancho; y su remate por su borde alrededor, de un palmo. Este será el fondo alto del altar.

¹⁴ Y desde el seno de sobre el suelo hasta el lugar de abajo, dos codos, y la anchura de un codo: y desde el lugar menor hasta el lugar mayor, cuatro codos, y la anchura de un codo.

¹⁵ Y el altar, de cuatro codos, y encima del altar, cuatro cuernos.

¹⁶ Y el altar tenía doce codos de largo, y doce de ancho, cuadrado á sus cuatro lados.

¹⁷ Y el área, de catorce codos de longitud y catorce de anchura en sus cuatro lados, y de medio codo el borde alrededor: y el seno de un codo por todos lados; y sus gradas estaban al oriente.

¹⁸ Y díjome: Hijo del hombre, así ha dicho el Señor Jehová: Estas son las ordenanzas del altar el día en que será hecho, para ofrecer sobre él holocausto, y para esparcir sobre él sangre.

¹⁹ Darás á los sacerdotes Levitas que son del linaje de Sadoc, que se allegan á mí, dice el Señor Jehová, para ministrarme, un becerro de la vacada para expiación.

²⁰ Y tomarás de su sangre, y pondrás en los cuatro cuernos del altar, y en las cuatro esquinas del área, y en el borde alrededor: así lo limpiarás y purificarás.

²¹ Tomarás luego el becerro de la expiación, y lo quemarás conforme á la ley de la casa, fuera del santuario.

²² Y al segundo día ofrecerás un macho de cabrío sin defecto, para expiación; y purificarán el altar como lo purificaron con el becerro.

²³ Cuando acabares de expiar, ofrecerás un becerro de la vacada sin

defecto, y un carnero sin tacha de la manada:
²⁴ Y los ofrecerás delante de Jehová, y los sacerdotes echarán sal sobre ellos, y los ofrecerán en holocausto á Jehová.
²⁵ Por siete días sacrificarán un macho cabrío cada día en expiación; asimismo sacrificarán el becerro de la vacada y un carnero sin tacha del rebaño.
²⁶ Por siete días expiarán el altar, y lo limpiarán, y ellos henchirán sus manos.
²⁷ Y acabados estos días, al octavo día, y en adelante, sacrificarán los sacerdotes sobre el altar vuestros holocaustos y vuestros pacíficos; y me seréis aceptos, dice el Señor Jehová.

Ezequiel 44:1-14 RVA
¹ Y TORNOME hacia la puerta de afuera del santuario, la cual mira hacia el oriente; y estaba cerrada.
² Y díjome Jehová: Esta puerta ha de estar cerrada: no se abrirá, ni entrará por ella hombre, porque Jehová Dios de Israel entró por ella; estará por tanto cerrada.
³ Para el príncipe; el príncipe, él se sentará en ella para comer pan delante de Jehová: por el camino de la entrada de la puerta entrará, y por el camino de ella saldrá.
⁴ Y llevóme hacia la puerta del norte por delante de la casa, y miré, y he aquí, la gloria de Jehová había henchido la casa de Jehová: y caí sobre mi rostro.
⁵ Y díjome Jehová: Hijo del hombre, pon tu corazón, y mira con tus ojos, y oye con tus oídos todo lo que yo hablo contigo sobre todas las ordenanzas de la casa de Jehová, y todas sus leyes: y pon tu corazón á las entradas de la casa, y á todas las salidas del santuario.
⁶ Y dirás á los rebeldes, á la casa de Israel: Así ha dicho el Señor Jehová: Básteos de todas vuestras abominaciones, oh casa de Israel.
⁷ De haber vosotros traído extranjeros, incircuncisos de corazón é incircuncisos de carne, para estar en mi santuario, para contaminar mi casa; de haber ofrecido mi pan, la grosura y la sangre: é invalidaron mi pacto por todas vuestras abominaciones:
⁸ Y no guardasteis el ordenamiento de mis santificaciones, sino que os pusisteis guardas de mi ordenanza en mi santuario.
⁹ Así ha dicho el Señor Jehová: Ningún hijo de extranjero, incircuncíso de corazón é incircunciso de carne, entrará en mi santuario, de todos los hijos de extranjeros que están entre los hijos de Israel.
¹⁰ Y los Levitas que se apartaron lejos de mí cuando Israel erró, el cual se desvió de mí en pos de sus ídolos, llevarán su iniquidad.
¹¹ Y serán ministros en mi santuario, porteros á las puertas de la casa, y sirvientes en la casa: ellos matarán el holocausto y la víctima al pueblo, y ellos estarán delante de ellos para servirles.
¹² Por cuanto les sirvieron delante de sus ídolos, y fueron á la casa de Israel por tropezadero de maldad; por tanto, he alzado mi mano acerca de ellos,

dice el Señor Jehová, que llevarán su iniquidad.

¹³ No serán allegados á mí para serme sacerdotes, ni se llegarán á ninguna de mis santificaciones; á las santidades de santidades; sino que llevarán su vergüenza, y sus abominaciones que hicieron.

¹⁴ Pondrélos, pues, por guardas de la guarda de la casa en todo su servicio, y en todo lo que en ella hubiere de hacerse.

Breve resumen del capítulo
El nuevo templo

El templo descrito en la visión de Ezequiel nunca fue construido en el monte del templo en Jerusalem. Sin embargo, el templo es una parte extremadamente importante de la gran tribulación y, por lo tanto, deberá construirse antes del punto medio de la gran tribulación.

Durante la primera parte de la gran tribulación, los judíos estarán a cargo del templo. Los descendientes varones del sacerdote Sadoc (Ezequiel 40:46 y 2 Samuel 20:25) estarán a cargo del altar y la sangre de los sacrificios de animales se usará para santificar el altar (Ezequiel 43:18). Los levitas harán parte del trabajo en el templo, pero no servirán como sacerdotes (Ezequiel 44:10-14).

Daniel 9:27 LBLA

²⁷ Y él hará un pacto firme con muchos por una semana, pero a la mitad de la semana pondrá fin al sacrificio y a la ofrenda de cereal. Sobre el ala de abominaciones vendrá el desolador, hasta que una destrucción completa, la que está decretada, sea derramada sobre el desolador.

Daniel 11:31-32 LBLA

³¹ Y de su parte se levantarán tropas, profanarán el santuario-fortaleza, abolirán el sacrificio perpetuo y establecerán la abominación de la desolación.

³² Con halagos hará apostatar a los que obran inicuamente hacia el pacto, mas el pueblo que conoce a su Dios se mostrará fuerte y actuará.

Resumen de las Escrituras: En algún momento cerca del punto medio de la gran tribulación, se establecerá la "abominación desoladora" en un ala del templo y se detendrán los sacrificios diarios. Esto sugiere que los judíos no controlarán el templo durante la última parte de la gran tribulación.

Después de la batalla de Armagedón, el templo será una parte importante del reinado de 1.000 años de Jesucristo. Durante el reinado de 1.000 años de Jesucristo, el agua viva fluirá desde el templo y saldrá por la Puerta Este. En el capítulo doce hay más información sobre el templo durante el reinado de 1.000 años de Jesucristo. El capítulo veinte contiene más información sobre el agua viva.

Un bosquejo de las partes principales del templo está en la página siguiente.

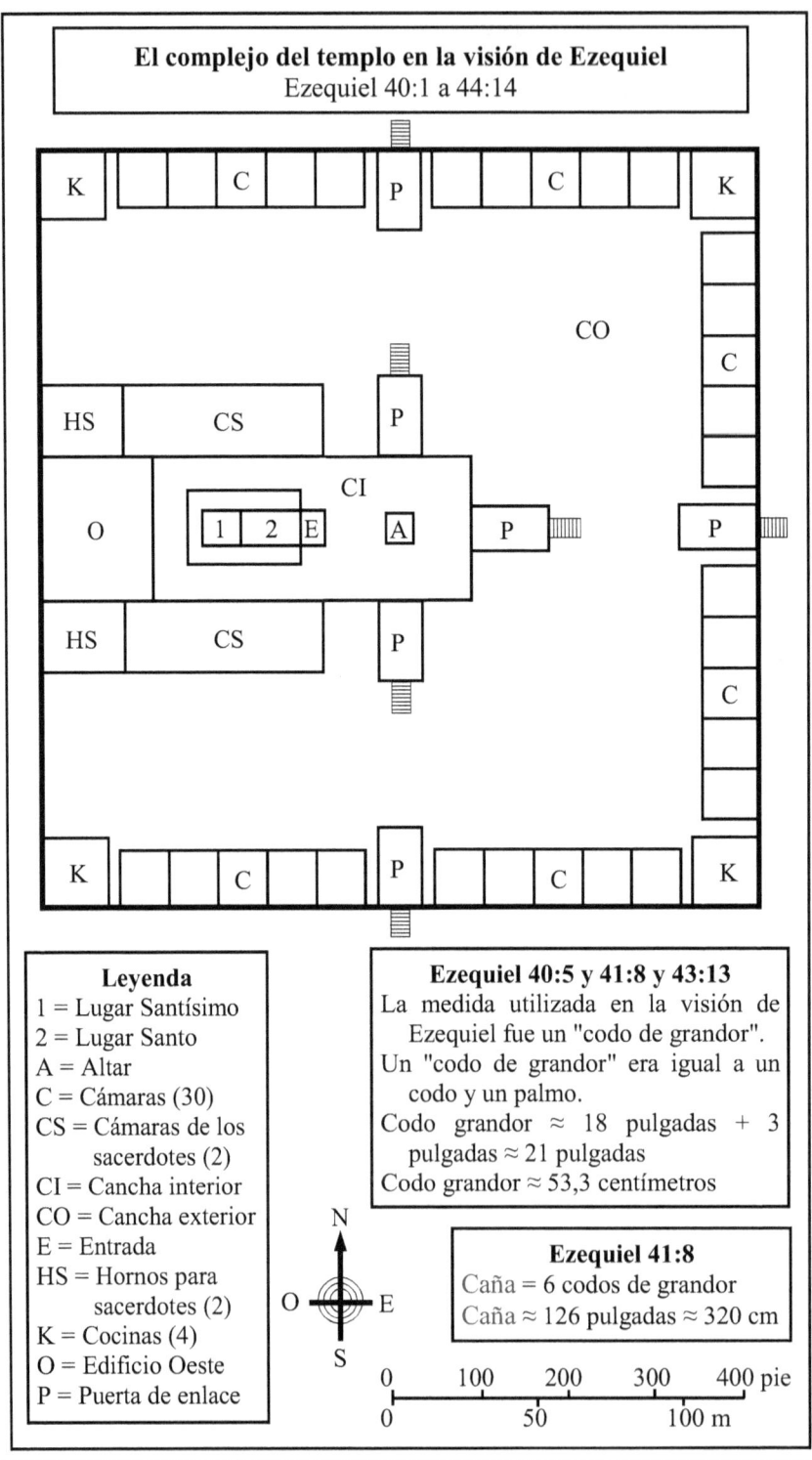

Capitulo ocho
La gran tribulación
(También conocido como el Apocalipsis)

Los eventos descritos en el libro de Apocalipsis se desarrollarán exactamente de la manera que Dios planeó que se desarrollaran antes de crear el mundo. Los eventos en el libro de Apocalipsis no se desarrollarán basados en las especulaciones de ningún ser humano, y eso me incluye a mí.

El siguiente resumen no es más que los pensamientos de un anciano que ha tratado de comprender el flujo de eventos descritos en el libro de Apocalipsis. No creo que mi interpretación de esos eventos sea mejor que las interpretaciones que han sido propuestas por innumerables personas durante los 1.900 años anteriores. La razón por la que estoy compartiendo mis pensamientos sobre este tema es porque creo que mis observaciones pueden proporcionar un marco dentro del cual otras personas pueden reorganizar los eventos y crear una estimación aún mejor de lo que realmente podría suceder durante el período de tribulación.

Muchas de las líneas de tiempo de la tribulación que he visto tienen la secuencia de eventos que ocurren en el mismo orden en que aparecen en el libro de Apocalipsis. En otras palabras, los eventos comienzan con los siete sellos (Apocalipsis 6:1 a 8:1), y luego las siete trompetas (Apocalipsis 8:2 a 11:19), y luego las siete copas o plagas (Apocalipsis 15:1 a 16:21). No hay absolutamente nada de malo en esta secuencia y puede ser la secuencia en la que los eventos realmente se desarrollan durante el período de la tribulación.

Los eventos descritos en Apocalipsis se presentan en la secuencia en que le fueron mostrados a Juan. En otras palabras, Juan describió lo que vio en el orden en que le fueron mostrados los eventos. Por ejemplo, los dos testigos se mencionan en Apocalipsis 11:1-12 y estas Escrituras nos dicen que la bestia matará a los dos testigos después de 1.260 días. Pero el origen de la bestia que mata a los dos testigos se le muestra a Juan en Apocalipsis 13:1-5 cuando la primera bestia recibe el poder de gobernar la tierra durante 42 meses. Si un mes contiene un promedio de aproximadamente 30 días, entonces 1.260 días equivalen aproximadamente a 42 meses. Y 42 meses son aproximadamente 3,5 años con 12 meses por año. Esto significa que a Juan se le mostraron los dos testigos y el ministerio terrenal de 3,5 años de los dos testigos como una sola visión y esa visión incluía a la bestia matando a los dos testigos después de 3,5 años. Entonces a Juan se le mostró una segunda visión de una mujer y un dragón. Luego a Juan se le mostró una tercera visión del origen de la bestia que mata a los dos testigos. Esto sugiere que a Juan se le mostraron visiones completas de eventos específicos para que pudiera registrar esos eventos específicos con precisión. Pero algunos de los eventos revelados en algunas de las visiones se superponen a los eventos revelados en otras visiones. Esta estrategia permitió a John, y a sus futuros lectores, ver un evento completo de principio a fin para que cada evento específico pudiera entenderse más fácilmente. Esta es la misma estrategia que se usa en Génesis, el primer libro de la Biblia. Génesis 1:1 a 2:3 describe los siete días completos de la creación. Luego Génesis 2:4-25 brinda información adicional sobre la creación de la humanidad en el sexto día de la creación.

Por lo tanto, se podría lograr una mejor comprensión de todo el libro de Apocalipsis si cada visión se acepta como una visión completa de una secuencia específica de eventos desde su principio hasta su final. Esto significa que una visión diferente de una secuencia diferente de eventos puede incluir algunos eventos que se superponen en una o más de las otras visiones que le fueron mostradas a Juan.

Supuesto básico: El siguiente resumen se basa en el supuesto de que cada visión es una visión completa de una secuencia específica de eventos. Pero cada visión puede incluir algunos eventos que se superponen con eventos que están incluidos en otras visiones.

Para comprender mejor cada visión, sería lógico identificar eventos específicos dentro de una visión que suceden en un momento específico, como el comienzo del período de tribulación, o el punto medio del período de tribulación o el final de la tribulación. período. Sin embargo, para que esto sea efectivo, primero se debe establecer la duración del período de tribulación.

La duración del período de tribulación

Los eruditos bíblicos generalmente han estado de acuerdo en que el período de tribulación durará aproximadamente siete años. Esta estimación se basa en varias Escrituras, como las siguientes:

Daniel 9:27a LBLA
[27] Y él hará un pacto firme con muchos por una semana, . . .

Daniel 8:13-14 LBLA
[13] Oí entonces hablar a un santo, y otro santo dijo al que hablaba: ¿Hasta cuándo durará la visión del sacrificio continuo, de la transgresión que espanta, y de que el lugar santo y el ejército sean pisoteados? [14] Y le respondió: Por dos mil trescientas tardes y mañanas; entonces el lugar santo será restaurado.

Resumen de las Escrituras: Los eruditos de la Biblia generalmente están de acuerdo en que la palabra "semana" se refiere a un período de siete años. Esto parece lógico porque la Biblia dice específicamente que tomará 2.300 días (tardes y mañanas) desde el momento en que el sacrificio diario en el santuario judío se reinstituye (reinicia) hasta que el santuario sea reconsagrado (purificado y rededicado). Durante estos 2.300 días habrá una rebelión, se detendrá el sacrificio diario, se establecerá la desolación y el santuario será pisoteado (o profanado). Utilizando 365 días al año, los

2.300 días equivalen aproximadamente a 6,3 años. Si el tiempo total es de 7 años, esto permitiría aproximadamente 0,7 años para que se complete la construcción del santuario, los sacerdotes judíos sean consagrados y el primer sacrificio en más de 1.900 años sea ofrecido por un sacerdote judío en el santuario judío.

Las siguientes Escrituras contienen información adicional sobre la cantidad de tiempo requerido:

Daniel 9:27b LBLA
^{27} . . . a la mitad de la semana pondrá fin al sacrificio y a la ofrenda de cereal. Sobre el ala de abominaciones *vendrá* el desolador, hasta que una destrucción completa, la que está decretada, sea derramada sobre el desolador.

Daniel 11:31-32 LBLA
^{31} Y de su parte se levantarán tropas, profanarán el santuario-fortaleza, abolirán el sacrificio perpetuo y establecerán la abominación de la desolación. ^{32} Con halagos hará apostatar a los que obran inicuamente hacia el pacto, mas el pueblo que conoce a su Dios se mostrará fuerte y actuará.

Daniel 12:10-11 RVA
^{10} Muchos serán limpios, y emblanquecidos, y purificados; mas los impíos obrarán impíamente, y ninguno de los impíos entenderá, pero entenderán los entendidos. ^{11} Y desde el tiempo que fuere quitado el continuo sacrificio hasta la abominación espantosa, habrá mil doscientos y noventa días.

Resumen de las Escrituras: Las Escrituras anteriores mencionan que a la mitad de la "semana" se detendrá el sacrificio. Y poco después, la abominación que causa la desolación se establecerá en un ala del templo. Habrá 1.290 días hasta el final. Los 1.290 días son aproximadamente 3,53 años. Si 3,53 años es "la mitad" del período de tiempo, entonces el período de tiempo total sería de aproximadamente 7,06 años, utilizando 365 días por año. Cuando se utiliza el término "mitad", puede referirse al medio exacto o al mitad aproximado. Si "mitad" significa la mitad aproximado, entonces la interpretación original del término "semana" en el sentido de 7 años es una suposición razonable.

No vale la pena debatir si el período de tiempo de la tribulación dura exactamente 7 años, o un poco menos de 7 años, o un poco más de 7 años. Para los propósitos de este resumen, se asumirá que el período de tiempo de la tribulación es de aproximadamente 7 años. Puede ser un poco menos o un poco más de 7 años, pero esta pequeña diferencia en el tiempo no afectará significativamente ninguno de los comentarios resumidos que siguen. La mitad del período de tribulación se fijará en aproximadamente 3,5 años, pero podría ser un poco menos o un poco más de 3,5 años. Tratar de ser más preciso en una estimación de punto medio como esta no es un uso productivo del tiempo de nadie que esté tratando diligentemente de estudiar y comprender las Escrituras.

Por lo tanto, ahora podemos construir una línea de tiempo teórica aproximada para el período de tiempo de la tribulación que incluye un comienzo, un medio y un final, y se muestra como "Línea de tiempo uno" en la página siguiente.

Con esta línea de tiempo como posición inicial, ahora es posible agregar eventos específicos a nuestra línea de tiempo si usamos Escrituras que nos brindan información precisa sobre cuándo ocurre el evento, como al comienzo de la tribulación o en la mitad aproximada de la tribulación, o el fin de la tribulación.

El resto de este capítulo se basará en un período de siete años para la gran tribulación.

Los eventos específicos ahora se agregarán a la línea de tiempo de 7 años

Las siguientes Escrituras proporcionan suficiente información para que se coloquen en nuestra línea de tiempo teórica en un lugar específico:

Apocalipsis 6:1-2 RVA
¹ Y MIRÉ cuando el Cordero abrió *uno de los sellos*, y oí á uno los cuatro animales diciendo como con una voz de trueno: Ven y ve. ² Y miré, y he aquí un caballo blanco: y el que estaba sentado encima de él, tenía un arco; y le fué dada una corona, y salió victorioso, para que también venciese.

Daniel 9:27 LBLA
²⁷ Y él hará un pacto firme con muchos por una semana, pero a la mitad de la semana pondrá fin al sacrificio y a la ofrenda de cereal. Sobre el ala *de abominaciones vendrá el desolador*, hasta que una destrucción completa, la que está decretada, sea derramada sobre el desolador.

Apocalipsis 19:19-21 RVA
¹⁹ Y vi la bestia, y los reyes de la tierra y sus ejércitos, congregados para hacer guerra contra el que estaba sentado sobre el caballo, y contra su ejército. ²⁰ *Y la bestia fué presa, y con ella el falso profeta* que había hecho las señales delante de ella, con las cuales había engañado á los que tomaron la señal de la bestia, y habían adorado su imagen. *Estos dos fueron lanzados vivos dentro de un lago de fuego ardiendo en azufre.* ²¹ Y los otros fueron muertos con la espada que salía de la boca del que estaba sentado sobre el caballo, y todas las aves fueron hartas de las carnes de ellos.

Resumen de las Escrituras: Los tres eventos anteriores ahora se pueden colocar en nuestra línea de tiempo teórica. La apertura del primer sello ocurrirá al comienzo del período de tribulación. En el punto medio del período de la tribulación, la abominación que causa la desolación se colocará en un ala del templo. Al final de la tribulación, la bestia y el falso profeta serán arrojados al infierno. Estos tres eventos se muestran todos en la "Línea de tiempo dos" en la página siguiente.

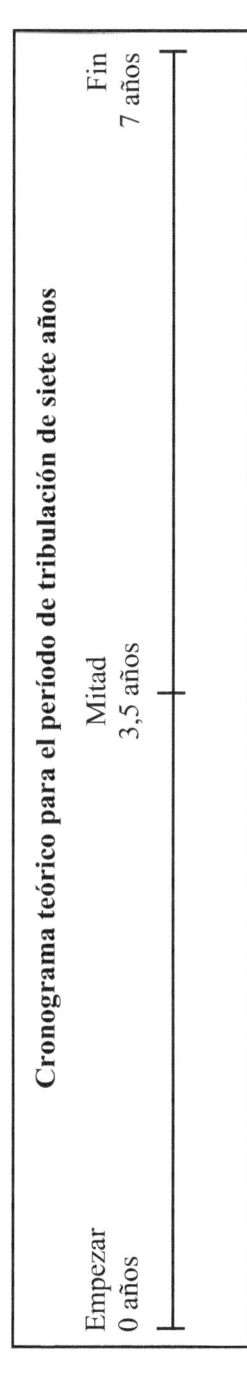

Cronograma teórico para el período de tribulación de siete años

Empezar — 0 años
Mitad — 3,5 años
Fin — 7 años

Línea de tiempo uno

Cronograma teórico para el período de tribulación de siete años

Empezar — 0 años
Sello 1
Caballo blanco
Apoc. 6:1-2

Mitad — 3,5 años
Abominación en el templo
Dan. 9:27 & 12:11

Fin — 7 años
Bestia y Profeta
Arrojado al infierno
Apoc. 19:19-21

Línea de tiempo dos

Chapter ocho: La gran tribulación   49

Los dos testigos
Apocalipsis 11:1-12 RVA
[1] Y ME fué dada una caña semejante á una vara, y se me dijo: Levántate, y mide el templo de Dios, y el altar, y á los que adoran en él. [2] Y echa fuera el patio que está fuera del templo, y no lo midas, porque es dado á los Gentiles; y hollarán la ciudad santa cuarenta y dos meses.
[3] Y daré á mis *dos testigos*, y ellos profetizarán por mil doscientos y sesenta días, vestidos de sacos. [4] Estas son las dos olivas, y los dos candeleros que están delante del Dios de la tierra. [5] Y si alguno les quisiere dañar, sale fuego de la boca de ellos, y devora á sus enemigos: y si alguno les quisiere hacer daño, es necesario que él sea así muerto. [6] Estos tienen potestad de cerrar el cielo, que no llueva en los días de su profecía, y tienen poder sobre las aguas para convertirlas en sangre, y para herir la tierra con toda plaga cuantas veces quisieren.
[7] Y cuando ellos hubieren acabado su testimonio, la bestia que sube del abismo hará guerra contra ellos, y los vencerá, y los matará. [8] Y sus cuerpos serán echados en las plazas de la grande ciudad, que espiritualmente es llamada Sodoma y Egipto, donde también nuestro Señor fué crucificado.
[9] Y los de los linajes, y de los pueblos, y de las lenguas, y de los Gentiles verán los cuerpos de ellos por tres días y medio, y no permitirán que sus cuerpos sean puestos en sepulcros. [10] Y los moradores de la tierra se gozarán sobre ellos, y se alegrarán, y se enviarán dones los unos á los otros; porque estos dos profetas han atormentado á los que moran sobre la tierra. [11] Y después de tres días y medio el espíritu de vida enviado de Dios, entró en ellos, y se alzaron sobre sus pies, y vino gran temor sobre los que los vieron. [12] Y oyeron una grande voz del cielo, que les decía: Subid acá. Y subieron al cielo en una nube, y sus enemigos los vieron.

Resumen de las Escrituras: Las Escrituras anteriores indican que los gentiles pisotearán la ciudad santa durante 42 meses. Durante este tiempo habrá dos testigos que profetizarán durante 1.260 días (o 42 meses usando 30 días por mes). Luego, los dos testigos son asesinados por la bestia y sus cadáveres se dejan en la calle para que la gente de toda la tierra los vea. Pero después de 3,5 días, el aliento de vida de Dios entrará en ellos y vivirán de nuevo y ascenderán al cielo a la vista de las personas que anteriormente estaban celebrando su muerte. Dado que los dos testigos profetizarán durante 42 meses, deben comenzar su ministerio a más tardar en el punto medio de la tribulación. Además, los gentiles pisotearán la ciudad durante el mismo período de tiempo. Esta descripción del pisoteo es probablemente el mismo pisoteo que se describe en Daniel 8:13-14 como se cita anteriormente en este resumen.

Por lo tanto, la aparición de los dos testigos puede colocarse un poco antes del punto medio de la tribulación y su muerte y resurrección deben colocarse cerca del final de la tribulación como se muestra en la "Línea de tiempo tres" en la página siguiente.

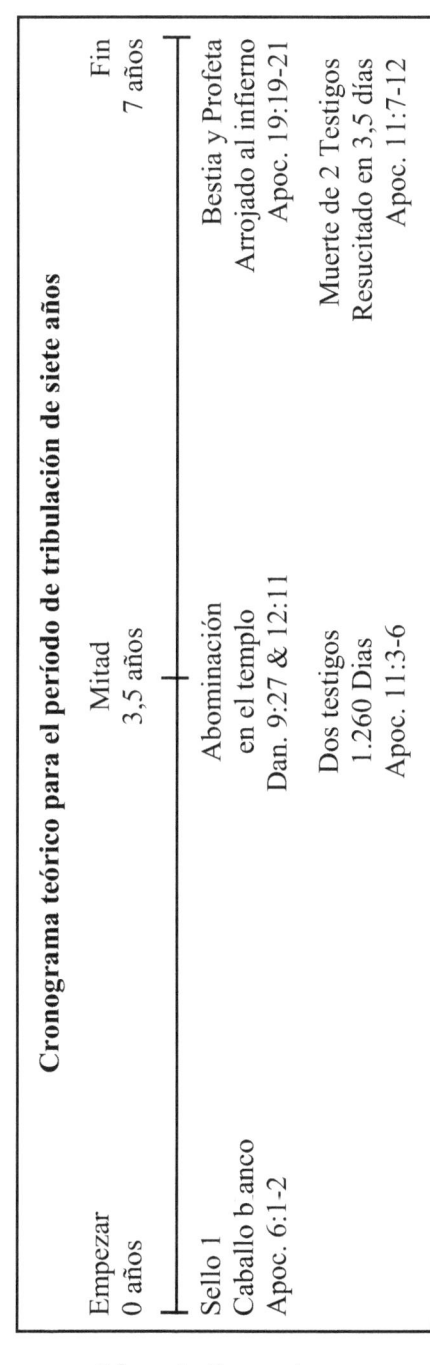

Línea de tiempo tres

La bestia, el falso profeta y la marca de la bestia
Apocalipsis 13:2-5 RVA
² Y la bestia que vi, era semejante á un leopardo, y sus pies como de oso, y su boca como boca de león. Y el dragón le dió su poder, y su trono, y grande potestad. ³ Y vi una de sus cabezas como herida de muerte, y la llaga de su muerte fué curada: y se maravilló toda la tierra en pos de la bestia. ⁴ Y adoraron al dragón que había dado la potestad á la bestia, y adoraron á la bestia, diciendo: ¿Quién es semejante á la bestia, y quién podrá lidiar con ella? ⁵ Y le fué dada boca que hablaba grandes cosas y blasfemias: y le fué dada potencia de obrar cuarenta y dos meses.

Apocalipsis 13:11-17 RVA
¹¹ Después vi otra bestia que subía de la tierra; y tenía dos cuernos semejantes á los de un cordero, mas hablaba como un dragón. ¹² Y ejerce todo el poder de la primera bestia en presencia de ella; y hace á la tierra y á los moradores de ella adorar la primera bestia, cuya llaga de muerte fué curada. ¹³ Y hace grandes señales, de tal manera que aun hace descender fuego del cielo á la tierra delante de los hombres. ¹⁴ Y engaña á los moradores de la tierra por las señales que le ha sido dado hacer en presencia de la bestia, mandando á los moradores de la tierra que hagan la imagen de la bestia que tiene la herida de cuchillo, y vivió. ¹⁵ Y le fué dado que diese espíritu á la imagen de la bestia, para que la imagen de la bestia hable; y hará que cualesquiera que no adoraren la imagen de la bestia sean muertos. ¹⁶ Y hacía que á todos, á los pequeños y grandes, ricos y pobres, libres y siervos, se pusiese una marca en su mano derecha, ó en sus frentes: ¹⁷ Y que ninguno pudiese comprar ó vender, sino el que tuviera la señal, ó el nombre de la bestia, ó el número de su nombre.

Resumen de las Escrituras: En las Escrituras anteriores, la primera bestia gobierna durante 42 meses. La segunda bestia, también conocida como el falso profeta, aparece a continuación y es él quien coloca la imagen de la primera bestia en el santuario (la abominación desoladora). El falso profeta le da a la imagen la capacidad de hablar y todos tienen que adorar la imagen y recibir la marca de la bestia en su mano derecha o en su frente.

Estos eventos deben ocurrir en algún lugar cerca de la mitad del período de tribulación. Y ya sabemos que la bestia y el falso profeta son arrojados al infierno al final del período de tribulación. Por lo tanto, estos eventos ahora se pueden agregar a nuestra "Línea de tiempo cuatro" en la página siguiente.

Los sellos, trompetas, copas y ayes
Durante la tribulación hay siete juicios de sellos, siete juicios de trompeta, siete juicios de copas, y tres juicios de ay. Algunos de estos juicios tienen eventos específicos asociados con ellos que pueden ubicarse con precisión en nuestra línea de tiempo. Veamos primero los juicios de la copa.

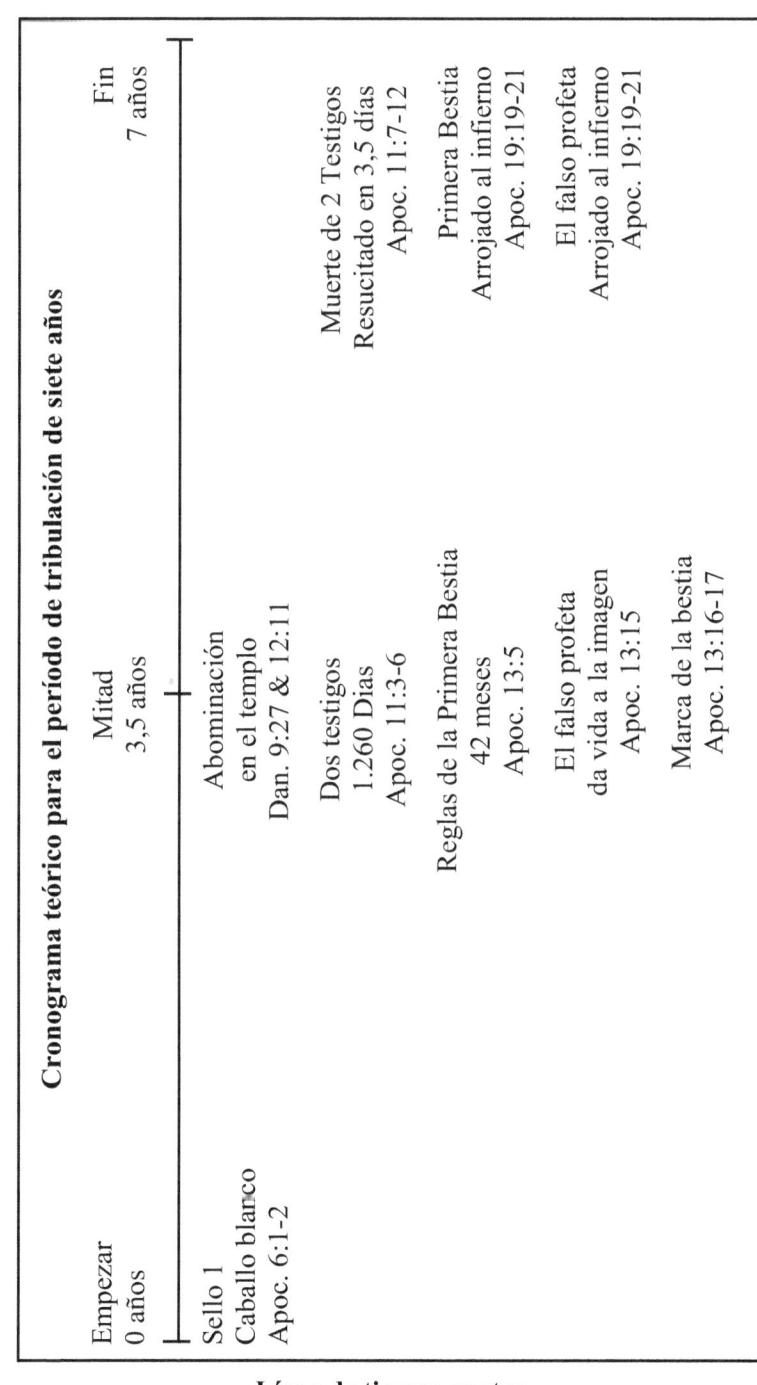

Línea de tiempo cuatro

Chapter ocho: La gran tribulación

Las siete plagas y los juicios de las siete copas
(Los siete juicios se llaman plagas y copas)

Apocalipsis 15:1 RVA
¹ Y VI otra señal en el cielo, grande y admirable, que era siete ángeles que tenían *las siete plagas postreras; porque en ellas es consumada la ira de Dios.*

Apocalipsis 15:7-8 RVA
⁷ Y uno de los cuatro animales dió á los siete ángeles *siete copas* de oro, llenas de la ira de Dios, que vive para siempre jamás. ⁸ Y fué el templo lleno de humo por la majestad de Dios, y por su potencia; y ninguno podía entrar en el templo, hasta que fuesen consumadas *las siete plagas* de los siete ángeles.

Apocalipsis 16:1-2 RVA
¹ Y OI una gran voz del templo, que decía á los siete ángeles: Id, y derramad las siete copas de la ira de Dios sobre la tierra. ² *Y fué el primero, y derramó su copa sobre la tierra*; y vino una plaga mala y dañosa sobre los hombres que tenían la señal de la bestia, y sobre los que adoraban su imagen.

Apocalipsis 16:3 RVR 1960
³ *El segundo ángel derramó su copa sobre el mar*, y éste se convirtió en sangre como de muerto; y murió todo ser vivo que había en el mar.

Apocalipsis 16:4-7 RVA
⁴ *Y el tercer ángel derramó su copa sobre los ríos, y sobre las fuentes de las aguas*, y se convirtieron en sangre. ⁵ Y oí al ángel de las aguas, que decía: Justo eres tú, oh Señor, que eres y que eras, el Santo, porque has juzgado estas cosas: ⁶ Porque ellos derramaron la sangre de los santos y de los profetas, también tú les has dado á beber sangre; pues lo merecen. ⁷ Y oí á otro del altar, que decía: Ciertamente, Señor Dios Todopoderoso, tus juicios son verdaderos y justos.

Apocalipsis 16:8-9 RVA
⁸ *Y el cuarto ángel derramó su copa sobre el sol*; y le fué dado quemar á los hombres con fuego. ⁹ Y los hombres se quemaron con el grande calor, y blasfemaron el nombre de Dios, que tiene potestad sobre estas plagas, y no se arrepintieron para darle gloria.

Apocalipsis 16:10-11 NTV
¹⁰ *Después el quinto ángel derramó su copa sobre el trono de la bestia*, y el reino de la bestia quedó sumergido en la oscuridad. Sus súbditos rechinaban los dientes[a] por la angustia ¹¹ y maldecían al Dios del cielo por los dolores y las llagas, pero no se arrepintieron de sus fechorías ni volvieron a Dios.

Apocalipsis 16:12-16 RVA
¹² *Y el sexto ángel derramó su copa sobre el gran río Eufrates*; y el agua de él se secó, para que fuese preparado el camino de los reyes del Oriente. ¹³ Y vi salir de la boca del dragón, y de la boca de la bestia, y de la boca del

falso profeta, tres espíritus inmundos á manera de ranas: ¹⁴ Porque son espíritus de demonios, que hacen señales, para ir á los reyes de la tierra y de todo el mundo, para congregarlos para la batalla de aquel gran día del Dios Todopoderoso. ¹⁵ He aquí, yo vengo como ladrón. Bienaventurado el que vela, y guarda sus vestiduras, para que no ande desnudo, y vean su vergüenza. ¹⁶ Y los congregó en el lugar que en hebreo se llama Armagedón.

Apocalipsis 16:17-21 RVA
¹⁷ Y el séptimo ángel derramó su copa por el aire; y salió una grande voz del templo del cielo, del trono, diciendo: Hecho es. ¹⁸ Entonces fueron hechos relámpagos y voces y truenos; y hubo un gran temblor de tierra, un terremoto tan grande, cual no fué jamás desde que los hombres han estado sobre la tierra. ¹⁹ Y la ciudad grande fué partida en tres partes, y las ciudades de las naciones cayeron; y la grande Babilonia vino en memoria delante de Dios, para darle el cáliz del vino del furor de su ira. ²⁰ Y toda isla huyó, y los montes no fueron hallados. ²¹ Y cayó del cielo sobre los hombres un grande granizo como del peso de un talento: y los hombres blasfemaron de Dios por la plaga del granizo; porque su plaga fué muy grande.

Resumen de las Escrituras: Las siete plagas y los juicios de las siete copas son el mismo evento, pero a veces se les llama plagas y otras veces se les llama copas. El juicio de la primera copa cae sobre las personas que recibieron la marca de la bestia. Por lo tanto, debe ocurrir en nuestra línea de tiempo en algún momento después del punto medio de la tribulación, o después de que se le haya dado a la imagen de la bestia la capacidad de hablar y se requiera que la gente la adore. Aquellos adoradores reciben la marca de la bestia en su mano derecha o en su frente. Por lo tanto, el juicio de la primera copa debe ocurrir después del punto medio de la tribulación. El juicio de la séptima copa menciona específicamente a "Babilonia" y esta referencia puede permitirnos asociarla con la caída de Babilonia. El juicio de la séptima copa también menciona específicamente grandes piedras de granizo y esto puede permitirnos asociarlo con las piedras de granizo mencionadas en el juicio de la séptima trompeta. Los juicios de trompeta y ay se examinarán con más detalle más adelante en este capítulo. Sin embargo, en este momento podemos colocar los juicios de los siete tazones como se muestra en la "Línea de tiempo cinco" en la página siguiente.

Cronograma teórico para el período de tribulación de siete años

Empezar	Mitad	Fin
0 años	3,5 años	7 años

Sello 1
Caballo blanco
Apoc. 6:1-2

Abominación
en el templo
Dan. 9:27 & 12:11

Dos testigos
1.260 Días
Apoc. 11:3-6

Reglas de la Primera Bestia
42 meses
Apoc. 13:5

El falso profeta
da vida a la imagen
Apoc. 13:15

Marca de la bestia
Apoc. 13:16-17

Muerte de 2 Testigos
Resucitado en 3,5 días
Apoc. 11:7-12

Primera Bestia
Arrojado al infierno
Apoc. 19:19-21

El falso profeta
Arrojado al infierno
Apoc. 19:19-21

Copas 1 2 3 4 5 6 7

Línea de tiempo cinco

Los siete sellos

El capítulo 24 de Mateo y el capítulo 13 de Marcos contienen los comentarios de Jesús sobre los últimos días cuando sus discípulos le preguntaron sobre las señales que precederían a su regreso y al fin de los tiempos. Jesús respondió claramente a esta pregunta para sus discípulos y sus declaraciones pueden ayudarnos a comprender mejor el tiempo de los primeros seis sellos como se describe en el libro de Apocalipsis.

Mateo 24:3 RVR 1960
³ Y estando él sentado en el monte de los Olivos, los discípulos se le acercaron aparte, diciendo: Dinos, ¿cuándo serán estas cosas, y qué señal habrá de tu venida, y del fin del siglo?

Marcos 13:3-4 RVA
³ Y sentándose en el monte de las Olivas delante del templo, le preguntaron aparte Pedro y Jacobo y Juan y Andrés: ⁴ Dinos, ¿cuándo serán estas cosas? ¿y qué señal habrá cuando todas estas cosas han de cumplirse?

Sello uno (Líder mundial y falsos mesías)
Apocalipsis 6:1-2 RVA
¹ Y MIRÉ cuando *el Cordero abrió uno de los sellos*, y oí á uno los cuatro animales diciendo como con una voz de trueno: Ven y ve. ² Y miré, y he aquí un caballo blanco: y el que estaba sentado encima de él, tenía un arco; y le fué dada una corona, y salió victorioso, para que también venciese.

Mateo 24:4-5 RVA
⁴ Y respondiendo Jesús, les dijo: Mirad que nadie os engañe. ⁵ Porque vendrán muchos en mi nombre, diciendo: Yo soy el Cristo; y á muchos engañarán.

Marcos 13:5-6 RVA
⁵ Y Jesús respondiéndoles, comenzó á decir: Mirad, que nadie os engañe;
⁶ Porque vendrán muchos en mi nombre, diciendo: Yo soy el Cristo; y engañaran á muchos.

Sello dos (Guerra y rumores de guerras)
Apocalipsis 6:3-4 RVA
³ *Y cuando él abrió el segundo sello*, oí al segundo animal, que decía: Ven y ve. ⁴ Y salió otro caballo bermejo: y al que estaba sentado sobre él, fué dado poder de quitar *la paz de la tierra*, y que se maten unos á otros: y fuéle dada una grande espada.

Mateo 24:6-7a RVA
⁶ Y *oiréis guerras, y rumores de guerras*: mirad que no os turbéis; porque es menester que todo esto acontezca; mas aún no es el fin. ⁷ Porque se levantará nación contra nación, . . .

Marcos 13:7-8a RVA
⁷ *Mas cuando oyereis de guerras y de rumores de guerras no os turbéis*, porque conviene hacerse así; mas aun no será el fin. ⁸ Porque se levantará nación contra nación, . . .

Sello tres (Hambruna)
Apocalipsis 6:5-6 RVA
^{5} Y cuando él abrió el tercer sello, oí al tercer animal, que decía: Ven y ve. Y miré, y he aquí un caballo negro: y el que estaba sentado encima de él, tenía un peso en su mano. ^{6} Y oí una voz en medio de los cuatro animales, que decía: Dos libras de trigo por un denario, y seis libras de cebada por un denario: y no hagas daño al vino ni al aceite.

(Nota: Un denario era la cantidad total de dinero que una persona ganaba en un día. Dos libras de trigo contienen un total de 3040 calorías y esto es apenas suficiente para mantener con vida a dos personas durante un día. Una familia de tres o más la gente estaría en una dieta de hambre.)

Mateo 24:7b RVA
^{7} *. . . y hambres, . . .*

Marcos 13:8b RVA
^{8} *. . . y habrá hambres . . .*

Sello cuatro (Muerte, hambre, plaga y pestilencia)
Apocalipsis 6:7-8 RVA
^{7} *Y cuando él abrió el cuarto sello*, oí la voz del cuarto animal, que decía: Ven y ve. ^{8} Y miré, y he aquí un caballo amarillo: y el que estaba sentado sobre él tenía por nombre *Muerte*; y el infierno le seguía: y le fué dada potestad sobre la cuarta parte de la tierra, para matar con espada, *con hambre, con mortandad*, y con las bestias de la tierra.

Mateo 24:7c RVA
^{7} *. . . y habrá pestilencias, y hambres, . . .*

Sello cinco (Persecución cristiana y martirio)
Apocalipsis 6:9-11 RVA
^{9} *Y cuando él abrió el quinto sello*, vi debajo del altar las almas de los que habían sido muertos por la palabra de Dios y por el testimonio que ellos tenían. ^{10} Y clamaban en alta voz diciendo: ¿Hasta cuándo, Señor, santo y verdadero, no juzgas y vengas nuestra sangre de los que moran en la tierra? ^{11} Y les fueron dadas sendas ropas blancas, y fuéles dicho que reposasen todavía un poco de tiempo, hasta que se completaran sus consiervos y sus hermanos, que también habían de ser muertos como ellos.

Mateo 24:9 RVA
^{9} *Entonces os entregarán para ser afligidos, y os matarán*; y seréis aborrecidos de todas las gentes por causa de mi nombre.

Marcos 13:9 RVA
^{9} Mas vosotros mirad por vosotros: porque os entregarán en los concilios, *y en sinagogas seréis azotados:* y delante de presidentes y de reyes seréis llamados por causa de mí, en testimonio á ellos.

Sello seis (Signos del sol, la luna y las estrellas, y la higuera) (144.000 judíos reciben el sello de Dios y luego el rapto)
Apocalipsis 6:12-14 RVA
¹² Y miré cuando él abrió el sexto sello, y he aquí fué hecho un gran terremoto; y *el sol* se puso negro como un saco de cilicio, y *la luna* se puso toda como sangre; ¹³ Y *las estrellas* del cielo cayeron sobre la tierra, como *la higuera echa sus higos* cuando es movida de gran viento. ¹⁴ Y el cielo se apartó como un libro que es envuelto; y todo monte y las islas fueron movidas de sus lugares.

Mateo 24:15-16,21,24,29-32,40-42 RVA
¹⁵ Por tanto, cuando viereis *la abominación del asolamiento*, que fué dicha por Daniel profeta, que estará en el lugar santo, (el que lee, entienda), ¹⁶ Entonces los que están en Judea, huyan á los montes; . . .
²¹ Porque habrá entonces *grande aflicción*, cual no fué desde el principio del mundo hasta ahora, ni será. . . .
²⁴ Porque se levantarán *falsos Cristos, y falsos profetas*, y darán señales grandes y prodigios; de tal manera que engañarán, si es posible, aun á los escogidos. . . .
²⁹ Y luego después de *la aflicción* de aquellos días, *el sol* se obscurecerá, y *la luna* no dará su lumbre, y *las estrellas* caerán del cielo, y las virtudes de los cielos serán conmovidas. ³⁰ Y entonces se mostrará la señal del Hijo del hombre en el cielo; y entonces lamentarán todas las tribus de la tierra, *y verán al Hijo del hombre que vendrá sobre las nubes del cielo, con grande poder y gloria.* ³¹ *Y enviará sus ángeles con gran voz de trompeta, y juntarán sus escogidos de los cuatro vientos, de un cabo del cielo hasta el otro.* ³² De *la higuera* aprended la parábola: Cuando ya su rama se enternece, y las hojas brotan, sabéis que el verano está cerca. . . .
⁴⁰ *Entonces estarán dos en el campo; el uno será tomado, y el otro será dejado:* ⁴¹ *Dos mujeres moliendo á un molinillo; la una será tomada, y la otra será dejada.* ⁴² Velad pues, porque no sabéis á qué hora ha de venir vuestro Señor.

Marcos 13:14,21-28 RVA
¹⁴ Empero cuando viereis *la abominación de asolamiento*, que fué dicha por el profeta Daniel, que estará donde no debe (el que lee, entienda), entonces los que estén en Judea huyan á los montes; . . .
²¹ Y entonces si alguno os dijere: He aquí, aquí está el Cristo; ó, He aquí, allí está, no le creáis. ²² Porque se levantarán *falsos Cristos y falsos profetas*, y darán señales y prodigios, para engañar, si se pudiese hacer, aun á los escogidos. ²³ Mas vosotros mirad; os lo he dicho antes todo.
²⁴ Empero en aquellos días, después de aquella *aflicción*, *el sol* se obscurecerá, y *la luna* no dará su resplandor; ²⁵ Y *las estrellas* caerán del cielo, y las virtudes que están en los cielos serán conmovidas;
²⁶ *Y entonces verán al Hijo del hombre, que vendrá en las nubes con mucha potestad y gloria.* ²⁷ *Y entonces enviará sus ángeles, y juntará sus*

escogidos de los cuatro vientos, desde el cabo de la tierra hasta el cabo del cielo.
²⁸ De *la higuera* aprended la semejanza: Cuando su rama ya se enternece, y brota hojas, conocéis que el verano está cerca:

Apocalipsis 7:2-4 RVR 1960
² Vi también a otro ángel que subía de donde sale el sol, y tenía el sello del Dios vivo; y clamó a gran voz a los cuatro ángeles, a quienes se les había dado el poder de hacer daño a la tierra y al mar, ³ diciendo: *No hagáis daño a la tierra, ni al mar, ni a los árboles, hasta que hayamos sellado en sus frentes a los siervos de nuestro Dios.* ⁴ Y oí el número de los sellados: *ciento cuarenta y cuatro mil sellados* de todas las tribus de los hijos de Israel.

Apocalipsis 7:9 RVA
⁹ *Después de estas cosas miré, y he aquí una gran compañía, la cual ninguno podía contar, de todas gentes y linajes y pueblos y lenguas, que estaban delante del trono y en la presencia del Cordero,* vestidos de ropas blancas, y palmas en sus manos;

Apocalipsis 7:13-14 RVA
¹³ Y respondió uno de los ancianos, diciéndome: Estos que están vestidos de ropas blancas, ¿quiénes son, y de dónde han venido?
¹⁴ Y yo le dije: Señor, tú lo sabes. Y él me dijo: *Estos son los que han venido de grande tribulación, y han lavado sus ropas, y las han blanqueado en la sangre del Cordero.*

Sello siete (Silencio en el cielo durante media hora)
Apocalipsis 8:1 RVA
¹ Y CUANDO él abrió el séptimo sello, fué hecho silencio en el cielo casi por media hora.

Resumen de las Escrituras: Cuando se usan Apocalipsis, Mateo y Marcos juntos, brindan una información muy importante sobre el momento del quinto y sexto sellos. En el libro de Mateo, Jesús nos dijo que los cristianos serían perseguidos seriamente en todo el mundo (descrito como el sello cinco en Apocalipsis) y luego la abominación desoladora descrita en el libro de Daniel se establecería en el templo. La gente de Jerusalem debería huir inmediatamente a las montañas, y entonces el sol y la luna se oscurecerían y las estrellas caerían del cielo. El Apocalipsis luego dice que 144.000 judíos recibirán el sello de Dios en sus frentes.

Entonces Jesús regresará en las nubes con el sonido de una trompeta y enviará a sus ángeles a recoger a sus santos de toda la tierra. Este es el evento que los cristianos llaman el rapto (uno será tomado y el otro será dejado atrás). Por lo tanto, el quinto sello debe abrirse en algún momento antes del punto medio. Y el sexto sello debe abrirse en algún momento después del punto medio porque la abominación desoladora está establecida en el templo en el punto medio. El rapto también ocurrirá en algún momento después del punto medio de la tribulación porque Jesús regresa en las nubes después de que la abominación desoladora se establece en el templo judío. Estos eventos se muestran en la "Línea de tiempo seis" en la página siguiente.

Algunas personas creen que el rapto ocurrirá antes de que comience la tribulación, y otras personas creen que el rapto ocurrirá al final del período de tribulación. He leído artículos muy largos y detallados que apoyan ambos puntos de vista. El problema que personalmente tengo con estos dos puntos de vista es que usan versículos de las Escrituras al azar tomados de diferentes partes de la Biblia y luego unen esos versículos para probar un punto de vista específico. O ignoran la información en la primera mitad del capítulo 24 de Mateo y en el capítulo 13 de Marcos, o afirman que no está relacionada con el período de la tribulación. También ignoran el hecho de que Jesús dijo que la abominación desoladora, como se describe en el libro de Daniel, se establecería en el templo y luego Él regresaría en las nubes para recoger a Sus santos en Mateo Capítulo 24 y en Marcos Capítulo 13. Debes decidir si quieres ignorar esta muy clara enseñanza de nuestro Señor Jesucristo a favor de una serie de versículos de las Escrituras al azar tomados de diferentes partes de la Biblia que están vinculados entre sí para apoyar su punto de vista. Pero personalmente no puedo desacreditar las palabras muy claras de Jesús cuando explicó estos eventos a sus discípulos. Jesús nos dice que recogerá a sus santos de la tierra después de que se establezca la abominación desoladora en el templo y antes de que se abra el séptimo sello. Es poco probable que el rapto ocurra durante o después de los juicios de las siete copas porque los juicios de las siete copas contienen la ira de Dios sobre los incrédulos. Por lo tanto, el rapto no puede ocurrir antes de que comience la tribulación, y es poco probable que ocurra durante o después de los juicios de la copa, y no puede ocurrir después de que la tribulación haya terminado.

El sello siete aún no está en nuestra línea de tiempo porque el único evento asociado con el sello siete es el silencio en el cielo por el espacio de aproximadamente media hora. Esto podría ocurrir en cualquier momento después del punto medio y después de la apertura del sello seis, pero antes del final de la tribulación. Veremos la ubicación del sello siete en nuestra línea de tiempo después de haber examinado algunos de los otros eventos que ocurrirán durante la tribulación.

Cronograma teórico para el período de tribulación de siete años

Empezar					Mitad								Fin
0 años					3,5 años								7 años

Sello 1   **Sello 2**   **Sello 3**   **Sello 4**   **Sello 5**   **Sello 6 y Rapto**
Caballo blanco   Abominación   **144.000 sellados**
Apoc. 6:1-2   en el templo
                                                         Dan. 9:27 & 12:11

Dos testigos
1.260 Dias
Apoc. 11:3-6

Reglas de la Primera Bestia
42 meses
Apoc. 13:5

El falso profeta
da vida a la imagen
Apoc. 13:15

Marca de la bestia
Apoc. 13:16-17

Muerte de 2 Testigos
Resucitado en 3,5 días
Apoc. 11:7-12

Primera Bestia
Arrojado al infierno
Apoc. 19:19-21

El falso profeta
Arrojado al infierno
Apoc. 19:19-21

Copas 1   2   3   4   5   6   7

Línea de tiempo seis

Las siete trompetas, los tres ayes, y los siete truenos

Apocalipsis 8:2 RVA
² Y vi los *siete ángeles* que estaban delante de Dios; y les fueron dadas *siete trompetas*.

Trompeta uno
(Un tercio de los árboles y toda la hierba destruida)

Apocalipsis 8:7 RVA
⁷ *Y el primer ángel tocó la trompeta*, y fué hecho granizo y fuego, mezclado con sangre, y fueron arrojados á la tierra; y la tercera parte de los árboles fué quemada, y quemóse toda la hierba verde.

Trompeta dos
(Un tercio de las criaturas marinas y los barcos destruidos)

Apocalipsis 8:8-9 RVA
⁸ *Y el segundo ángel tocó la trompeta*, y como un grande monte ardiendo con fuego fué lanzado en la mar; y la tercera parte de la mar se tornó en sangre. ⁹ Y murió la tercera parte de las criaturas que estaban en la mar, las cuales tenían vida; y la tercera parte de los navíos pereció.

Trompeta tres
(Un tercio del agua dulce está envenenada)

Apocalipsis 8:10-11 RVA
¹⁰ *Y el tercer ángel tocó la trompeta*, y cayó del cielo una grande estrella, ardiendo como una antorcha, y cayó en la tercera parte de los rios, y en las fuentes de las aguas. ¹¹ Y el nombre de la estrella se dice Ajenjo. Y la tercera parte de las aguas fué vuelta en ajenjo: y muchos murieron por las aguas, porque fueron hechas amargas.

Trompeta cuatro
(Un tercio del sol, la luna y las estrellas oscurecidas)

Apocalipsis 8:12 RVA
¹² *Y el cuarto ángel tocó la trompeta*, y fué herida la tercera parte del sol, y la tercera parte de la luna, y la tercera parte de las estrellas; de tal manera que se oscureció la tercera parte de ellos, y no alumbraba la tercera parte del día, y lo mismo de la noche.

Apocalipsis 8:13 RVA
¹³ Y miré, y oí un ángel volar por medio del cielo, diciendo en alta voz: *Ay! ay! ay!* de los que moran en la tierra, por razón de las otras voces de trompeta de los tres ángeles que han de tocar!

Trompeta cinco y ay uno
(Langostas que pican a los hombres como un escorpión)

Apocalipsis 9:1-5 RVA
¹ *Y EL quinto ángel tocó la trompeta*, y vi una estrella que cayó del cielo en la tierra; y le fué dada la llave del pozo del abismo. ² Y abrió el pozo del

abismo, y subió humo del pozo como el humo de un gran horno; y oscurecióse el sol y el aire por el humo del pozo. ³ Y del humo salieron langostas sobre la tierra; y fueles dada potestad, como tienen potestad los escorpiones de la tierra. ⁴ Y les fué mandado que no hiciesen daño á la hierba de la tierra, ni á ninguna cosa verde, ni á ningún árbol, sino solamente á los hombres que no tienen la señal de Dios en sus frentes. ⁵ Y le fué dado que no los matasen, sino que los atormentasen cinco meses; y su tormento era como tormento de escorpión, cuando hiere al hombre.

Apocalipsis 9:12 RVA
¹² *El primer Ay! es pasado*: he aquí, vienen aún dos ayes después de estas cosas.

Trompeta seis, ay dos y siete truenos
(Muere un tercio de la humanidad)

Apocalipsis 9:13-16 RVA
¹³ *Y el sexto ángel tocó la trompeta*; y oí una voz de los cuatro cuernos del altar de oro que estaba delante de Dios, ¹⁴ Diciendo al sexto ángel que tenía la trompeta: Desata los cuatro ángeles que están atados en el gran río Eufrates. ¹⁵ Y fueron desatados los cuatro ángeles que estaban aparejados para la hora y día y mes y año, para matar la tercera parte de los hombres. ¹⁶ Y el número del ejército de los de á caballo era *doscientos millones*. Y oí el número de ellos.

Apocalipsis 10:1-4 RVA
¹ Y VI otro ángel fuerte descender del cielo, cercado de una nube, y el arco celeste sobre su cabeza; y su rostro era como el sol, y sus pies como columnas de fuego. ² Y tenía en su mano un librito abierto: y puso su pie derecho sobre el mar, y el izquierdo sobre la tierra; ³ Y clamó con grande voz, como cuando un león ruge: y cuando hubo clamado, siete truenos hablaron sus voces. ⁴ Y cuando los *siete truenos* hubieron hablado sus voces, yo iba á escribir, y oí una voz del cielo que me decía: Sella las cosas que los siete truenos han hablado, y no las escribas.

Apocalipsis 11:14 RVA
¹⁴ *El segundo Ay! es pasado*: he aquí, el *tercer Ay!* vendrá presto.

Trompeta siete y ay tres
(El juicio final y el reino de Cristo)

Apocalipsis 11:15 RVA
¹⁵ *Y el séptimo ángel tocó la trompeta*, y fueron hechas grandes voces en el cielo, que decían: Los reinos del mundo han venido á ser los reinos de nuestro Señor, y de su Cristo: y reinará para siempre jamás.

Resumen de las Escrituras: Las Escrituras anteriores proporcionan información muy específica sobre el tiempo de las Trompetas Uno a Seis, Ay Uno y Ay Dos en relación con los Siete Sellos y las Siete Copas.

Trompeta Uno resultará en la destrucción de un tercio de los árboles y de toda la hierba verde. Esto sugiere una disminución significativa de la producción agrícola. El *Sello Tres* es una hambruna mundial. Por lo tanto, la Trompeta Uno y el Sello Tres probablemente estén relacionados y pueden ocurrir aproximadamente al mismo tiempo.

Trompeta Dos convertirá un tercio del mar en sangre y la *Copa Dos* convertirá todo el mar en sangre. Por lo tanto, la Trompeta Dos tendrá que suceder en cualquier momento antes del Tazón Dos.

Trompeta Tres convertirá un tercio del agua dulce en amarga y la *Copa Tres* convertirá toda el agua fresca en sangre. Por lo tanto, la Trompeta Tres tendrá que suceder en cualquier momento antes del Tazón Tres.

Trompeta Cuarto dará como resultado que un tercio del sol, la luna y las estrellas se oscurezcan. *Sello Seis* es cuando el sol, la luna y las estrellas se oscurecen. Por lo tanto, la Trompeta Cuatro y el Sello Seis probablemente estén relacionados y pueden ocurrir aproximadamente al mismo tiempo. El Sello Seis ocurre después del punto medio de la tribulación y después de que la abominación que causa la desolación se establezca en un ala del templo.

Trompeta Cinco es la liberación de langostas que torturan a las personas que no tienen el sello de Dios en la frente. Los 144.000 judíos se sellan después de la apertura del *Sello Seis*. El *Copa Uno* es cuando aparecen llagas dolorosas en todos con la marca de la bestia y esto debe suceder después del punto medio de la tribulación. Por lo tanto, la Trompeta Cinco debe ocurrir en algún momento después de la apertura del Sello Seis después del punto medio de la tribulación. Copa Uno también ocurrirá aproximadamente a esta misma hora. *Ay Uno* comienza con *Trompeta Cinco*, y Ay Uno termina cuando termina Trompeta Cinco.

Trompeta Seis es cuando un tercio de la humanidad muere a manos de un ejército de 200 millones de hombres. *Copa Seis* es cuando un gran ejército marcha hacia Jerusalem. Por lo tanto, Trompeta Seis probablemente ocurre aproximadamente al mismo tiempo que el Copa Seis. *Ay Dos* comienza con *Trompeta Seis* y Ay Dos termina cuando termina Trompeta Seis.

Ahora podemos colocar Trompeta Uno a Trompeta Seis, Ay Uno y Ay Dos, en nuestra línea de tiempo como se muestra como "Línea de tiempo siete" en la página siguiente. "Línea de tiempo siete" muestra la Trompeta Uno aproximadamente al mismo tiempo que el Sello Tres. La Trompeta Cuatro se muestra aproximadamente al mismo tiempo que el Sello Seis. La Trompeta Cinco se muestra después del Sello Seis y después de que los 144.000 judíos sean sellados. La Trompeta Cinco también ocurre aproximadamente al mismo tiempo que el Copa Uno. El Ay Uno ocurre al mismo tiempo que la Trompeta Cinco. La Trompeta Seis ocurre aproximadamente al mismo tiempo que el Copa Seis, y el Ay Dos ocurre al mismo tiempo que la Trompeta Seis.

Los *Siete Truenos* son un misterio, pero lo más probable es que

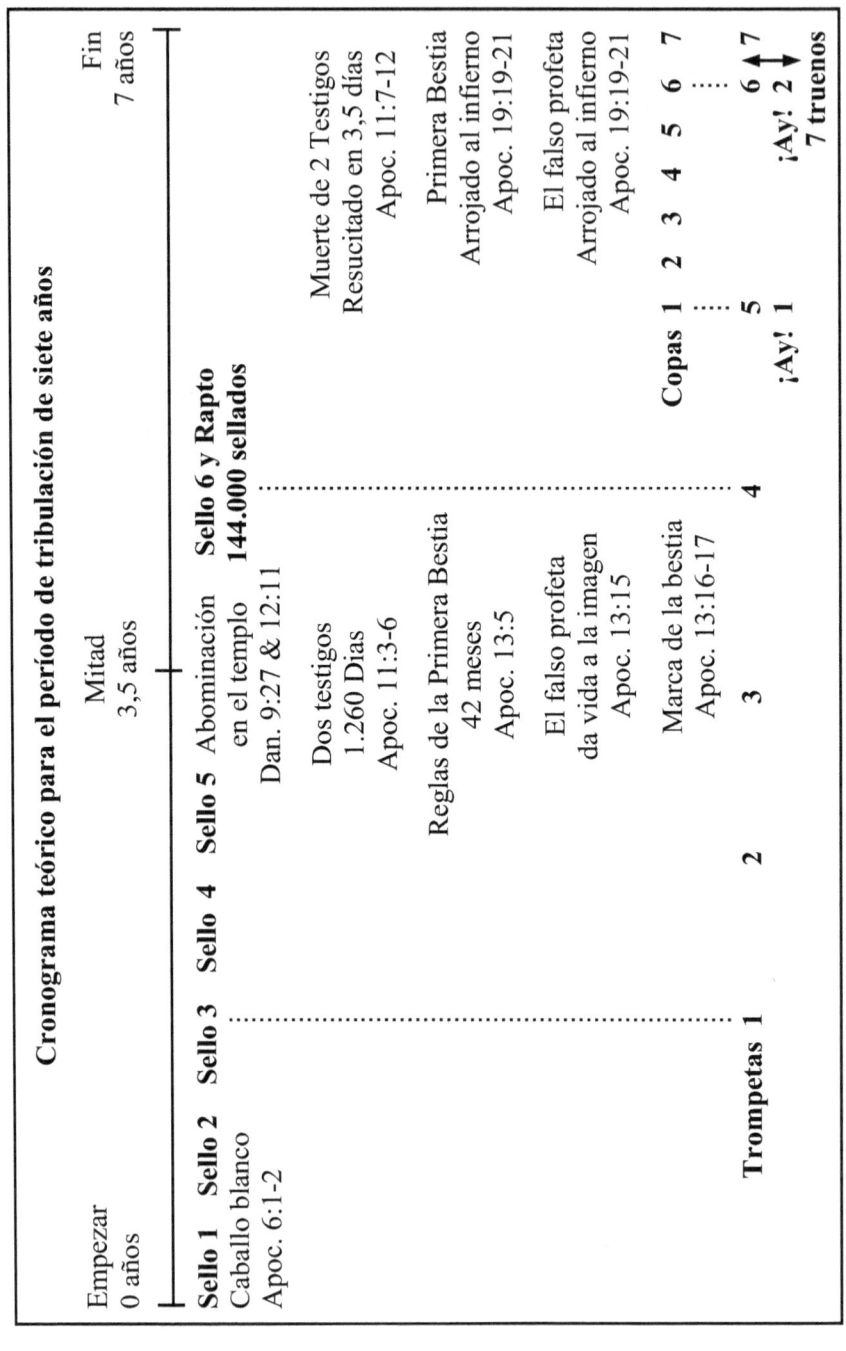

Línea de tiempo siete

sucedan en algún momento después de Trompeta Seis y ahí es donde se muestran en la "Línea de Tiempo Siete" en la página anterior.

El séptimo sello, la séptima trompeta y la séptima copa
(Relámpagos, truenos, terremoto)

Ahora echemos un vistazo más detallado al Sello Siete, la Trompeta Siete y el Copa Siete.

Apocalipsis 8:1 RVA
¹ Y CUANDO él abrió el *séptimo sello*, fué hecho silencio en el cielo casi por media hora.

Apocalipsis 8:3-5 RVA
³ Y otro ángel vino, y se paró delante del altar, teniendo *un incensario de oro*; y le fué dado mucho incienso para que lo añadiese á las oraciones de todos los santos sobre el altar de oro que estaba delante del trono. ⁴ Y el humo del incienso subió de la mano del ángel delante de Dios, con las oraciones de los santos. ⁵ Y el ángel tomó el incensario, y lo llenó del fuego del altar, y echólo en la tierra; *y fueron hechos truenos y voces y relámpagos y terremotos.*

Apocalipsis 10:7 RVA
Pero en los días de la voz del séptimo ángel, cuando él comenzare á tocar la trompeta, *el misterio de Dios será consumado*, como él lo anunció á sus siervos los profetas.

Apocalipsis 11:15 RVA
¹⁵ *Y el séptimo ángel tocó la trompeta,* y fueron hechas grandes voces en el cielo, que decían: Los reinos del mundo han venido á ser los reinos de nuestro Señor, y de su Cristo: y reinará para siempre jamás.

Apocalipsis 11:19
RVA: ¹⁹ Y el templo de Dios fué abierto en el cielo, *y el arca de su testamento fué vista en su templo. Y fueron hechos relámpagos y **voces** y truenos y terremotos y grande granizo.*

RVR 1960: ¹⁹ Y el templo de Dios fue abierto en el cielo, *y el arca de su pacto se veía en el templo. Y hubo relámpagos, **voces**, truenos, un terremoto y grande granizo.*

LBLA: ¹⁹ El templo de Dios que está en el cielo fue abierto; *y el arca de su pacto se veía en su templo, y hubo relámpagos, **voces** y truenos, y un terremoto y una fuerte granizada.*

NTV: ¹⁹ Después se abrió en el cielo el templo de Dios, *y el arca de su pacto se podía ver dentro del templo. Salieron relámpagos, rugieron truenos y **estruendos**, y hubo un terremoto y una fuerte tormenta de granizo.*

(**Nota:** Las diferentes traducciones de la Santa Biblia pueden interpretar una palabra hebrea o griega específica en una palabra española diferente. Por ejemplo, tanto la Biblia RVA y RVR 1960 como la Biblia LBLA traducen la palabra griega en el versículo 19 anterior como "**voces**", pero la

Biblia NTV traduce la misma palabra griega como "**estruendos**". Si una persona a veces no entiende claramente el significado de una verese específica, entonces poder leer ese mismo versículo exacto en una traducción diferente a veces puede mejorar la comprensión de la persona de ese versículo).

Apocalipsis 16:17-21 RVA
[17] *Y el séptimo ángel derramó su copa por el aire*; y salió una grande voz del templo del cielo, del trono, diciendo: Hecho es. [18] *Entonces fueron hechos relámpagos y voces y truenos; y hubo un gran temblor de tierra*, un terremoto tan grande, cual no fué jamás desde que los hombres han estado sobre la tierra. [19] Y la ciudad grande fué partida en tres partes, y las ciudades de las naciones cayeron; y la grande Babilonia vino en memoria delante de Dios, para darle el cáliz del vino del furor de su ira. [20] Y toda isla huyó, y los montes no fueron hallados. [21] Y cayó del cielo sobre los hombres un grande granizo como del peso de un talento: y los hombres blasfemaron de Dios por la plaga del granizo; porque su plaga fué muy grande.

Resumen de las Escrituras: Es interesante notar que Apocalipsis 11:19 dice que *el arca de su pacto* está en realidad en el templo de Dios en el cielo y esto significa que el arca no está escondida en algún lugar de la tierra.

Dado que hemos estado interpretando las visiones de Juan como visiones completas para una secuencia específica de eventos, como los siete sellos y las siete copas, entonces, para ser coherentes, debemos apreciar el hecho de que la visión de los dos testigos se le muestra a Juan después de que suena la Trompeta Seis y después de los Siete Truenos. Y Apocalipsis 10:7 dice que *el misterio de Dios será consumado* con el sonido de la séptima trompeta. Y la Trompeta Siete suena después de la muerte y resurrección de los dos testigos. Esto colocaría el sonido de la Séptima Trompeta muy cerca del final del período de tribulación. Esto también es consistente con los eventos descritos como ocurridos después de que suene la Séptima Trompeta porque Jesucristo regresará a la tierra para destruir a Sus enemigos y luego reinará para siempre.

Dado que Jesucristo es el único que es digno de abrir los siete sellos, aún debe estar en el cielo cuando abra el séptimo sello. El séptimo sello es silencio en el cielo durante aproximadamente media hora. Inmediatamente después de que se abre el Sello Siete, se vacía un incensario de oro sobre la tierra que contiene *truenos y voces y relámpagos y terremotos*. El sonido de la Trompeta Siete incluye *relámpagos, voces, truenos, un terremoto y grande granizo* y menciona que Cristo ahora está listo para comenzar Su reinado sobre la tierra por los siglos de los siglos. Cuando se derrama la Copa Siete, incluye *relámpagos y voces y truenos; y hubo un gran temblor de tierra, un terremoto tan grande* y una voz desde el trono que dice: "¡Hecho está!" y Babilonia es destruida. Por lo tanto, es muy probable que Sello Siete, Trompeta Siete y la Copa Siete ocurran aproximadamente al mismo tiempo cerca del final del período de tribulación porque los tres mencionan específicamente *truenos y voces y relámpagos y terremotos.*

Ay Tres comenzará en algún momento después de Ay Dos (Apocalipsis 11:14) y puede terminar con la destrucción de Babilonia (Apocalipsis 18:10, 16 y 19). Así es como se muestra en nuestra línea de tiempo.

Sello Seite, Trompeta Siete y Ay Tres ahora se pueden colocar en la "Línea de tiempo ocho" como se muestra en la última página de este capítulo.

Breve resumen del capítulo
La gran tribulación

Una variedad de otros eventos importantes también se describen en el libro de Apocalipsis. Sin embargo, no creo que esté calificado en este momento de mi vida para hacer comentarios sobre la interpretación de estos otros eventos o cuándo sucederán. Por lo tanto, no agregaré nada más a nuestra línea de tiempo en este momento.

Cabe mencionar que cerca del final del capítulo 24 de Mateo y cerca del final del capítulo 13 de Marcos, Jesús hizo la siguiente declaración después de que terminó de describir la secuencia en la que ocurrirían varios eventos importantes durante la gran tribulación.

Mateo 24:35 y Marcos 13:31 RVA
Mateo 24:35 - El cielo y la tierra pasarán, mas mis palabras no pasarán.
Marcos 13:31 - El cielo y la tierra pasarán, mas mis palabras no pasarán.

Ahora es tu turno. Tal vez pueda colocar algunos de los eventos con un poco más de precisión en nuestra línea de tiempo, o tal vez pueda agregar algunos otros eventos a nuestra línea de tiempo según las pistas que encuentre en la Santa Biblia.

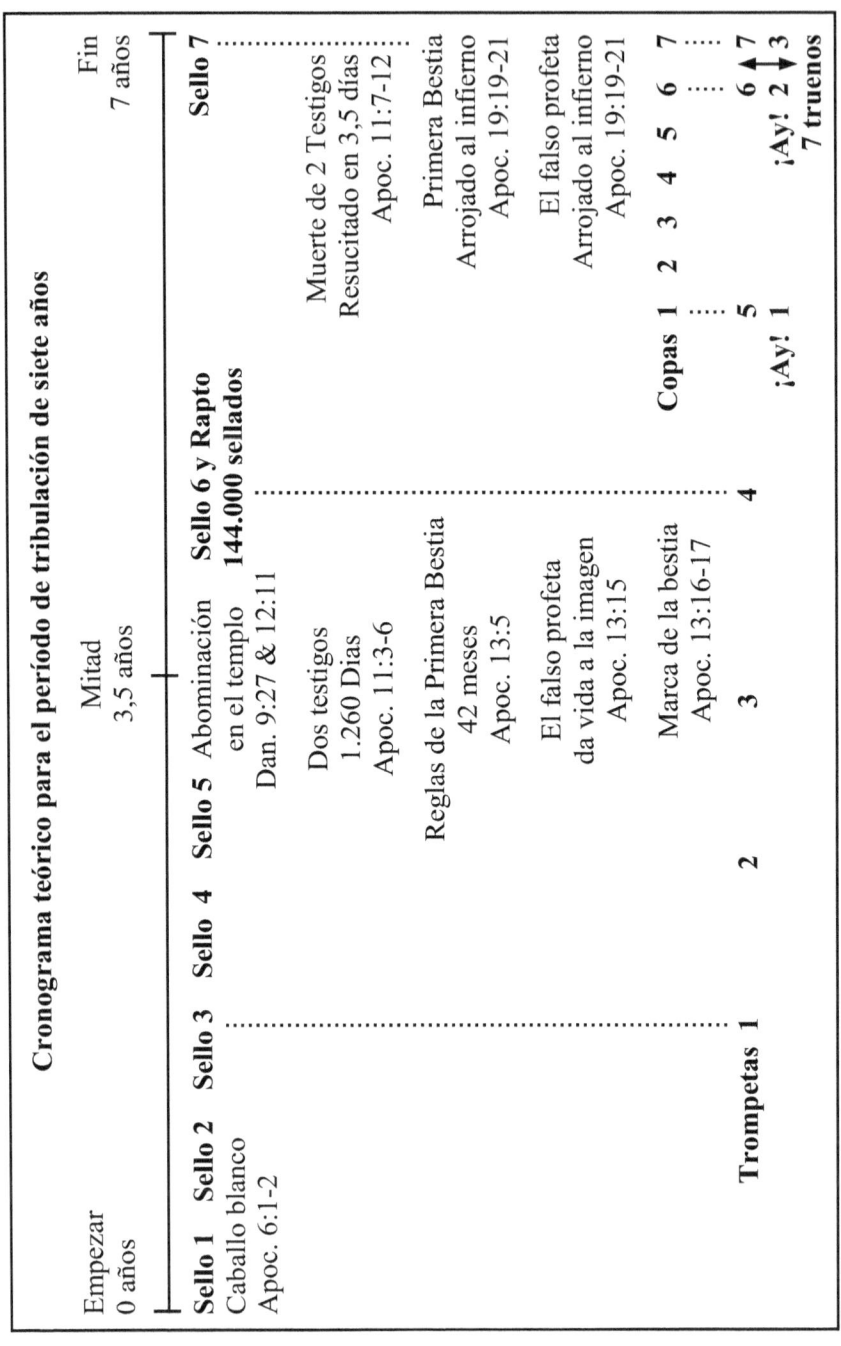

Línea de tiempo ocho

Capítulo nueve
El rapto

La palabra "rapto" no se usa en ninguna parte de la Biblia completa desde el Génesis hasta el Apocalipsis en ninguna de las traducciones conservadoras de la Biblia en español. La palabra "rapto" fue elegida hace mucho tiempo por los eruditos de la Biblia para referirse al evento cuando Jesús regresa a la tierra para reclamar a todas las personas que alguna vez creyeron en Él.

Las siguientes Escrituras describen el evento del rapto:

1 Tesalonicenses 4:13-18 LBLA
[13] Pero no queremos, hermanos, que ignoréis acerca de los que duermen, para que no os entristezcáis como lo hacen los demás que no tienen esperanza. [14] Porque si creemos que Jesús murió y resucitó, así también Dios traerá con Él a los que durmieron en Jesús. [15] Por lo cual os decimos esto por la palabra del Señor: que nosotros los que estemos vivos *y* que permanezcamos hasta la venida del Señor, no precederemos a los que durmieron.
[16] Pues el Señor mismo descenderá del cielo con voz de mando, con voz de arcángel y con la trompeta de Dios, y los muertos en Cristo se levantarán primero. [17] Entonces nosotros, los que estemos vivos *y* que permanezcamos, seremos arrebatados juntamente con ellos en las nubes al encuentro del Señor en el aire, y así estaremos con el Señor siempre. [18] Por tanto, confortaos unos a otros con estas palabras.

1 Corintios 15:51-52 RVA
[51] He aquí, os digo un misterio: Todos ciertamente no dormiremos, mas todos seremos transformados. [52] En un momento, en un abrir de ojo, á la final trompeta; porque será tocada la trompeta, y los muertos serán levantados sin corrupción, y nosotros seremos transformados.

Mateo 24:38-41 RVA
[38] Porque como en los días antes del diluvio estaban comiendo y bebiendo, casándose y dando en casamiento, hasta el día que Noé entró en el arca, [39] Y no conocieron hasta que vino el diluvio y llevó á todos, así será también la venida del Hijo del hombre. [40] Entonces estarán dos en el campo; el uno será tomado, y el otro será dejado: [41] Dos mujeres moliendo a un molinillo; la una será tomada, y la otra será dejada.

Lucas 17:34-35 RVA
[34] Os digo que en aquella noche estarán dos en una cama; el uno será tomado, y el otro será dejado. [35] Dos mujeres estarán moliendo juntas: la una será tomada, y la otra dejada.

Resumen de las Escrituras: El rapto es el momento en el que Jesucristo aparece en las nubes y llama a todos sus seguidores a subir al cielo para estar con él. Según las Escrituras, los muertos en Cristo serán resucitados primero, y luego nosotros, los que estemos vivos y quedamos, nos uniremos a ellos en las nubes para estar para siempre con el Señor. Las Escrituras anteriores también describen un evento mundial porque algunas personas estarán trabajando en el campo y algunas personas estarán durmiendo en sus camas. Esto lo entienden fácilmente las personas en el siglo XXI porque cuando es mediodía en un país del mundo, es medianoche en un país del lado opuesto del mundo.

¿Quiénes estarán incluidos en el Rapto?
Juan 11:25-26 RVA
[25] Dícele Jesús: Yo soy la resurrección y la vida: el que cree en mí, aunque esté muerto, vivirá. [26] Y todo aquel que vive y cree en mí, no morirá eternamente. ¿Crees esto?

Resumen de la escritura: Jesús dijo en la escritura anterior: "El que cree en mí, aunque esté muera, vivirá". Esto concuerda perfectamente con las palabras del apóstol Pablo, "los muertos en Cristo resucitarán primero". En otras palabras, si una persona cree en Jesús y esa persona muere, entonces esa persona estará entre los primeros en levantarse en el rapto.

Jesús también dijo en la escritura anterior, "todo aquel que vive y cree en mí, no morirá eternamente". Esto también concuerda perfectamente con las palabras del apóstol Pablo: "Luego nosotros, los que vivimos, los que quedamos, juntamente con ellos seremos arrebatados en las nubes á recibir al Señor en el aire, y así estaremos siempre con el Señor". En otras palabras, si una persona cree en Jesús y está viva en el momento del rapto, esa persona no morirá, pero se transformará instantáneamente en un nuevo cuerpo glorificado.

Por lo tanto, el rapto incluirá a todos los cristianos muertos además de todos los cristianos que están vivos en el momento del rapto.

Algunas Escrituras adicionales sobre el rapto son las siguientes:

Mateo 10:30 RVA
[30] Pues aun vuestros cabellos están todos contados.

Lucas 21:18 RVR 1960
[18] Pero ni un cabello de vuestra cabeza perecerá.

Filipenses 3:20-21 RVA
[20] Mas nuestra vivienda es en los cielos; de donde también esperamos al Salvador, al Señor Jesucristo; [21] El cual transformará el cuerpo de nuestra bajeza, para ser semejante al cuerpo de su gloria, por la operación con la cual puede también sujetar á sí todas las cosas. . . .

1 Juan 3:2 RVA
[22] Muy amados, ahora somos hijos de Dios, y aun no se ha manifestado lo que hemos de ser; pero sabemos que cuando él apareciere, seremos semejantes á él, porque le veremos como él es.

Resumen de las Escrituras: La Santa Biblia dice que todos los que alguna vez creyeron en Jesús participarán en el rapto, sin importar si esa persona está viva o muerta cuando Jesús regrese. Los cristianos muertos serán resucitados primero y se convertirán en seres vivientes inmortales. Recibirán un cuerpo inmortal similar al cuerpo resucitado de Jesucristo. Entonces, todos los cristianos que todavía estén vivos serán levantados para encontrarse con Jesús en el aire, y sus cuerpos humanos se transformarán instantáneamente en cuerpos inmortales similares al cuerpo resucitado de Jesucristo.

¿Cuándo ocurrirá el Rapto?

Hay tres teorías principales sobre cuándo ocurrirá el rapto en relación con el período de tribulación de siete años como se describe en el libro de Apocalipsis.

1. **Teoría del rapto antes de la tribulación:** El rapto ocurrirá antes de que comience la tribulación o muy poco después del comienzo de la tribulación.

2. **Teoría del rapto en la mitad de la tribulación:** El rapto ocurrirá poco después del punto medio del período de la tribulación.

3. **Teoría del rapto posterior a la tribulación:** El rapto ocurrirá al final o muy cerca del final del período de tribulación.

En la Santa Biblia, Jesucristo nos dice exactamente cuándo ocurrirá el rapto en el Evangelio de Mateo, en el Evangelio de Marcos y en el libro de Apocalipsis. Veamos lo que dijo Jesús en estos tres libros.

Los discípulos le piden a Jesús las señales que precederán a su regreso

Mateo 24:3 RVR 1960

[3] Y estando él sentado en el monte de los Olivos, los discípulos se le acercaron aparte, diciendo: Dinos, ¿cuándo serán estas cosas, y qué señal habrá de tu venida, y del fin del siglo?

Marcos 13:3-4 RVA

[3] Y sentándose en el monte de las Olivas delante del templo, le preguntaron aparte Pedro y Jacobo y Juan y Andrés: [4] Dinos, ¿cuándo serán estas cosas? ¿y qué señal habrá cuando todas estas cosas han de cumplirse?

El primer grupo de signos

Mateo 24:4-8 RVA

[4] Y respondiendo Jesús, les dijo: Mirad que nadie os engañe. [5] Porque vendrán muchos en mi nombre, diciendo: Yo soy el Cristo; y á muchos engañarán. [6] Y oiréis guerras, y rumores de guerras: mirad que no os turbéis; porque es menester que todo esto acontezca; mas aún no es el fin. [7] Porque se levantará nación contra nación, y reino contra reino; y habrá pestilencias, y hambres, y terremotos por los lugares. [8] Y todas estas cosas, principio de dolores.

Capítulo nueve: El rapto

Marcos 13:5-8 RVA
⁵ Y Jesús respondiéndoles, comenzó á decir: Mirad, que nadie os engañe; ⁶ Porque vendrán muchos en mi nombre, diciendo: Yo soy el Cristo; y engañaran á muchos. ⁷ Mas cuando oyereis de guerras y de rumores de guerras no os turbéis, porque conviene hacerse así; mas aun no será el fin. ⁸ Porque se levantará nación contra nación, y reino contra reino; y habrá terremotos en muchos lugares, y habrá hambres y alborotos; principios de dolores serán estos.

Resumen de las Escrituras: El primer grupo de señales que mencionó Jesús fue buscar falsos Cristos, guerras, hambrunas y terremotos.

La próxima señal: La persecución Cristiana
Mateo 24:9 RVA
⁹ Entonces os entregarán para ser afligidos, *y os matarán*; y seréis aborrecidos de todas las gentes por causa de mi nombre.

Marcos 13:9 RVA
⁹ Mas vosotros mirad por vosotros: porque os entregarán en los concilios, *y en sinagogas seréis azotados*: y delante de presidentes y de reyes seréis llamados por causa de mí, en testimonio á ellos.

Resumen de las Escrituras: Jesús dijo que la próxima señal importante sería que los cristianos serían perseguidos y asesinados por toda la tierra.

La próxima señal: El evangelio se predica a todo el mundo
Mateo 24:14 RVA
¹⁴ Y será predicado este evangelio del reino en todo el mundo, por testimonio á todos los Gentiles; y entonces vendrá el fin.

Marcos 13:10 RVA
¹⁰ Y á todas las gentes conviene que el evangelio sea predicado antes.

Resumen de las Escrituras: Jesús dijo que el evangelio se predicará en todo el mundo.

La señal de la abominación de asolamiento
Mateo 24:15-16 RVA
¹⁵ Por tanto, cuando viereis *la abominación del asolamiento, que fué dicha por Daniel profeta*, que estará en el lugar santo, (el que lee, entienda), ¹⁶ Entonces los que están en Judea, huyan á los montes;

Marcos 13:14 RVA
¹⁴ Empero cuando viereis *la abominación de asolamiento, que fué dicha por el profeta Daniel*, que estará donde no debe (el que lee, entienda), entonces los que estén en Judea huyan á los montes;

Daniel 9:27 LBLA
²⁷ Y él hará un pacto firme con muchos por una semana, pero *a la mitad de la semana* pondrá fin al sacrificio y a la ofrenda de cereal. Sobre el ala *de abominaciones vendrá el desolador*, hasta que una destrucción completa, la que está decretada, sea derramada sobre el desolador.

2 Tesalonicenses 2:1,3-4 RVA
¹ EMPERO os rogamos, hermanos, cuanto á la venida de nuestro Señor Jesucristo, y nuestro recogimiento á él, . . .
³ No os engañe nadie en ninguna manera; porque no vendrá sin que venga antes la apostasía, y se manifieste el hombre de pecado, el hijo de perdición, ⁴ Oponiéndose, y levantándose contra todo lo que se llama Dios, ó que se adora; tanto que se asiente en el templo de Dios como Dios, haciéndose parecer Dios.

Resumen de las Escrituras: La próxima señal que ocurrirá será que *la abominación que causa la desolación* se establecerá en el templo judío restaurado cerca de la mitad de la tribulación de los siete años.

Los signos del sol, la luna y las estrellas son los siguientes

Mateo 24:29 RVA
²⁹ luego después de la aflicción de aquellos días, *el sol* se obscurecerá, y *la luna* no dará su lumbre, y *las estrellas* caerán del cielo, y las virtudes de los cielos serán conmovidas.

Marcos 13:24-25 RVA
²⁴ Empero en aquellos días, después de aquella aflicción, *el sol* se obscurecerá, y *la luna* no dará su resplandor; ²⁵ Y *las estrellas* caerán del cielo, y las virtudes que están en los cielos serán conmovidas;

Apocalipsis 6:12-13 RVA
¹² Y miré cuando él abrió el *sexto sello*, y he aquí fué hecho un gran terremoto; y *el sol* se puso negro como un saco de cilicio, y *la luna* se puso toda como sangre; ¹³ Y *las estrellas* del cielo cayeron sobre la tierra, como la higuera echa sus higos cuando es movida de gran viento.

Resumen de la Escritura: Después de que se abra el sexto sello, los signos *del sol, la luna y las estrellas* aparecerán en el cielo.

Próximo evento: El rapto

Mateo 24:30-31 RVA
³⁰ Y entonces se mostrará la señal del Hijo del hombre en el cielo; y entonces lamentarán todas las tribus de la tierra, y verán al Hijo del hombre que vendrá sobre las nubes del cielo, con grande poder y gloria. ³¹ Y enviará sus ángeles con gran voz de trompeta, y juntarán sus escogidos de los cuatro vientos, de un cabo del cielo hasta el otro.

Marcos 13.26-27 RVA
²⁶ Y entonces verán al Hijo del hombre, que vendrá en las nubes con mucha potestad y gloria. ²⁷ Y entonces enviará sus ángeles, y juntará sus escogidos de los cuatro vientos, desde el cabo de la tierra hasta el cabo del cielo.

Mateo 24:40-41 RVA
⁴⁰ Entonces estarán dos en el campo; el uno será tomado, y el otro será dejado: ⁴¹ Dos mujeres moliendo á un molinillo; la una será tomada, y la otra será dejada.

Lucas 17:34-35 RVA
³⁴ Os digo que en aquella noche estarán dos en una cama; el uno será tomado, y el otro será dejado. ³⁵ Dos mujeres estarán moliendo juntas: la una será tomada, y la otra dejada.

Apocalipsis 7:9,13-14 RVA
⁹ Después de estas cosas miré, y he aquí una gran compañía, la cual ninguno podía contar, de todas gentes y linajes y pueblos y lenguas, que estaban delante del trono y en la presencia del Cordero, vestidos de ropas blancas, y palmas en sus manos; . . .

¹³ Y respondió uno de los ancianos, diciéndome: Estos que están vestidos de ropas blancas, ¿quiénes son, y de dónde han venido? ¹⁴ Y yo le dije: Señor, tú lo sabes. Y él me dijo: *Estos son los que han venido de grande tribulación*, y han lavado sus ropas, y las han blanqueado en la sangre del Cordero.

Resumen de las Escrituras: Jesucristo aparecerá repentinamente en las nubes del cielo y ocurrirá el rapto de los santos. En Apocalipsis 7:9-14, Juan describe los eventos que vio en su visión mientras estaba de pie en el cielo. Una gran multitud de personas de toda la tierra aparece de repente en el cielo. Luego, un anciano le dijo a Juan que las personas que vio eran cristianos que acababan de ser rescatados de la tierra durante la tribulación. En otras palabras, los cristianos aparecerán inmediatamente en el cielo después de haber sido arrebatados de la tierra. Este evento ocurre después de que se abre el sexto sello durante los siete años de tribulación.

Breve resumen del capítulo
El rapto

En el Evangelio de Mateo y en el Evangelio de Marcos, Jesucristo nos dijo que la siguiente secuencia de eventos *precederá inmediatamente* a Su regreso en las nubes para arrebatar a Sus seguidores:

1. *La abominación que causa desolación* descrita en el libro de Daniel estará de pie en el lugar santo donde no pertenece. (Esto sucederá cerca de la mitad de la tribulación de los siete años).

2. Las personas que viven en Judea deben huir inmediatamente a las montañas.

3. *Inmediatamente después de la angustia de esos días*, *el sol* se oscurecerá, entonces *la luna* no dará su luz, *las estrellas* caerán del cielo y los cuerpos celestes serán sacudidos. (Esto sucede después de que se abre el *Sello Seis* en el libro de Apocalipsis).

4. *En ese momento*, Jesucristo, el Hijo del Hombre, aparecerá en las nubes del cielo y enviará a sus ángeles para reunir a sus seguidores dondequiera que estén. (Este es el rapto de los santos).

El momento anterior del rapto es consistente con **la teoría del rapto a mitad de la tribulación**. La teoría del rapto a mitad de la tribulación dice que los cristianos serán raptados en algún momento después de que la abominación desoladora sea colocada en el reconstruido templo judío en Jerusalem. La teoría de la mitad de la tribulación también se conoce como la teoría del rapto anterior a la ira. El rapto de mitad de la tribulación es lo que creo que sucederá basado en las palabras muy claras de nuestro Salvador Jesucristo.

La teoría del rapto antes de la tribulación dice que los cristianos serán raptados antes (o muy poco después) de que comience la Tribulación. La teoría del rapto antes de la tribulación ignora la muy clara enseñanza de Jesucristo en los evangelios de Mateo y Marcos. La teoría del rapto antes de la tribulación es extremadamente popular entre los cristianos porque es lo que muchos cristianos quieren creer. Además, muchos cristianos creen en la teoría del rapto antes de la tribulación porque el pastor de su iglesia la cree, o porque algún evangelista famoso la cree. Sin embargo, la teoría del rapto antes de la tribulación no está de acuerdo con las enseñanzas muy claras de nuestro Señor y Salvador Jesucristo. Por lo tanto, no puedo aceptar la teoría del rapto antes de la tribulación sin importar cuántas personas buenas, sinceras y justas elijan creerla.

La teoría del rapto posterior a la tribulación establece que el rapto ocurrirá justo antes de la batalla de Armagedón al final del período de la tribulación, y que el rapto y la batalla de Armagedón suceden aproximadamente al mismo tiempo y que Jesús solo regresará una vez y no dos veces. En otras palabras, Jesús no regresará la primera vez en las nubes para arrebatar a Sus hijos al cielo, y luego regresará por segunda vez en la batalla de Armagedón. **La teoría del rapto posterior** a la tribulación establece que Jesús solo regresará una vez y que reunirá a sus santos y luego derrotará inmediatamente a los ejércitos de la bestia en la batalla de Armagedón. Uno de los principales problemas con la teoría del rapto posterior a la tribulación es que la primera resurrección ocurre poco tiempo después de la batalla de Armagedón (Apocalipsis 20:4-6). Si todos los cristianos, tanto vivos como muertos, son arrebatados justo antes de la batalla de Armagedón, entonces no habrá cristianos disponibles para participar en la primera resurrección después de que termine la batalla. Por lo tanto, no puedo aceptar la teoría del rapto después de la tribulación, independientemente de cuántas personas buenas, sinceras y justas elijan creerla.

Resumen final del capítulo

La razón por la que hay tantas teorías diferentes sobre el rapto es porque cada teoría está respaldada por un número limitado de Escrituras que se seleccionan con mucho cuidado de diferentes libros de la Biblia. Sin embargo, todas las Escrituras que contradicen completamente esa teoría se ignoran o se niegan por no ser relevantes para la teoría. Algunas teorías del rapto se basan en una escritura como la clave para comprender el rapto y luego se seleccionan varias otras Escrituras al azar que parecen apoyar esa interpretación y cualquier escritura que contradiga esa interpretación simplemente se ignora.

La teoría del rapto en mitad de la tribulación se basa en el capítulo 24 del libro de Mateo más el capítulo 13 del libro de Marcos. Las Escrituras se presentan en la secuencia en que aparecen en cada uno de estos dos libros. Tanto Mateo como Marcos afirman claramente que la abominación desoladora, como se describe en el libro de Daniel, debe colocarse primero en el templo judío reconstruido, y luego Jesucristo regresará con sus ángeles en las nubes del cielo y recogerá a sus hijos de toda la tierra (uno será tomado y otro será dejado). Todo esto se explica con mucha atención y claridad tanto en Mateo como en Marcos. Ni Mateo ni Marcos mencionan la batalla de Armagedón y esta omisión anula por completo la teoría del rapto posterior a la tribulación.

Debe decidir si desea ignorar esta enseñanza muy clara de nuestro Señor Jesucristo a favor de una serie de versículos bíblicos al azar que han sido tomados de diferentes partes de la Biblia y que están vinculados entre sí para apoyar una teoría diferente del rapto. Pero personalmente no puedo desacreditar las palabras muy claras de Jesucristo cuando explicó estos eventos a sus discípulos. Jesús nos dice que recogerá a Sus santos de la tierra después de que la abominación desoladora sea colocada en el templo judío reconstruido poco después del punto medio de la gran tribulación, y antes de que se abra el séptimo sello en algún momento antes del final de la gran tribulación.

Capítulo diez
La batalla de Armagedón

La batalla de Armagedón ocurrirá al final del período de tribulación de siete años. Examinemos lo que dice la Santa Biblia sobre esta futura batalla.

Apocalipsis 16:12-16 RVA

¹² Y el sexto ángel derramó su copa sobre el gran río Eufrates; y el agua de él se secó, para que fuese preparado el camino de los reyes del Oriente. ¹³ Y vi salir de la boca del dragón, y de la boca de la bestia, y de la boca del falso profeta, tres espíritus inmundos á manera de ranas: ¹⁴ Porque son espíritus de demonios, que hacen señales, para ir á los reyes de la tierra y de todo el mundo, para congregarlos para la batalla de aquel gran día del Dios Todopoderoso.

¹⁵ He aquí, yo vengo como ladrón. Bienaventurado el que vela, y guarda sus vestiduras, para que no ande desnudo, y vean su vergüenza. ¹⁶ Y los congregó en el lugar que en hebreo se llama *Armagedón*.

Resumen de las Escrituras: Las Escrituras anteriores nos dicen que el río Éufrates se secará y esto facilitará que los reyes del este marchen hacia Jerusalem. Tres espíritus malignos atraerán a los reyes de varias naciones diferentes a unir fuerzas con los reyes del Este en un área que se llama Armagedón.

Zacarías 14:1-21 RVA

1 HE aquí, el día de Jehová viene, y tus despojos serán repartidos en medio de ti. ² Porque yo reuniré todas las gentes en batalla contra Jerusalem; y la ciudad será tomada, y saqueadas serán las casas, y forzadas las mujeres: y la mitad de la ciudad irá en cautiverio, mas el resto del pueblo no será talado de la ciudad. ³ Después saldrá Jehová, y peleará con aquellas gentes, como peleó el día de la batalla. ⁴ Y afirmaránse sus pies en aquel día sobre el monte de las Olivas, que está en frente de Jerusalem á la parte de oriente: y el monte de las Olivas, se partirá por medio de sí hacia el oriente y hacia el occidente haciendo un muy grande valle; y la mitad del monte se apartará hacia el norte, y la otra mitad hacia el mediodía. ⁵ Y huiréis al valle de los montes; porque el valle de los montes llegará hasta Hasal; y huiréis de la manera que huisteis por causa del terremoto en los días de Uzzías, rey de Judá; y vendrá Jehová mi Dios, y con él todos los santos.

⁶ Y acontecerá que en ese día no habrá luz clara, ni oscura. ⁷ Y será un día, el cual es conocido de Jehová, que ni será día ni noche; mas acontecerá que al tiempo de la tarde habrá luz. ⁸ Acontecerá también en aquel día, que saldrán de Jerusalem aguas vivas; la mitad de ellas hacia la mar oriental, y la otra mitad hacia la mar occidental, en verano y en invierno. ⁹ Y Jehová será rey sobre toda la tierra. En aquel día Jehová será uno, y uno su nombre.

¹⁰ Y toda la tierra se tornará como llanura desde Gabaa hasta Rimmón al

mediodía de Jerusalem: y ésta será enaltecida, y habitarse ha en su lugar desde la puerta de Benjamín hasta el lugar de la puerta primera, hasta la puerta de los rincones; y desde la torre de Hananeel hasta los lagares del rey. [11] Y morarán en ella, y nunca más será anatema: sino que será Jerusalem habitada confiadamente.

[12] Y esta será la plaga con que herirá Jehová á todos los pueblos que pelearon contra Jerusalem: la carne de ellos se disolverá estando ellos sobre sus pies, y se consumirán sus ojos en sus cuencas, y su lengua se les deshará en su boca. [13] Y acontecerá en aquel día que habrá en ellos gran quebrantamiento de Jehová; porque trabará cada uno de la mano de su compañero, y su mano echará contra la mano de su compañero. [14] Y Judá también peleará en Jerusalem. Y serán reunidas las riquezas de todas las gentes de alrededor: oro, y plata, y ropas de vestir, en grande abundancia. [15] Y tal como esto será la plaga de los caballos, de los mulos, de los camellos, de los asnos, y de todas las bestias que estuvieren en aquellos campamentos.

[16] Y todos los que quedaren de las gentes que vinieron contra Jerusalem subirán de año en año á adorar al Rey, Jehová de los ejércitos, y á celebrar la fiesta de las Cabañas. [17] Y acontecerá, que los de las familias de la tierra que no subieren á Jerusalem á adorar al Rey, Jehová de los ejércitos, no vendrá sobre ellos lluvia. [18] Y si la familia de Egipto no subiere, y no vinere, sobre ellos no habrá lluvia; vendrá la plaga con que Jehová herirá las gentes que no subieren á celebrar la fiesta de las Cabañas. [19] Esta será la pena del pecado de Egipto, y del pecado de todas las gentes que no subieran á celebrar la fiesta de las Cabañas.

[20] En aquel tiempo estará sobre las campanillas de los caballos: SANTIDAD A JEHOVA; y las ollas en la casa de Jehová serán como los tazones delante del altar. [21] Y será toda olla en Jerusalem y en Judá santidad á Jehová de los ejércitos: y todos los que sacrificaren, vendrán y tomarán de ellas, y cocerán en ellas: y no habrá más Cananeo alguno en la casa de Jehová de los ejércitos en aquel tiempo.

Resumen de las Escrituras: Las Escrituras anteriores nos dicen que Jerusalem será atacada y que el ejército invasor experimentará cierto éxito al comienzo del ataque. El ejército saqueará la mitad de la ciudad y violará a algunas de las mujeres. Pero entonces el Señor tomará Su lugar en el monte de los olivos y Él estará acompañado por Sus santos. El monte de los olivos se dividirá por la mitad, que es otra forma de describir el gran terremoto que se menciona en Apocalipsis 16:18-19 (vea la página siguiente). En ese momento, el Señor instantáneamente derrotará al ejército que todavía está tratando de atacar a Jerusalem con una plaga que hará que la carne del pueblo se pudra mientras están de pie sobre sus pies, y sus ojos se pudrirán en sus cuencas, y su lengua se pudrirá en su boca. Lo mismo ocurrirá con los caballos, mulas, burros y camellos que pertenecen al ejército atacante. En el siglo XXI, esta es una descripción razonable de lo que sucede en el momento de una explosión nuclear, por lo que no es difícil para las personas en el siglo XXI creer que esto realmente puede suceder. Sin embargo, en mi opinión, esto no será una explosión nuclear porque no habrá desechos radiactivos o lluvia radiactiva que contaminen el área. Si hubiera escombros radiactivos, el Señor no podría gobernar con seguridad desde Jerusalem y la gente de todas las naciones sobre la faz de la tierra no querría viajar a Jerusalem para adorar al Señor y traerle regalos. La escritura anterior también nos dice que el agua viva fluirá de Jerusalem, la mitad al mar del este y la otra mitad al mar del oeste. Esto debe suceder al comienzo del reinado de 1.000 años de Jesucristo porque cuando Su reinado de 1.000 años termine, Dios creará un cielo nuevo y una tierra nueva y no habrá más mar (Apocalipsis 21:1).

Apocalipsis 16:17-21 RVA
[17] Y el séptimo ángel derramó su copa por el aire; y salió una grande voz del templo del cielo, del trono, diciendo: Hecho es. [18] Entonces fueron hechos relámpagos y voces y truenos; y hubo un gran temblor de tierra, un terremoto tan grande, cual no fué jamás desde que los hombres han estado sobre la tierra. [19] Y la ciudad grande fué partida en tres partes, y las ciudades de las naciones cayeron; y la grande Babilonia vino en memoria delante de Dios, para darle el cáliz del vino del furor de su ira. [20] Y toda isla huyó, y los montes no fueron hallados. [21] Y cayó del cielo sobre los hombres un grande granizo como del peso de un talento: y los hombres blasfemaron de Dios por la plaga del granizo; porque su plaga fué muy grande.

Resumen de las Escrituras: Las Escrituras anteriores nos dicen que el peor terremoto en la historia del mundo, relámpagos, y piedras de granizo destruirán parcialmente al ejército que está atacando a Jerusalem.

Apocalipsis 14:17-20 RVA
[17] Y salió otro ángel del templo que está en el cielo, teniendo también una hoz aguda. [18] Y otro ángel salió del altar, el cual tenía poder sobre el fuego, y clamó con gran voz al que tenía la hoz aguda, diciendo: Mete tu hoz aguda, y vendimia los racimos de la tierra; porque están maduras sus uvas. [19] Y el ángel echó su hoz aguda en la tierra, y vendimió la viña de la tierra, y echó la uva en el grande lagar de la ira de Dios. [20] Y el lagar fué hollado fuera de la ciudad, y del lagar salió sangre hasta los frenos de los caballos por mil y seiscientos estadios.

Resumen de las Escrituras: Los versículos de las Escrituras anteriores nos dan una idea de la magnitud de la matanza que tendrá lugar en la batalla de Armagedón. La sangre fluirá por 1.600 estadios, que son aproximadamente 184 millas o 296 kilómetros.

Joel 3:12-17 RVA
[12] Las gentes se despierten, y suban al valle de Josaphat: porque allí me sentaré para juzgar todas las gentes de alrededor. [13] Echad la hoz, porque la mies está ya madura. Venid, descended; porque el lagar está lleno, rebosan las lagaretas: porque mucha es la maldad de ellos.

¹⁴ Muchos pueblos en el valle de la decisión: porque cercano está el día de Jehová en el valle de la decisión. ¹⁵ El sol y la luna se oscurecerán, y las estrellas retraerán su resplandor. ¹⁶ Y Jehová bramará desde Sión, y dará su voz desde Jerusalem, y temblarán los cielos y la tierra: mas Jehová será la esperanza de su pueblo, y la fortaleza de los hijos de Israel.

¹⁷ Y conoceréis que yo soy Jehová vuestro Dios, que habito en Sión, monte de mi santidad: y será Jerusalem santa, y extraños no pasarán más por ella.

Resumen de las Escrituras: Las Escrituras anteriores mencionan que el sol, la luna y las estrellas se oscurecerán y que la tierra y el cielo temblarán (un terremoto). Entonces el Señor derrotará al ejército que ataca a Jerusalem. Todas estas señales son consistentes con la batalla de Armagedón como se describe en el libro de Apocalipsis. Después de la batalla, Jerusalem estará a salvo y nunca más será invadida. La seguridad de Jerusalem es consistente con el reinado de Jesucristo de 1.000 años que comenzará después de la batalla de Armagedón.

Apocalipsis 19:11-21 RVA

¹¹ Y vi el cielo abierto; y he aquí un caballo blanco, y el que estaba sentado sobre él, era llamado Fiel y Verdadero, el cual con justicia juzga y pelea. ¹² Y sus ojos eran como llama de fuego, y había en su cabeza muchas diademas; y tenía un nombre escrito que ninguno entendía sino él mismo. ¹³ Y estaba vestido de una ropa teñida en sangre: y su nombre es llamado EL VERBO DE DIOS. ¹⁴ Y los ejércitos que están en el cielo le seguían en caballos blancos, vestidos de lino finísimo, blanco y limpio. ¹⁵ Y de su boca sale una espada aguda, para herir con ella las gentes: y él los regirá con vara de hierro; y él pisa el lagar del vino del furor, y de la ira del Dios Todopoderoso. ¹⁶ Y en su vestidura y en su muslo tiene escrito este nombre: REY DE REYES Y SEÑOR DE SEÑORES.

¹⁷ Y vi un ángel que estaba en el sol, y clamó con gran voz, diciendo á todas las aves que volaban por medio del cielo: Venid, y congregaos á la cena del gran Dios, ¹⁸ Para que comáis carnes de reyes, y de capitanes, y carnes de fuertes, y carnes de caballos, y de los que están sentados sobre ellos; y carnes de todos, libres y siervos, de pequeños y de grandes

¹⁹ Y vi la bestia, y los reyes de la tierra y sus ejércitos, congregados para hacer guerra contra el que estaba sentado sobre el caballo, y contra su ejército. ²⁰ Y la bestia fué presa, y con ella el falso profeta que había hecho las señales delante de ella, con las cuales había engañado á los que tomaron la señal de la bestia, y habían adorado su imagen. Estos dos fueron lanzados vivos dentro de un lago de fuego ardiendo en azufre. ²¹ Y los otros fueron muertos con la espada que salía de la boca del que estaba sentado sobre el caballo, y todas las aves fueron hartas de las carnes de ellos.

Resumen de las Escrituras: Las Escrituras anteriores resumen muy brevemente la batalla de Armagedón. Dios derrota a todo el ejército enemigo. Y la bestia y el falso profeta son capturados y arrojados vivos al lago de fuego.

Apocalipsis 20:1-3 RVA
¹ Y VI un ángel descender del cielo, que tenía la llave del abismo, y una grande cadena en su mano. ² Y prendió al dragón, aquella serpiente antigua, que es el Diablo y Satanás, y le ató por mil años; ³ Y arrojólo al abismo, y le encerró, y selló sobre él, porque no engañe más á las naciones, hasta que mil años sean cumplidos: y después de esto es necesario que sea desatado un poco de tiempo.

Resumen de las Escrituras: Al concluir la batalla de Armagedón, el diablo será capturado y estará encerrado en el abismo durante 1.000 años.

Breve resumen del capítulo
La batalla de Armagedón

En el Antiguo Testamento tenemos muchas historias de cómo Dios derrotó a los enemigos de los israelitas sin que ningún israelita tuviera que pelear la batalla. Algunos ejemplos serían Moisés en el Mar Rojo (Éxodo 14:21-31), Gedeón (Jueces 6:11 a 7:25) y Eliseo (2 Reyes 6:15-23). El Antiguo Testamento también incluye historias de cómo Dios ayudó sobrenaturalmente a los israelitas a ganar sus batallas. Algunos ejemplos serían cuando Jonatán y Saúl derrotaron a los filisteos (1 Samuel 14:15-20) y cuando Joab derrotó a Absalón (2 Samuel 18:6-8).

Una observación personal

El siguiente resumen no es más que mi opinión de lo que puede suceder en la batalla de Armagedón según mi interpretación de las Escrituras incluidas en este capítulo. Por tanto, es posible que el siguiente resumen contenga uno o más defectos. También puede haber algunas otras Escrituras que he pasado por alto y esas Escrituras pueden contener información eso cambiaría el siguiente resumen. Por lo tanto, le animo a leer la Santa Biblia usted mismo y a mejorar o cambiar el siguiente resumen basándose en lo que la Santa Biblia le revela.

Al final de la gran tribulación, el diablo (Satanás) organizará un gran ejército y los conducirá a un gran valle en preparación para hacer la guerra contra Jerusalem.

Aunque el Señor pondrá fin a la batalla de Armagedón en un solo día, la batalla real durará más de un día. Los reyes del este y de varias otras naciones se reunirán para atacar a Jerusalem. El ejército invasor experimentará cierto éxito desde el principio y podrá saquear la mitad de la ciudad y violar a algunas de las mujeres. Pero entonces el Señor matará a muchos de los invasores con un terremoto, un relámpago y piedras de granizo. La sangre de los muertos fluirá por unas 184 millas o 296 kilómetros. Los pájaros del cielo se comerán la carne de los soldados muertos. Y entonces el Señor hará que la carne de los soldados sobrevivientes y de sus animales se pudra mientras aún estén de pie.

Los espíritus / almas de los soldados muertos serán enviados al Hades para esperar la segunda resurrección. La bestia y el falso profeta serán capturados y serán arrojados vivos al lago de fuego eterno. Un ángel capturará al diablo y lo atará con una gran cadena y el ángel encerrará al diablo en el abismo durante 1.000 años. Es interesante notar que un solo ángel, que está obedeciendo a Dios, tendrá el poder de someter al diablo en este momento.

Esto prepara el escenario para la primera resurrección y para el reinado de 1.000 años de Jesucristo. Las siguientes escrituras describen muy brevemente la primera resurrección, el reinado de Jesucristo, la batalla final, la segunda resurrección, y lo que sucederá con nuestro último enemigo, que es la muerte.

1 Corintios 15:22-26 RVA
[22] Porque así como en Adam todos mueren, así también en Cristo todos serán vivificados.
[23] Mas cada uno en su orden: Cristo las primicias; luego los que son de Cristo, en su venida.
[24] Luego el fin; cuando entregará el reino á Dios y al Padre, cuando habrá quitado todo imperio, y toda potencia y potestad.
[25] Porque es menester que él reine, hasta poner á todos sus enemigos debajo de sus pies.
[26] Y el postrer enemigo que será deshecho, será la muerte.

Capítulo once
La primera resurrección

La Santa Biblia dice claramente que habrá dos resurrecciones. Este capítulo discutirá la primera resurrección.

Apocalipsis 19:17-21 RVA

^{17} Y vi un ángel que estaba en el sol, y clamó con gran voz, diciendo á todas las aves que volaban por medio del cielo: Venid, y congregaos á la cena del gran Dios, ^{18} Para que comáis carnes de reyes, y de capitanes, y carnes de fuertes, y carnes de caballos, y de los que están sentados sobre ellos; y carnes de todos, libres y siervos, de pequeños y de grandes.

^{19} Y vi la bestia, y los reyes de la tierra y sus ejércitos, congregados para hacer guerra contra el que estaba sentado sobre el caballo, y contra su ejército. ^{20} Y la bestia fué presa, y con ella el falso profeta que había hecho las señales delante de ella, con las cuales había engañado á los que tomaron la señal de la bestia, y habían adorado su imagen. Estos dos fueron lanzados vivos dentro de un lago de fuego ardiendo en azufre. ^{21} Y los otros fueron muertos con la espada que salía de la boca del que estaba sentado sobre el caballo, y todas las aves fueron hartas de las carnes de ellos.

Apocalipsis 20:1-6 RVA

^{1} Y VI un ángel descender del cielo, que tenía la llave del abismo, y una grande cadena en su mano. ^{2} Y prendió al dragón, aquella serpiente antigua, que es el Diablo y Satanás, y le ató por mil años; ^{3} Y arrojólo al abismo, y le encerró, y selló sobre él, porque no engañe más á las naciones, hasta que mil años sean cumplidos: y después de esto es necesario que sea desatado un poco de tiempo.

^{4} Y vi tronos, y se sentaron sobre ellos, *y les fué dado juicio; y vi las almas de los degollados por el testimonio de Jesús, y por la palabra de Dios, y que no habían adorado la bestia, ni á su imagen, y que no recibieron la señal en sus frentes, ni en sus manos*, y vivieron y reinaron con Cristo mil años. ^{5} Mas los otros muertos no tornaron á vivir hasta que sean cumplidos mil años. *Esta es la primera resurrección.* ^{6} Bienaventurado y santo el que tiene parte en la primera resurrección; la segunda muerte no tiene potestad en éstos; antes serán sacerdotes de Dios y de Cristo, y reinarán con él mil años.

Breve resumen del capítulo
La primera resurrección

La primera resurrección ocurre después del rapto de los santos y después de la batalla de Armagedón.

Durante la gran tribulación, Dios no abandonará a Sus hijos. Dios proporcionará los siguientes testigos de Jesucristo durante la gran tribulación:

1. **Dos testigos:** Dios enviará dos testigos del cielo para proclamar el mensaje del Evangelio de Jesucristo. Ellos testificarán a los pecadores perdidos durante 1260 días y luego serán asesinados. Después de 3 1/2 días ellos serán resucitados y luego ascenderán inmediatamente al cielo y esto asombrará a todos los que lo vean. (Apocalipsis 11:3-12)

2. **Tres ángeles:** Dios enviará tres ángeles para dar testimonio a las personas que todavía están vivas durante la segunda mitad de la gran tribulación. El primer ángel volará en el aire sobre la tierra y proclamará a cada nación, tribu, lengua y pueblo que deben adorar al creador de los cielos y la tierra. El segundo ángel proclamará la caída del reino de la bestia. El tercer ángel proclamará en voz alta que cualquiera que adore a la bestia y reciba su marca en la frente o en la mano será arrojado al lago de fuego eterno. (Apocalipsis 14:6-13)

3. **144.000 judíos:** 144.000 de las tribus de Israel tendrán el sello de Dios en sus frentes después de que se abra el sexto sello durante la gran tribulación. (Apocalipsis 7:3-8, 14:1-3) El propósito de los 144.000 no se explica claramente en la Santa Biblia. Una posibilidad es que puedan ser testigos del mensaje evangélico de Jesucristo porque están sellados justo antes de que los santos sean arrebatados al cielo. Sin embargo, esto es solo una suposición informada y no está confirmada en ninguna parte de la Santa Biblia.

Si acepta la teoría del rapto en mitad de la tribulación, entonces el rapto ocurrirá poco después de la mitad de la tribulación de siete años, y después de que se abra el sexto sello, pero antes de que se abra el séptimo sello. Todos los que aceptaron a Jesucristo como su Salvador personal serán arrebatados al cielo en ese momento. Esto incluye a los que están en sus tumbas y a los que están vivos cuando ocurre el rapto. Por tanto, estos cristianos ya estarán con Jesús y no serán parte de la primera resurrección. Y como se menciona en la primera parte de Apocalipsis 20:4, estos cristianos ya estarán sentados en tronos y estarán listos para gobernar con Jesucristo antes de que ocurra la primera resurrección en la segunda parte de Apocalipsis 20:4.

La primera resurrección consistirá en los santos que serán decapitados por su testimonio de Jesucristo y que no adoraron a la bestia ni recibieron la marca de la bestia. Esto probablemente se refiere a aquellos que son decapitados durante la segunda mitad de la gran tribulación porque la escritura dice claramente que no adoraron a la bestia y que no recibieron la marca de la bestia. Estos cristianos resucitarán en la primera resurrección y reinarán con Jesucristo durante Su reinado de 1.000 años en toda la tierra.

Capítulo doce
El templo durante el
1.000 años de reinado de Jesucristo

El próximo capítulo contiene mucha información sobre el reinado de 1.000 años de Jesucristo. Jesús gobernará toda la tierra desde Jerusalem y sus santos gobernarán con Él.

Este capítulo contiene información adicional sobre el templo. El templo que fue construido durante la gran tribulación seguirá existiendo en Jerusalem. Sin embargo, habrá un cambio significativo en el templo. Agua viva fluirá desde el templo hasta el mar. Las siguientes Escrituras describen esta adición al templo en Jerusalem.

Ezequiel 47:1-12 RVA
1 HIZOME tornar luego á la entrada de la casa; y he aquí aguas que salían de debajo del umbral de la casa hacia el oriente: porque la fachada de la casa estaba al oriente: y las aguas descendían de debajo, hacia el lado derecho de la casa, al mediodía del altar. 2 Y sacóme por el camino de la puerta del norte, é hízome rodear por el camino fuera de la puerta, por de fuera al camino de la que mira al oriente: y he aquí las aguas que salían al lado derecho. 3 Y saliendo el varón hacia el oriente, tenía un cordel en su mano; y midió mil codos, é hízome pasar por las aguas hasta los tobillos. 4 Y midió otros mil, é hízome pasar por las aguas hasta las rodillas. Midió luego otros mil, é hízome pasar por las aguas hasta los lomos. 5 Y midió otros mil, é iba ya el arroyo que yo no podía pasar: porque las aguas se habían alzado, y el arroyo no se podía pasar sino á nado.
6 Y díjome: ¿Has visto, hijo del hombre?
Después me llevó, é hízome tornar por la ribera del arroyo. 7 Y tornando yo, he aquí en la ribera del arroyo había árboles muy muchos de la una parte y de la otra. 8 Y díjome: Estas aguas salen á la región del oriente, y descenderán á la llanura, y entrarán en la mar: y entradas en la mar, recibirán sanidad las aguas. 9 Y será que toda alma viviente que nadare por donde quiera que entraren estos dos arroyos, vivirá: y habrá muy muchos peces por haber entrado allá estas aguas, y recibirán sanidad; y vivirá todo lo que entrare en este arroyo. 10 Y será que junto á él estarán pescadores; y desde En-gadi hasta En-eglaim será tendedero de redes: en su clase será su pescado como el pescado de la gran mar, mucho en gran manera. 11 Sus charcos y sus lagunas no se sanarán; quedarán para salinas.
12 Y junto al arroyo, en su ribera de una parte y de otra, crecerá todo árbol de comer: su hoja nunca caerá, ni faltará su fruto: á sus meses madurará, porque sus aguas salen del santuario: y su fruto será para comer, y su hoja para medicina.

Zacarías 14:8 RVA
8 Acontecerá también en aquel día, que saldrán de Jerusalem aguas vivas; la mitad de ellas hacia la mar oriental, y la otra mitad hacia la mar occidental, en verano y en invierno.

Joel 3:17-18 RVA

¹⁷ Y conoceréis que yo soy Jehová vuestro Dios, que habito en Sión, monte de mi santidad: y será Jerusalem santa, y extraños no pasarán más por ella. ¹⁸ Y será en aquel tiempo, que los montes destilarán mosto, y los collados fluirán leche, y por todos los arroyos de Judá correrán aguas: y saldrá una fuente de la casa de Jehová, y regará el valle de Sittim.

Resumen de las Escrituras: Las Escrituras anteriores establecen claramente que el agua viva fluirá desde el templo en Jerusalem hasta el mar. Esto debe suceder durante el reinado de 1.000 años de Jesucristo porque no habrá templo (Apocalipsis 21:22) en la nueva Jerusalem en el cielo nuevo y en la tierra nueva, y tampoco habrá mar (Apocalipsis 21:1) en el cielo nuevo y la tierra nueva. Las Escrituras anteriores también mencionan que una variedad de árboles frutales crecerá en ambas orillas del río de agua viva. La fruta de los árboles será para comer y las hojas se usarán para curar. Sin embargo, el árbol de la vida no se menciona como uno de los árboles frutales, y no se menciona a nadie que reciba el regalo de la vida eterna si come algo de la fruta. Además, las Escrituras anteriores no dicen que a cualquiera que beba del agua viva que fluye del templo se le concederá la vida eterna. La ausencia del don de la vida eterna al comer el fruto o al beber el agua se confirma con dos hechos:

1. Durante el reinado de 1.000 años de Jesucristo, la gente vivirá hasta la vejez, pero algunas personas morirán (Isaías 65:20).

2. El diablo será liberado al final del reinado de 1.000 años de Jesucristo y el diablo engañará a muchas personas para que lo sigan. Entonces Dios derrotará al diablo y sus seguidores y los arrojará al lago de fuego.

Capítulo trece
El reinado de los mil años de Jesucristo

La Santa Biblia contiene una cantidad razonable de información sobre el reinado de Jesucristo de 1.000 años en el Antiguo Testamento y en el Nuevo Testamento. Este capítulo consolidará la información sobre el reinado de 1.000 años de Jesucristo que aparece a lo largo de la Santa Biblia para que toda la información se pueda examinar y resumir fácilmente.

La batalla de Armagedón
Apocalipsis 19:17-21 RVA

[17] Y vi un ángel que estaba en el sol, y clamó con gran voz, diciendo á todas las aves que volaban por medio del cielo: Venid, y congregaos á la cena del gran Dios, [18] Para que comáis carnes de reyes, y de capitanes, y carnes de fuertes, y carnes de caballos, y de los que están sentados sobre ellos; y carnes de todos, libres y siervos, de pequeños y de grandes. [19] Y vi la bestia, y los reyes de la tierra y sus ejércitos, congregados para hacer guerra contra el que estaba sentado sobre el caballo, y contra su ejército. [20] Y la bestia fué presa, y con ella el falso profeta que había hecho las señales delante de ella, con las cuales había engañado á los que tomaron la señal de la bestia, y habían adorado su imagen. Estos dos fueron lanzados vivos dentro de un lago de fuego ardiendo en azufre. [21] Y los otros fueron muertos con la espada que salía de la boca del que estaba sentado sobre el caballo, y todas las aves fueron hartas de las carnes de ellos.

Resumen de las Escrituras: Al final de la batalla de Armagedón, la bestia y el falso profeta serán arrojados al lago de fuego eterno. Y el ejército que atacó a Jerusalem será asesinado y los pájaros se comerán la carne de los soldados muertos.

El comienzo del reinado de 1.000 años de Jesucristo
Apocalipsis 20:1-10 RVA

[1] Y VI un ángel descender del cielo, que tenía la llave del abismo, y una grande cadena en su mano. [2] Y prendió al dragón, aquella serpiente antigua, que es el Diablo y Satanás, y le ató por mil años; [3] Y arrojólo al abismo, y le encerró, y selló sobre él, porque no engañe más á las naciones, hasta que mil años sean cumplidos: y después de esto es necesario que sea desatado un poco de tiempo.

[4] Y vi tronos, y se sentaron sobre ellos, y les fué dado juicio; y vi las almas de los degollados por el testimonio de Jesús, y por la palabra de Dios, y que no habían adorado la bestia, ni á su imagen, y que no recibieron la señal en sus frentes, ni en sus manos, y vivieron y reinaron con Cristo mil años. [5] Mas los otros muertos no tornaron á vivir hasta que sean cumplidos mil años. Esta es la primera resurrección. [6] *Bienaventurado y santo el que tiene parte en la primera resurrección; la segunda muerte no tiene potestad en éstos; antes serán sacerdotes de Dios y de Cristo, y reinarán con él mil años.*

⁷ Y cuando los mil años fueren cumplidos, Satanás será suelto de su prisión, ⁸ Y saldrá para engañar las naciones que están sobre los cuatro ángulos de la tierra, á Gog y á Magog, á fin de congregarlos para la batalla; el número de los cuales es como la arena del mar. ⁹ Y subieron sobre la anchura de la tierra, y circundaron el campo de los santos, y la ciudad amada: y de Dios descendió fuego del cielo, y los devoró. ¹⁰ Y el diablo que los engañaba, fué lanzado en el lago de fuego y azufre, donde está la bestia y el falso profeta; y serán atormentados día y noche para siempre jamás.

Resumen de la Escrituras: Al final de la batalla de Armagedón, Satanás será atado con una cadena y será encerrado en el abismo por 1.000 años. Esto evitará que Satanás engañe a la gente durante 1.000 años. Entonces aquellos que fueron decapitados por su fe cristiana, y que no habían aceptado la marca de la bestia en su mano derecha o en su frente, serán resucitados y gobernarán con Jesucristo por mil años. Al final del reinado de mil años de Jesús, Satanás será liberado del abismo y reunirá un ejército de todas las naciones de la tierra y marcharán contra Jerusalem. Sin embargo, esta batalla final será breve y decisiva porque Dios destruirá al ejército con fuego del cielo. Entonces Satanás será arrojado al lago de fuego eterno donde será atormentado día y noche para siempre.

Ahora echemos un vistazo más de cerca a algunas Escrituras del Antiguo Testamento que brindan información adicional sobre la batalla de Armagedón y el reinado de 1.000 años de Jesucristo.

Todas las naciones viajarán a Jerusalem para adorar al Señor
Sofonías 3:8-20 RVA
⁸ Por tanto, esperadme, dice Jehová, al día que me levantaré al despojo: porque mi determinación es reunir las gentes, juntar los reinos, para derramar sobre ellos mi enojo, todo el furor de mi ira; porque del fuego de mi celo será consumida toda la tierra.
⁹ Por entonces volveré yo á los pueblos el labio limpio, para que todos invoquen el nombre de Jehová, para que de un consentimiento le sirvan.
¹⁰ De esa parte de los ríos de Etiopía, mis suplicantes, la hija de mis esparcidos, me traerán ofrenda. ¹¹ En aquel día no serás avergonzada por ninguna de tus obras con que te rebelaste contra mí; porque entonces quitaré de en medio de ti los que se alegran en tu soberbia, y nunca más te ensoberbecerás del monte de mi santidad. ¹² Y dejaré en medio de ti un pueblo humilde y pobre, los cuales esperarán en el nombre de Jehová. ¹³ El resto de Israel no hará iniquidad, ni dirá mentira, ni en boca de ellos se hallará lengua engañosa: porque ellos serán apacentados y dormirán, y no habrá quien los espante.

¹⁴ Canta, oh hija de Sión: da voces de júbilo, oh Israel; gózate y regocíjate de todo corazón, hija de Jerusalem. ¹⁵ Jehová ha apartado tus juicios, ha echado fuera tus enemigos: Jehová es Rey de Israel en medio de ti; nunca más verás mal.

¹⁶ En aquel tiempo se dirá á Jerusalem: No temas: Sión, no se debiliten tus manos. ¹⁷ Jehová en medio de ti, poderoso, él salvará; gozaráse sobre ti con alegría, callará de amor, se regocijará sobre ti con cantar. ¹⁸ Reuniré á los fastidiados por causa del largo tiempo; tuyos fueron; para quienes el oprobio de ella era una carga.

¹⁹ He aquí, en aquel tiempo yo apremiaré á todos tus opresores; y salvaré la coja, y recogeré la descarriada; y pondrélos por alabanza y por renombre en todo país de confusión.

²⁰ En aquel tiempo yo os traeré, en aquel tiempo os reuniré yo; pues os daré por renombre y por alabanza entre todos los pueblos de la tierra, cuando tornaré vuestros cautivos delante de vuestros ojos, dice Jehová.

Resumen de las Escrituras: Naciones de toda la tierra se reunirán para luchar contra Jerusalem, pero Dios destruirá con fuego a los ejércitos atacantes. Entonces Dios purificará a las personas que permanecen en esas naciones rebeldes y lo adorarán y le traerán regalos. Los israelitas en todas partes se regocijarán con cánticos y alabanzas, y celebrarán sus fiestas religiosas con alegría. Israelitas de todo el mundo regresarán a Jerusalem y Dios restaurará sus fortunas.

El futuro gobernante será un antepasado y un descendiente del rey David, y los animales salvajes no matarán a los animales de granja

Isaías 11:1-12 RVA

¹ Y SALDRA una vara del tronco de Isaí, y un vástago retoñará de sus raíces. ² Y reposará sobre él el espíritu de Jehová; espíritu de sabiduría y de inteligencia, espíritu de consejo y de fortaleza, espíritu de conocimiento y de temor de Jehová. ³ Y haréle entender diligente en el temor de Jehová. No juzgará según la vista de sus ojos, ni argüirá por lo que oyeren sus oídos; ⁴ Sino que juzgará con justicia á los pobres, y argüirá con equidad por los mansos de la tierra: y herirá la tierra con la vara de su boca, y con el espíritu de sus labios matará al impío. ⁵ Y será la justicia cinto de sus lomos, y la fidelidad ceñidor de sus riñones.

⁶ Morará el lobo con el cordero, y el tigre con el cabrito se acostará: el becerro y el león y la bestia doméstica andarán juntos, y un niño los pastoreará. ⁷ La vaca y la osa pacerán, sus crías se echarán juntas; y el león como el buey comerá paja.

⁸ Y el niño de teta se entretendrá sobre la cueva del áspid, y el recién destetado extenderá su mano sobre la caverna del basilisco. ⁹ No harán mal ni dañarán en todo mi santo monte; porque la tierra será llena del conocimiento de Jehová, como cubren la mar las aguas.

¹⁰ Y acontecerá en aquel tiempo que la raíz de Isaí, la cual estará puesta por pendón á los pueblos, será buscada de las gentes; y su holganza será gloria.

¹¹ Asimismo acontecerá en aquel tiempo, que Jehová tornará á poner otra vez su mano para poseer las reliquias de su pueblo que fueron dejadas de

Assur, y de Egipto, y de Parthia, y de Etiopía, y de Persia, y de Caldea, y de Amath, y de las Islas de la mar. **12** Y levantará pendón á las gentes, y juntará los desterrados de Israel, y reunirá los esparcidos de Judá de los cuatro cantones de la tierra.

Resumen de las Escrituras: David era el hijo de Isaí (Rut 4:17). David era gobernante y rey de todo Israel (1 Crónicas 29:26). Jesús es la raíz y la descendencia de David (Mateo 1:1-2 Timoteo 2:8, Apocalipsis 22:16). Esto significa que Jesús era un antepasado de David (la raíz) y Jesús también era un descendiente de David (la descendencia). Ser a la vez antepasado y descendiente de la misma persona solo es posible si esa persona es Jesús, el Hijo de Dios. Jesús gobernará la tierra entera desde Jerusalem. Jesús gobernará con justicia y administrará la verdadera justicia.

Las Escrituras anteriores nos dicen que el lobo vivirá con el cordero, el leopardo se acostará con la cabra, el león y el becerro vivirán juntos, y un niño pequeño podrá guiarlos. La vaca y la osa comerán en el mismo prado, y el león comerá paja como un buey. Los bebés pueden jugar de manera segura cerca de una cobra y un bebé incluso puede poner su mano en un nido de víboras sin ser lastimado. Las Escrituras nos dicen que estos eventos sucederán cuando Jesús, la raíz de Isaí, gobierne la tierra. Dado que estos eventos aún no han sucedido, y dado que todo en la Santa Biblia es la verdad, estos eventos deben ocurrir en algún momento en el futuro. El momento más probable para que sucedan estos eventos es durante el reinado de 1.000 años de Jesucristo.

La gente vivirá vidas muy largas
Isaiah 65:17-25 RVA

17 Porque he aquí que yo crío nuevos cielos y nueva tierra: y de lo primero no habrá memoria, ni más vendrá al pensamiento. **18** Mas os gozaréis y os alegraréis por siglo de siglo en las cosas que yo crío: porque he aquí que yo las cosas que yo crío: porque he aquí que yo fzacrío á Jerusalem alegría, y á su pueblo gozo. **19** Y alegraréme con Jerusalem, y gozaréme con mi pueblo; y nunca más se oirán en ella voz de lloro, ni voz de clamor.

20 No habrá más allí niño de días, ni viejo que sus días no cumpla: porque el niño morirá de cien años, y el pecador de cien años, será maldito.

21 Y edificarán casas, y morarán en ellas; plantarán viñas, y comerán el fruto de ellas. **22** No edificarán, y otro morará; no plantarán, y otro comerá: porque según los días de los árboles serán los días de mi pueblo, y mis escogidos perpetuarán las obras de sus manos. **23** No trabajarán en vano, ni parirán para maldición; porque son simiente de los benditos de Jehová, y sus descendientes con ellos. **24** Y será que antes que clamen, responderé yo; aun estando ellos hablando, yo habré oído.

25 El lobo y el cordero serán apacentados juntos, y el león comerá paja como el buey; y á la serpiente el polvo será su comida. No afligirán, ni harán mal en todo mi santo monte, dijo Jehová.

Resumen de las Escrituras: Los versículos 17 al 19 nos dicen que Dios creará un cielo nuevo y una tierra nueva. Luego, los versículos 20 al 25 nos hablan del reinado de 1.000 años de Jesucristo. Estos versículos no están en orden cronológico, pero eso no es inusual porque Dios revela Su verdad de la manera que mejor cree. Un ejemplo bien conocido está en Génesis 1:1 a 2:3 que describe los siete días completos de la creación. Luego Génesis 2:4-25 brinda información adicional sobre la creación de la humanidad en el sexto día de la creación.

Isaías 65:20-25 dice que algunas personas morirán. La muerte no será posible después de que Dios cree un cielo nuevo y una tierra nueva porque la muerte y el Hades habrán sido arrojados al lago de fuego y no habrá más muerte (Apocalipsis 20:14 y Apocalipsis 21:1-4). Por lo tanto, Isaías 65:20-25 probablemente se refiere al reinado de 1.000 años de Jesucristo y esto ocurre antes de que Dios cree un cielo nuevo y una tierra nueva.

Las Escrituras anteriores nos dicen que los bebés no morirán cuando tengan solo unos días de edad. También se nos dice que cualquier persona que muera antes de cumplir los 100 años será considerada un "niño" y esa persona también será considerada "maldito".

Las Escrituras anteriores también nos dicen que el lobo y el cordero pacerán juntos y el león comerá paja como un buey, y no harán ningún daño a nadie ni a nada. Es interesante que Isaías 65:25 dice que el polvo seguirá siendo el alimento de la serpiente. Esto confirma lo que Dios le dijo a la serpiente en Génesis 3:14 e indica que Dios no cambia de opinión. Cualquiera o cualquier religión que afirme tener un "nuevo mensaje" de Dios, entonces ese nuevo mensaje debe estar de acuerdo con lo que Dios ya ha dicho en el pasado. Si el nuevo mensaje contradice lo que Dios ya ha dicho, entonces el nuevo mensaje no es verdaderamente de Dios.

No habrá más guerra

Isaías 2:2-4 RVA
² Y acontecerá en lo postrero de los tiempos, que será confirmado el monte de la casa de Jehová por cabeza de los montes, y será ensalzado sobre los collados, y correrán á él todas las gentes.

³ Y vendrán muchos pueblos, y dirán: Venid, y subamos al monte de Jehová, á la casa del Dios de Jacob; y nos enseñará en sus caminos, y caminaremos por sus sendas. Porque de Sión saldrá la ley, y de Jerusalem la palabra de Jehová.

⁴ Y juzgará entre las gentes, y reprenderá á muchos pueblos; y volverán sus espadas en rejas de arado, y sus lanzas en hoces: no alzará espada gente contra gente, ni se ensayarán más para la guerra.

Resumen de las Escrituras: Las Escrituras anteriores nos dicen que el Señor gobernará el mundo entero desde Jerusalem y personas de todas las naciones viajarán a Jerusalem para aprender Sus caminos y Sus leyes. El Señor resolverá todas las disputas entre las naciones. Habrá paz universal y no habrá más guerras. La gente estará tan convencida de que la guerra es una cosa del pasado que convertirán sus armas de guerra en cosas que puedan ayudarles a mejorar su nivel de vida. Esto debe suceder durante el reinado de 1.000 años de Jesucristo y antes de que Dios cree un cielo nuevo y una tierra nueva por las siguientes dos razones:

1. No habrá templo en la nueva Jerusalem (Apocalipsis 21:22).
2. El cielo viejo y la tierra vieja pasarán y Dios hará todo nuevo. Las espadas no existirán en el cielo nuevo y la tierra nueva y, por lo tanto, no se pueden convertir en rejas de arado.

El juez de toda la tierra gobernará desde Jerusalem
Miqueas 4:1-7 RVA

¹ Y ACONTECERA en los postreros tiempos, que el monte de la casa de Jehová será constituído por cabecera de montes, y más alto que los collados, y correrán á él pueblos.

² Y vendrán muchas gentes, y dirán: Venid, y subamos al monte de Jehová, y á la casa del Dios de Jacob; y enseñaránonos en sus caminos, y andaremos por sus veredas: porque de Sión saldrá la ley, y de Jerusalem la palabra de Jehová.

³ Y juzgará entre muchos pueblos, y corregirá fuertes gentes hasta muy lejos: y martillarán sus espadas para azadones, y sus lanzas para hoces: no alzará espada gente contra gente, ni más se ensayarán para la guerra.

⁴ Y cada uno se sentará debajo de su vid y debajo de su higuera, y no habrá quien amedrente: porque la boca de Jehová de los ejércitos lo ha hablado.

⁵ Bien que todos los pueblos anduvieren cada uno en el nombre de sus dioses, nosotros con todo andaremos en el nombre de Jehová nuestro Dios para siempre y eternalmente.

⁶ En aquel día, dice Jehová, juntaré la coja, y recogeré la amontada, y á la que afligí: ⁷ Y pondré á la coja para sucesión, y á la descarriada para nación robusta: y Jehová reinará sobre ellos en el monte de Sión desde ahora para siempre.

Resumen de las Escrituras: Las Escrituras anteriores de Miqueas repiten muchos de los detalles que se encuentran en Isaías. El Señor gobernará el mundo entero desde Jerusalem y personas de todas las naciones viajarán a Jerusalem para aprender Sus caminos y Sus leyes. El Señor será el juez de toda la tierra y el Señor resolverá todas las disputas entre las naciones. Habrá paz universal y no habrá más guerras. La gente estará tan convencida de que la guerra es una cosa del pasado que convertirán sus armas de guerra en cosas que puedan ayudarles a mejorar su nivel de vida. Sin embargo, Miqueas también nos dice que el Señor gobernará desde Jerusalem desde ese día y para siempre. El gobierno universal del Señor comenzará con el reinado de 1.000 años de Jesucristo y continuará cuando Dios cree un cielo nuevo y una tierra nueva y Él gobernará desde Su trono en la nueva Jerusalem.

Agua viva fluirá del templo al mar
Zacarías 14:8-9 RVA
⁸ Acontecerá también en aquel día, que saldrán de Jerusalem aguas vivas; la mitad de ellas hacia la mar oriental, y la otra mitad hacia la mar occidental, en verano y en invierno. ⁹ Y Jehová será rey sobre toda la tierra. En aquel día Jehová será uno, y uno su nombre.

Resumen de la Escritura: Lo anterior dice que el agua viva fluirá desde Jerusalem hasta el mar del este y el mar del oeste. Esto sucederá durante el reinado de 1,000 años de Jesucristo porque no habrá más mar cuando Dios cree un cielo nuevo y una tierra nueva (Apocalipsis 21:1). Lo anterior también nos dice que el Señor será rey sobre toda la tierra y Él será el único Señor de la tierra y Su nombre será el único nombre usado para referirse al Señor.

Las siguientes Escrituras tienen más detalles sobre el agua viva.

Ezequiel 47:1-12 RVA
¹ HIZOME tornar luego á la entrada de la casa; y he aquí aguas que salían de debajo del umbral de la casa hacia el oriente: porque la fachada de la casa estaba al oriente: y las aguas descendían de debajo, hacia el lado derecho de la casa, al mediodía del altar. ² Y sacóme por el camino de la puerta del norte, é hízome rodear por el camino fuera de la puerta, por de fuera al camino de la que mira al oriente: y he aquí las aguas que salían al lado derecho. ³ Y saliendo el varón hacia el oriente, tenía un cordel en su mano; y midió mil codos, é hízome pasar por las aguas hasta los tobillos. ⁴ Y midió otros mil, é hízome pasar por las aguas hasta las rodillas. Midió luego otros mil, é hízome pasar por las aguas hasta los lomos. ⁵ Y midió otros mil, é iba ya el arroyo que yo no podía pasar: porque las aguas se habían alzado, y el arroyo no se podía pasar sino á nado.
⁶ Y díjome: ¿Has visto, hijo del hombre?
Después me llevó, é hízome tornar por la ribera del arroyo. ⁷ Y tornando yo, he aquí en la ribera del arroyo había árboles muy muchos de la una parte y de la otra.
⁸ Y díjome: Estas aguas salen á la región del oriente, y descenderán á la llanura, y entrarán en la mar: y entradas en la mar, recibirán sanidad las aguas. ⁹ Y será que toda alma viviente que nadare por donde quiera que entraren estos dos arroyos, vivirá: y habrá muy muchos peces por haber entrado allá estas aguas, y recibirán sanidad; y vivirá todo lo que entrare en este arroyo. ¹⁰ Y será que junto á él estarán pescadores; y desde En-gadi hasta En-eglaim será tendedero de redes: en su clase será su pescado como el pescado de la gran mar, mucho en gran manera. ¹¹ Sus charcos y sus lagunas no se sanarán; quedarán para salinas.
¹² Y junto al arroyo, en su ribera de una parte y de otra, crecerá todo árbol de comer: su hoja nunca caerá, ni faltará su fruto: á sus meses madurará, porque sus aguas salen del santuario: y su fruto será para comer, y su hoja para medicina.

Resumen de las Escrituras: El agua viva fluirá como un río desde el templo de Jerusalem y se vaciará en el mar. Esto sucederá durante el reinado de 1.000 años de Jesucristo porque no habrá más mar en el cielo nuevo y la tierra nueva (Apocalipsis 21:1) y tampoco habrá templo en la nueva Jerusalem que Dios hará descender del cielo. (Apocalipsis 21:2 y 21:22). Todos los tipos de peces prosperarán abundantemente en este río y los pescadores podrán capturar estos peces con las redes que arrojan desde las orillas del río. Los árboles frutales crecerán en ambas orillas del río y darán frutos comestibles todos los meses y las hojas de los árboles se utilizarán para la curación. Esto sucederá durante el reinado de 1.000 años de Jesucristo porque algunas personas aún se enfermarán y usarán las hojas de los árboles frutales para sanar. (Nota: El árbol de la vida aún no crecerá en las orillas de este río porque cualquiera que coma del árbol de la vida vivirá para siempre.)

La siguiente escritura tiene más información sobre el agua viva.

Joel 3:18 RVA
[18] Y será en aquel tiempo, que los montes destilarán mosto, y los collados fluirán leche, y por todos los arroyos de Judá correrán aguas: y saldrá una fuente de la casa de Jehová, y regará el valle de Sittim.

Resumen de las Escrituras: Lo anterior se cumplirá durante el reinado de 1.000 años de Jesucristo porque una fuente brotará de la casa del Señor y habrá tanta agua que puede hacer que todo un valle sea fértil. Esto producirá una abundancia de productos agrícolas y un aumento de ganado sano (el vino se elabora con uvas y la leche proviene de cabras y vacas).

¿Quién gobernará con Jesús durante 1000 años?

Apocalipsis 2:26 RVA (Carta a la Iglesia de Tiatira)
[26] Y al que hubiere vencido, y hubiere guardado mis obras hasta el fin, yo le daré potestad sobre las gentes; . . .

Apocalipsis 3:21 RVA (Carta a la Iglesia de Laodicea)
[21] Al que venciere, yo le daré que se siente conmigo en mi trono; así como yo he vencido, y me he sentado con mi Padre en su trono.

Apocalipsis 20:4a RVR 1960
[4] Y vi tronos, y se sentaron sobre ellos los que recibieron facultad de juzgar . . .

Resumen de las Escrituras: Las promesas anteriores se aplican a todos los cristianos fieles que serán *raptados* durante la gran tribulación.

La siguiente promesa se aplica a los cristianos que serán decapitados durante la última parte de la gran tribulación. Estos serán los cristianos que aceptarán a Jesús como Salvador *después* del evento del rapto.

Apocalipsis 20:4b-6 RVR 1960
[4] . . . y vi las almas de los decapitados por causa del testimonio de Jesús y por la palabra de Dios, los que no habían adorado a la bestia ni a su

imagen, y que no recibieron la marca en sus frentes ni en sus manos; y vivieron y reinaron con Cristo mil años. ⁵ Pero los otros muertos no volvieron a vivir hasta que se cumplieron mil años. Esta es la primera resurrección. ⁶ Bienaventurado y santo el que tiene parte en la primera resurrección; la segunda muerte no tiene potestad sobre éstos, sino que serán sacerdotes de Dios y de Cristo, y reinarán con él mil años.

Breve resumen del capítulo
El reinado de los mil años de Jesucristo

Después de la batalla de Armagedón, Jesucristo gobernará toda la tierra desde Jerusalem con la ayuda de las siguientes personas:

1. Los santos que son raptados durante la gran tribulación.
2. Los santos que son resucitados durante la primera resurrección al final de la gran tribulación.

Lo anterior incluirá a todos los que confesaron a Jesucristo como su Salvador, y que pusieron su fe y confianza inquebrantables en Él. Ellos gobernarán la tierra entera con Jesús durante Su reinado de 1.000 años.

Durante el reinado de 1.000 años de Jesucristo, el templo reconstruido en Jerusalem será el centro de adoración para todas las personas en todo el mundo. Personas de todas las naciones traerán sus ofrendas a Jerusalem para que puedan presentar personalmente sus ofrendas a Jesucristo y para que puedan aprender Sus caminos y Sus leyes.

Las enfermedades y las dolencias se prevenirán y curarán fácilmente. El agua viva fluirá del templo en Jerusalem, pero beber el agua no resultará en la vida eterna. Los árboles frutales crecerán a ambos lados del río. Darán su fruto todos los meses y las hojas de los árboles se usarán para cicatrización. El árbol de la vida no será uno de estos árboles frutales porque cualquiera que coma del árbol de la vida vivirá para siempre.

Todos los animales se convertirán en vegetarianos y todos los animales pastarán juntos en perfecta paz. No habrá peligro de insectos mortales o serpientes venenosas y los niños pueden jugar con seguridad sin ser supervisados de cerca.

Jesucristo juzgará a los pueblos de todas las naciones y habrá paz universal. No se necesitarán armas porque nadie necesitará defenderse de otras personas o de animales salvajes. Todas las armas se convertirán en usos más productivos y las personas podrán invertir su tiempo en mejorar su nivel de vida. La tierra dará su abundancia y habrá abundancia de comida y vino para todos.

La gente se casará y tendrá hijos sanos. Los bebés no morirán a una edad temprana, y las personas vivirán cientos de años de la misma manera que lo hicieron cuando Dios creó el mundo por primera vez, como se ilustra en la siguiente tabla (Génesis 5:1-31 y 9:38):

Persona	Edad
Adam	930 años
Seth	912 años
Enosh	905 años
Kenan	910 años
Mahalalel	895 años
Jared	962 años
Matusalén	969 años
Lamech	777 años
Noah	950 años

Una persona se considerará un niño pequeño a la edad de 100 años y cualquier persona que muera antes de los 100 años será considerada maldita.

Durante el reinado de 1.000 años de Jesucristo, nacerán muchas personas. Y Dios les dará a todos la misma libertad para elegir que Dios siempre les ha dado a Sus hijos. Pueden optar por aceptar a Jesús como su Señor y obedecer voluntariamente sus leyes, o pueden obedecer a regañadientes sus leyes y pueden desear secretamente hacer las cosas de manera diferente sin tener en cuenta el impacto que sus decisiones puedan tener en otras personas. Por lo tanto, cuando el diablo sea liberado del abismo al final de los 1000 años, podrá engañar a mucha gente para que lo siga y atacarán a Jerusalem. Pero serán destruidos por fuego del cielo. El siguiente capítulo trata sobre esta batalla final.

Capítulo catorce
La batalla final entre el bien y el mal

Al final del reinado de 1.000 años de Jesucristo, el diablo será liberado del abismo. El diablo engañará a personas de muchas naciones y los guiará en un ataque contra Jerusalem. Pero Dios destruirá todo el ejército del diablo, y el diablo será arrojado al lago de fuego. Las siguientes Escrituras describen estos eventos en detalle.

Apocalipsis 20:1-3 RVA
¹ Y VI un ángel descender del cielo, que tenía la llave del abismo, y una grande cadena en su mano. ² Y prendió al dragón, aquella serpiente antigua, que es el Diablo y Satanás, y le ató por mil años; ³ Y arrojólo al abismo, y le encerró, y selló sobre él, porque no engañe más á las naciones, hasta que mil años sean cumplidos: y después de esto es necesario que sea desatado un poco de tiempo.

Apocalipsis 17:8 RVA
⁸ La bestia que has visto, fué, y no es; y ha de subir del abismo, y ha de ir á perdición: y los moradores de la tierra, cuyos nombres no están escritos en el libro de la vida desde la fundación del mundo, se maravillarán viendo la bestia que era y no es, aunque es.

Apocalipsis 20:4-10 RVA
⁴ Y vi tronos, y se sentaron sobre ellos, y les fué dado juicio; y vi las almas de los degollados por el testimonio de Jesús, y por la palabra de Dios, y que no habían adorado la bestia, ni á su imagen, y que no recibieron la señal en sus frentes, ni en sus manos, y vivieron y reinaron con Cristo mil años. ⁵ Mas los otros muertos no tornaron á vivir hasta que sean cumplidos mil años. Esta es la primera resurrección. ⁶ Bienaventurado y santo el que tiene parte en la primera resurrección; la segunda muerte no tiene potestad en éstos; antes serán sacerdotes de Dios y de Cristo, y reinarán con él mil años.

⁷ Y cuando los mil años fueren cumplidos, Satanás será suelto de su prisión, ⁸ Y saldrá para engañar las naciones que están sobre los cuatro ángulos de la tierra, á Gog y á Magog, á fin de congregarlos para la batalla; el número de los cuales es como la arena del mar. ⁹ Y subieron sobre la anchura de la tierra, y circundaron el campo de los santos, y la ciudad amada: y de Dios descendió fuego del cielo, y los devoró. ¹⁰ Y el diablo que los engañaba, fué lanzado en el lago de fuego y azufre, donde está la bestia y el falso profeta; y serán atormentados día y noche para siempre jamás.

Breve resumen del capítulo
La batalla final entre el bien y el mal

Después de la batalla de Armagedón, el diablo es capturado y atado con una gran cadena y arrojado al abismo. El abismo luego se cierra y se sella.

Al final del reinado de 1.000 años de Jesucristo, el diablo será liberado del abismo. El diablo tendrá éxito en engañar a un gran número de personas (como la arena en la orilla del mar). Estas personas no saben cómo sentirse satisfechas viviendo en paz y prosperidad, y querrán obligar a otras personas a hacer lo que quieren que hagan, y desearán mejorar su nivel de vida a expensas de otras personas.

El ejército del diablo estará compuesto por personas de todas las naciones de la faz de la tierra. Dado que todas las armas de guerra se habrán convertido en usos pacíficos durante el reinado de 1.000 años de Jesucristo, estas personas pueden creer que pueden capturar Jerusalem fácilmente. Se reunirán fuera de la ciudad de Jerusalem con el propósito de organizar un ataque contra la Ciudad Santa. Pero Dios enviará fuego desde el cielo y destruirá a todos los que fueron engañados por el diablo y que voluntariamente decidieron rebelarse contra Dios. (Nota: El Antiguo Testamento contiene ejemplos de Dios destruyendo ciudades y ejércitos haciendo llover fuego sobre ellos desde el cielo. Ejemplos serían Sodoma y Gomorra en Génesis 19:24-25, y el ejército enviado para capturar a Elías en 2 Reyes 1:9-10.)

Después de que Dios destruya el ejército del diablo, el diablo será inmediatamente arrojado al lago de fuego eterno donde será atormentado para siempre. Los espíritus / almas rebeldes serán enviados temporalmente al Hades.

Una observación personal

Es interesante que muchas personas (como la arena de la orilla del mar) no estarán satisfechas con unas condiciones de vida perfectas que duren 1.000 años. Estas personas no disfrutarán de obedecer las leyes perfectas de Dios y, en cambio, optarán por rebelarse contra Dios y creerán las mentiras que les diga el diablo.

Esto es exactamente lo que sucedió en el Jardín del Edén cuando Adán y Eva fueron engañados por el diablo y comieron del fruto del árbol prohibido de la ciencia del bien y del mal.

Esto demostrará que Dios nos ha dado a todos y cada uno de nosotros la libertad de elegir entre el bien y el mal, y de elegir entre hacer lo que Dios nos pide que hagamos o hacer lo que queramos hacer.

Después de la batalla final, todos el que elija hacer "lo que le parezca correcto a sus propios ojos" estará muerto y se preparará el escenario para la segunda resurrección y el juicio del gran trono blanco.

Capítulo quince
La segunda resurrección

Habrá dos resurrecciones. La primera resurrección ocurrirá después de la batalla de Armagedón y justo antes del comienzo del reinado de 1.000 años de Jesucristo. La segunda resurrección ocurrirá después de la batalla final al final del reinado de 1.000 años de Jesucristo. Los siguientes pasajes de las Escrituras contienen más información sobre la segunda resurrección.

Daniel 12:1-3 RVA

¹ Y EN aquel tiempo se levantará Miguel, el gran príncipe que está por los hijos de tu pueblo; y será tiempo de angustia, cual nunca fué después que hubo gente hasta entonces: mas en aquel tiempo será libertado tu pueblo, todos los que se hallaren escritos en el libro. ² Y muchos de los que duermen en el polvo de la tierra serán despertados, unos para vida eterna, y otros para vergüenza y confusión perpetua. ³ Y los entendidos resplandecerán como el resplandor del firmamento; y los que enseñan á justicia la multitud, como las estrellas á perpetua eternidad.

Apocalipsis 20:11-15 RVA

¹¹ Y vi un gran trono blanco y al que estaba sentado sobre él, de delante del cual huyó la tierra y el cielo; y no fué hallado el lugar de ellos. ¹² Y vi los muertos, grandes y pequeños, que estaban delante de Dios; y los libros fueron abiertos: y otro libro fué abierto, el cual es de la vida: y fueron juzgados los muertos por las cosas que estaban escritas en los libros, según sus obras. ¹³ Y el mar dió los muertos que estaban en él; y la muerte y el infierno dieron los muertos que estaban en ellos; y fué hecho juicio de cada uno según sus obras. ¹⁴ Y el infierno y la muerte fueron lanzados en el lago de fuego. Esta es la muerte segunda. ¹⁵ Y el que no fué hallado escrito en el libro de la vida, fué lanzado en el lago de fuego.

Breve resumen del capítulo
La segunda resurrección

Después del reinado de 1.000 años de Jesucristo, ocurrirá la segunda resurrección y toda persona que haya vivido será resucitada de entre los muertos, con la excepción de las siguientes personas:

1. **Santos arrebatados:** Los cristianos muertos y vivos que fueron arrebatados directamente al cielo no necesitarán ser resucitados porque sus cuerpos mortales y sus almas eternas ya habrán resucitado para vivir para siempre con Jesús. (1 Tesalonicenses 4:13-18)

2. **Santos de la primera resurrección:** Los cristianos que aceptaron a Jesús como Salvador después del rapto y que fueron decapitados durante la segunda mitad de la gran tribulación porque no adoraron a la bestia y no recibieron la marca de la bestia ya habrán resucitado en la primera resurrección. (Apocalipsis 20:4-6)

La segunda resurrección incluirá a las siguientes personas:

1. **Cristianos que están muertos:** Esto incluirá a los cristianos que no fueron raptados y que no fueron parte de la primera resurrección. Más específicamente, esto incluirá algunas de las personas que sobrevivieron a la segunda mitad de la gran tribulación y algunas de las personas que nacieron durante el reinado de 1.000 años de Jesucristo. Algunas de estas personas aceptarán a Jesucristo como Salvador, ya sea durante la segunda mitad de la gran tribulación o durante el reinado de 1.000 años de Jesucristo. Pero algunos de estos cristianos morirán antes de que finalice el reinado de 1.000 años de Jesucristo. Sus espíritus estarán vivos como un espíritu eterno en el paraíso. Pero sus cadáveres todavía estarán en la tierra de una forma u otra. En la segunda resurrección, sus cuerpos se reunirán con sus espíritus.

2. **Todos los demás que están muertos**: Con la excepción de Enoc (Génesis 5:18-24) y Elías (2 Reyes 2:11-12), y quizás Moisés (Mateo 17:1-3), esto incluirá a todas las personas que recibieron el regalo de la vida de Dios desde el principio del mundo y que finalmente murieron. Sus espíritus estarán vivos en el reino de los espíritus como un espíritu eterno. Pero sus cadáveres todavía estarán en la tierra de una forma u otra (como polvo si sus cuerpos fueron enterrados), o sus cadáveres pueden haber sido destruidos de alguna manera (como comidos por bestias salvajes o quemados con fuego, o pueden haberse ahogado en un océano). Independientemente de lo que sucedió con sus cuerpos mortales, en la segunda resurrección sus cuerpos se reunirán con sus espíritus.

La segunda resurrección no incluirá a las siguientes personas que estarán vivas al final del reinado de 1.000 años de Jesucristo. Dado que están vivos, no necesitarán ser resucitados de entre los muertos. Sin embargo, sus cuerpos mortales se transformarán en cuerpos inmortales que vivirán para siempre, ya sea en el cielo o en el lago de fuego.

1. **Cristianos que aún están vivos:** Estos cristianos serán perdonados en el juicio del gran trono blanco y aparecerán ante el trono del juicio de Cristo para recibir sus recompensas.

2. **Todos los demás que aún están vivos:** Esto incluirá a las personas que nunca aceptaron a Jesucristo como su Salvador personal. Dado que no aceptaron a Jesucristo como su Salvador, deberán comparecer ante el juicio del gran trono blanco.

La segunda resurrección preparará el escenario para el juicio de Dios del gran trono blanco. Todos los cristianos serán perdonados de inmediato y comparecerán ante el tribunal de Cristo para recibir recompensas por sus buenas obras. Todos los demás aparecerán ante el gran trono blanco para ser juzgados por Dios.

Capítulo dieciséis
El juicio del gran trono blanco de Dios Todopoderoso

El juicio del gran trono blanco de Dios Todopoderoso y el trono del juicio de Cristo sucederán después de la segunda resurrección.

Apocalipsis 20:10-12,15 RVA

^{10} Y el diablo que los engañaba, fué lanzado en el lago de fuego y azufre, donde está la bestia y el falso profeta; y serán atormentados día y noche para siempre jamás.

^{11} Y vi un gran trono blanco y al que estaba sentado sobre él, de delante del cual huyó la tierra y el cielo; y no fué hallado el lugar de ellos. ^{12} Y vi los muertos, grandes y pequeños, que estaban delante de Dios; y los libros fueron abiertos: y otro libro fué abierto, el cual es de la vida: y fueron juzgados los muertos por las cosas que estaban escritas en los libros, según sus obras. . . .

^{15} Y el que no fué hallado escrito en el libro de la vida, fué lanzado en el lago de fuego.

Resumen de las Escrituras: El diablo será arrojado al lago de fuego y el diablo no estará presente cuando las personas se presenten ante Dios para el juicio. Los muertos serán juzgados en función de lo que hicieron, según consta en los libros. El nombre de cualquier persona que no esté en el libro de la vida será juzgado ante el gran trono blanco y luego arrojado al lago de fuego. El nombre de todos que esté en el libro de la vida será perdonado y comparecerán ante el tribunal de Cristo para recibir recompensas por sus buenas obras. Los siguientes dos capítulos tratan sobre el libro de la vida y el trono del juicio de Cristo. Este capítulo trata sobre el juicio del gran trono blanco, donde las personas serán juzgadas en base a las leyes eternas de Dios y no serán juzgadas por lo que creen que es correcto o incorrecto.

Los diez mandamientos

Las leyes eternas de Dios son tan importantes que Dios incluyó Sus diez mandamientos en la Santa Biblia en los dos libros siguientes:

Éxodo 20:3-17 (y Deuteronomio 5:7-21) RVA

^{3} No tendrás dioses ajenos delante de mí. ^{4} No te harás imagen, ni ninguna semejanza de cosa que esté arriba en el cielo, ni abajo en la tierra, ni en las aguas debajo de la tierra: ^{5} No te inclinarás á ellas, ni las honrarás; porque yo soy Jehová tu Dios, fuerte, celoso, que visito la maldad de los padres sobre los hijos, sobre los terceros y sobre los cuartos, á los que me aborrecen,

^{6} Y que hago misericordia en millares á los que me aman, y guardan mis mandamientos.

^{7} No tomarás el nombre de Jehová tu Dios en vano; porque no dará por inocente Jehová al que tomare su nombre en vano.

⁸ Acordarte has del día del reposo, para santificarlo: 9 Seis días trabajarás, y harás toda tu obra; ¹⁰ Mas el séptimo día será reposo para Jehová tu Dios: no hagas en él obra alguna, tú, ni tu hijo, ni tu hija, ni tu siervo, ni tu criada, ni tu bestia, ni tu extranjero que está dentro de tus puertas: ¹¹ Porque en seis días hizo Jehová los cielos y la tierra, la mar y todas las cosas que en ellos hay, y reposó en el séptimo día: por tanto Jehová bendijo el día del reposo y lo santificó.

¹² Honra á tu padre y á tu madre, porque tus días se alarguen en la tierra que Jehová tu Dios te da.

¹³ No matarás.

¹⁴ No cometerás adulterio.

¹⁵ No hurtarás.

¹⁶ No hablarás contra tu prójimo falso testimonio.

¹⁷ No codiciarás la casa de tu prójimo, no codiciarás la mujer de tu prójimo, ni su siervo, ni su criada, ni su buey, ni su asno, ni cosa alguna de tu prójimo.

Resumen de las Escrituras: Los diez mandamientos nos dicen que hagamos las siguientes tres cosas: adorar solo a Dios, recordar el día de reposo y honrar a nuestros padres. Los diez mandamientos también nos dicen que no hagamos las siguientes siete cosas: hacer o adorar ídolos, usar el nombre de Dios de manera inapropiada, cometer asesinato, cometer adulterio, robar, hacer acusaciones falsas y codiciar (desear) cosas que pertenecen a otra persona.

Las leyes de Dios son eternas

Las leyes de Dios no cambian con el paso del tiempo.

Malaquías 3:6
RVA: ⁶ Porque yo Jehová, no me mudo; . . .
RVR 1960: ⁶ Porque yo Jehová no cambio; . . .
LBLA: ⁶ Porque yo, el SEÑOR, no cambio; . . .
NTV: ⁶ «Yo soy el SEÑOR y no cambio. . . .

Mateo 19:18-19 RVA
¹⁸ . . . Y Jesús dijo: No mataras: No adulterarás: No hurtarás: No dirás falso testimonio: ¹⁹ Honra á tu padre y á tu madre: y, Amarás á tu prójimo como á ti mismo.

Mateo 22:37-40 RVA
³⁷ Y Jesús le dijo: Amarás al Señor tu Dios de todo tu corazón, y de toda tu alma, y de toda tu mente. ³⁸ Este es el primero y el grande mandamiento.
³⁹ Y el segundo es semejante á éste: Amarás á tu prójimo como á ti mismo.
⁴⁰ De estos dos mandamientos depende toda la ley y los profetas.

Mateo 5:18 RVA
¹⁸ Porque de cierto os digo, que hasta que perezca el cielo y la tierra, ni una jota ni un tilde perecerá de la ley, hasta que todas las cosas sean hechas.

Resumen de las Escrituras: Las leyes de Dios se aplican a todos en cada generación. Sin embargo, debe mencionarse que cuando Jesús murió en la cruz, cumplió con muchos de los requisitos de la ley, incluida la necesidad de sacrificar animales con regularidad para expiar nuestros pecados.

Dios escribió los diez mandamientos en dos tablas de piedra

Deuteronomio 10:3-5 RVA
³ E hice un arca de madera de Sittim, y labré dos tablas de piedra como las primeras, y subí al monte con las dos tablas en mi mano. ⁴ Y escribió en las tablas conforme á la primera escritura, las diez palabras que Jehová os había hablado en el monte de en medio del fuego, el día de la asamblea; y diómelas Jehová. ⁵ Y volví y descendí del monte, y puse las tablas en el arca que había hecho; y allí están, como Jehová me mandó.

Resumen de las Escrituras: Los diez mandamientos son tan importantes que el Señor Mismo los escribió en las dos tablas de piedra que preparó Moisés. Y el SEÑOR ordenó a Moisés que pusiera las dos tablas de piedra dentro del arca del pacto.

Éxodo 26:33-34 RVA
³³ Y pondrás el velo debajo de los corchetes, y meterás allí, del velo adentro, el arca del testimonio; y aquel velo os hará separación entre el lugar santo y el santísimo. ³⁴ Y pondrás la cubierta sobre el arca del testimonio en el lugar santísimo.

Resumen de la escritura: El arca era tan importante para Dios que el arca se colocó dentro del Lugar Santísimo dentro del tabernáculo de la tienda. Más tarde, el arca se colocó dentro del Lugar Santísimo del templo de Salomón.

Apocalipsis 11:19 RVA
¹⁹ *Y el templo de Dios fué abierto en el cielo, y el arca de su testamento fué vista en su templo.*

1 Reyes 8:9 RVA
⁹ En el arca ninguna cosa había más de las *dos tablas de piedra* que había allí puesto Moisés en Horeb, donde Jehová hizo la alianza con los hijos de Israel, cuando salieron de la tierra de Egipto.

Resumen de las Escrituras: El templo de Salomón fue destruido por los babilonios en el 586 a.C. y el templo reconstruido fue destruido por los romanos en el año 70 d.C. y el arca se perdió en la historia. Sin embargo, la escritura anterior dice que el arca está ahora en el templo de Dios en el cielo. Dios escribió los diez mandamientos en dos tablas de piedra y esos diez mandamientos están ahora en el cielo con Dios. Sería extremadamente imprudente subestimar la importancia de los diez mandamientos. Y sería una tontería creer que los diez mandamientos ya no son relevantes hoy. Los diez mandamientos se utilizarán para evaluar las obras de todos los que se presenten ante el juicio de Dios del gran trono blanco.

Otras cosas que no debemos hacer
Las siguientes escrituras contienen detalles sobre otras cosas que no debemos hacer.
Deuteronomio 18:10-12 RVA
[10] No sea hallado en ti quien haga pasar su hijo ó su hija por el fuego, ni practicante de adivinaciones, ni agorero, ni sortílego, ni hechicero, [11] Ni fraguador de encantamentos, ni quien pregunte á pitón, ni mágico, ni quien pregunte á los muertos. [12] Porque es abominación á Jehová cualquiera que hace estas cosas, y por estas abominaciones Jehová tu Dios las echó de delante de ti.
Marcos 7:21-23 RVA
[21] Porque de dentro, del corazón de los hombres, salen los malos pensamientos, los adulterios, las fornicaciones, los homicidios, [22] Los hurtos, las avaricias, las maldades, el engaño, las desvergüenzas, el ojo maligno, las injurias, la soberbia, la insensatez. [23] Todas estas maldades de dentro salen, y contaminan al hombre.
Gálatas 5:19-21 RVA
[19] Y manifiestas son las obras de la carne, que son: adulterio, fornicación, inmundicia, disolución, [20] Idolatría, hechicerías, enemistades, pleitos, celos, iras, contiendas, disensiones, herejías, [21] Envidias, homicidios, borracheras, banqueteos, y cosas semejantes á éstas: de las cuales os denuncio, como ya os he anunciado, que los que hacen tales cosas no heredarán el reino de Dios.
1 Corintios 6:9-11 RVA
[9] ¿No sabéis que los injustos no poseerán el reino de Dios? No erréis, que ni los fornicarios, ni los idólatras, ni los adúlteros, ni los afeminados, ni los que se echan con varones, [10] Ni los ladrones, ni los avaros, ni los borrachos, ni los maldicientes, ni los robadores, heredarán el reino de Dios. [11] Y esto erais algunos: mas ya sois lavados, mas ya sois santificados, mas ya sois justificados en el nombre del Señor Jesús, y por el Espíritu de nuestro Dios.
Judas 1:7 RVA
[7] . . . Como Sodoma y Gomorra, y las ciudades comarcanas, las cuales de la misma manera que ellos habían fornicado, y habían seguido la carne extraña, fueron puestas por ejemplo: sufriendo el juicio del fuego eterno.
Apocalipsis 21:5-8 RVA
[5] Y el que estaba sentado en el trono dijo: He aquí, yo hago nuevas todas las cosas. Y me dijo: Escribe; porque estas palabras son fieles y verdaderas. [6] Y díjome: Hecho es. Yo soy Alpha y Omega, el principio y el fin. Al que tuviere sed, yo le daré de la fuente del agua de vida gratuitamente. [7] El que venciere, poseerá todas las cosas; y yo seré su Dios, y él será mi hijo. [8] Mas á los temerosos é incrédulos, á los abominables y homicidas, á los fornicarios y hechiceros, y á los idólatras, y á todos los mentirosos, su parte será en el lago ardiendo con fuego y azufre, que es la muerte segunda..

Resumen de las Escrituras: Las Escrituras anteriores claramente indican que Dios condenará los siguientes pecados: adulterio, borracheras, celos, codicia, contiendas, disensiones, effeminate, enemistades, engaño, envidias, fornicación, herejías, homicidios, inmundicia, insensatez, iras, lascivia, idolatría, maldades, maledicencia, malos pensamientos y soberbia. También serán condenadas las siguientes personas: cobardes, estafadores, idólatras, ladrones, mentirosos, homosexuales, y prostitutas masculinas y femeninas. También serán condenadas las personas que hagan lo siguiente: las que ofrezcan sacrificios humanos, las que participen en orgías, y las que practiquen las artes mágicas, como: adivino, agorero, encantador, hechicero, mago, sortílego, y los que practican la adivinación y los que consultan a los muertos.

Un mal pensamiento también es un pecado

Mateo 5:27-28 RVA

[27] Oísteis que fué dicho: No adulterarás: [28] Mas yo os digo, que cualquiera que mira á una mujer para codiciarla, ya adulteró con ella en su corazón.

Marcos 7:21-23 RVA

[21] Porque de dentro, del corazón de los hombres, salen los malos pensamientos, los adulterios, las fornicaciones, los homicidios, [22] Los hurtos, las avaricias, las maldades, el engaño, las desvergüenzas, el ojo maligno, las injurias, la soberbia, la insensatez. [23] Todas estas maldades de dentro salen, y contaminan al hombre.

Hebreos 4:13 RVA

[13] Y no hay cosa criada que no sea manifiesta en su presencia; antes todas las cosas están desnudas y abiertas á los ojos de aquel á quien tenemos que dar cuenta.

Resumen de las Escrituras: Dios juzgará a todas las personas de acuerdo con Sus estándares y Dios no juzgará a una persona basándose en un estándar que la persona crea que es justo. Nuestras obras y nuestros pensamientos serán nuestro juez y revelarán todos nuestros pecados.

¿Qué es la inmoralidad sexual?

La inmoralidad sexual incluye los siguientes pecados sexuales:

1. **Adulterio:** Una persona casada comete un pecado sexual (Hebreos 13:4).
2. **Fornicación:** Una persona que no está casada comete un pecado sexual.
3. **Prostitución:** Una persona tiene relaciones sexuales a cambio de un pago.
4. **Homosexualidad:** Una persona tiene relaciones sexuales con una persona del mismo género (Levítico 18:22).
5. **Bestialidad:** Una persona tiene sexo con cualquier animal (Levítico 18:23).

Vida eterna y castigo eterno

Las siguientes Escrituras contienen información sobre lo que sucederá cuando Dios juzgue a todos los que alguna vez vivieron.

Romanos 2:5-11 RVA

⁵ Mas por tu dureza, y por tu corazón no arrepentido, atesoras para ti mismo ira para el día de la ira y de la manifestación del justo juicio de Dios; ⁶ El cual pagará á cada uno conforme á sus obras: ⁷ A los que perseverando en bien hacer, buscan gloria y honra e inmortalidad, la vida eterna.

⁸ Mas á los que son contenciosos, y no obedecen á la verdad, antes obedecen á la injusticia, enojo é ira; ⁹ Tribulación y angustia sobre toda persona humana que obra lo malo, el Judío primeramente, y también el Griego. ¹⁰ Mas gloria y honra y paz á cualquiera que obra el bien, al Judío primeramente, y también al Griego.

¹¹ Porque no hay acepción de personas para con Dios.

Mateo 12:34-37 RVA

³⁴ Generación de víboras, ¿cómo podéis hablar bien, siendo malos? porque de la abundancia del corazón habla la boca. ³⁵ El hombre bueno del buen tesoro del corazón saca buenas cosas: y el hombre malo del mal tesoro saca malas cosas.

³⁶ Mas yo os digo, que toda palabra ociosa que hablaren los hombres, de ella darán cuenta en el día del juicio; ³⁷ Porque por tus palabras serás justificado, y por tus palabras serás condenado.

Malaquías 3:16-18 RVA

¹⁶ Entonces los que temen á Jehová hablaron cada uno á su compañero; y Jehová escuchó y oyó, y fué escrito libro de memoria delante de él para los que temen á Jehová, y para los que piensan en su nombre. ¹⁷ Y serán para mí especial tesoro, ha dicho Jehová de los ejércitos, en el día que yo tengo de hacer: y perdonarélos como el hombre que perdona á su hijo que le sirve. ¹⁸ Entonces os tornaréis, y echaréis de ver la diferencia entre el justo y el malo, entre el que sirve á Dios y el que no le sirve.

Malaquías 4:1 RVA

¹ PORQUE he aquí, viene el día ardiente como un horno; y todos los soberbios, y todos los que hacen maldad, serán estopa; y aquel día que vendrá, los abrasará, ha dicho Jehová de los ejércitos, . . .

2 Tesalonicenses 1:5-10 RVA

⁵ Una demostración del justo juicio de Dios, para que seáis tenidos por dignos del reino de Dios, por el cual asimismo padecéis. ⁶ Porque es justo para con Dios pagar con tribulación á los que os atribulan; ⁷ Y á vosotros, que sois atribulados, dar reposo con nosotros, cuando se manifestará el Señor Jesús del cielo con los ángeles de su potencia, ⁸ En llama de fuego, para dar el pago á los que no conocieron á Dios, ni obedecen al evangelio de nuestro Señor Jesucristo; ⁹ Los cuales serán castigados de eterna perdición por la presencia del Señor, y por la gloria de su potencia,

¹⁰ Cuando viniere para ser glorificado en sus santos, y á hacerse admirable en aquel día en todos los que creyeron: (por cuanto nuestro testimonio ha sido creído entre vosotros.)

Mateo 13:24-30 RVA
²⁴ Otra parábola les propuso, diciendo: El reino de los cielos es semejante al hombre que siembra buena simiente en su campo: ²⁵ Mas durmiendo los hombres, vino su enemigo, y sembró cizaña entre el trigo, y se fué. ²⁶ Y como la hierba salió é hizo fruto, entonces apareció también la cizaña.
²⁷ Y llegándose los siervos del padre de la familia, le dijeron: Señor, ¿no sembraste buena simiente en tu campo? ¿de dónde, pues, tiene cizaña?
²⁸ Y él les dijo: Un hombre enemigo ha hecho esto.
Y los siervos le dijeron: ¿Quieres, pues, que vayamos y la cojamos?
²⁹ Y él dijo: No; porque cogiendo la cizaña, no arranquéis también con ella el trigo. ³⁰ Dejad crecer juntamente lo uno y lo otro hasta la siega; y al tiempo de la siega yo diré á los segadores: Coged primero la cizaña, y atadla en manojos para quemarla; mas recoged el trigo en mi alfolí.

Mateo 13:36-43 RVA
³⁶ Entonces, despedidas las gentes, Jesús se vino á casa; y llegándose á él sus discípulos, le dijeron: Decláranos la parábola de la cizaña del campo.
³⁷ Y respondiendo él, les dijo: El que siembra la buena simiente es el Hijo del hombre; ³⁸ Y el campo es el mundo; y la buena simiente son los hijos del reino, y la cizaña son los hijos del malo; ³⁹ Y el enemigo que la sembró, es el diablo; y la siega es el fin del mundo, y los segadores son los ángeles.
⁴⁰ De manera que como es cogida la cizaña, y quemada al fuego, así será en el fin de este siglo.
⁴¹ Enviará el Hijo del hombre sus ángeles, y cogerán de su reino todos los escándalos, y los que hacen iniquidad, ⁴² Y los echarán en el horno de fuego: allí será el lloro y el crujir de dientes.
⁴³ Entonces los justos resplandecerán como el sol en el reino de su Padre: el que tiene oídos para oir, oiga.

Lucas 3:16-17 RVA
¹⁶ Respondió Juan, diciendo á todos: Yo, á la verdad, os bautizo en agua; mas viene quien es más poderoso que yo, de quien no soy digno de desatar la correa de sus zapatos: él os bautizará en Espíritu Santo y fuego; ¹⁷ Cuyo bieldo está en su mano, y limpiará su era, y juntará el trigo en su alfolí, y la paja quemará en fuego que nunca se apagará.

Mateo 25:31-34,41,46 RVA
³¹ Y cuando el Hijo del hombre venga en su gloria, y todos los santos ángeles con él, entonces se sentará sobre el trono de su gloria. ³² Y serán reunidas delante de él todas las gentes: y los apartará los unos de los otros, como aparta el pastor las ovejas de los cabritos. ³³ Y pondrá las ovejas á su derecha, y los cabritos á la izquierda. ³⁴ Entonces el Rey dirá á los que estarán á su derecha: Venid, benditos de mi Padre, heredad el reino preparado para vosotros desde la fundación del mundo. . . .

⁴¹ Entonces dirá también á los que estarán á la izquierda: Apartaos de mí, malditos, al fuego eterno preparado para el diablo y para sus ángeles: ...

⁴⁶ E irán éstos al tormento eterno, y los justos á la vida eterna.

Romanos 6:23 RVA
²³ Porque la paga del pecado es muerte: . . ..

Resumen de las Escrituras: La vida eterna en gloria será la recompensa de aquellos que obedecen a Dios. Los que pecan y desobedecen a Dios serán castigados eternamente en un horno de fuego. Solo se necesita un pecado para convertir a una persona en pecador, al igual que solo se necesita una mentira para convertir a una persona en mentirosa, y solo se necesita un robo para convertir a una persona en ladrón, y solo se necesita un asesinato para convertir a una persona en asesina.

El día del juicio

Los siguientes versículos describen el juicio del gran trono blanco.

Ezequiel 24:14 RVA
¹⁴ Yo Jehová he hablado; vendrá, y harélo. No me tornaré atrás, ni tendré misericordia, ni me arrepentiré: según tus caminos y tus obras te juzgarán, dice el Señor Jehová.

Juan 5:24-29 RVA
²⁴ De cierto, de cierto os digo: El que oye mi palabra, y cree al que me ha enviado, tiene vida eterna; y no vendrá á condenación, mas pasó de muerte á vida. ²⁵ De cierto, de cierto os digo: Vendrá hora, y ahora es, cuando los muertos oirán la voz del Hijo de Dios: y los que oyeren vivirán. ²⁶ Porque como el Padre tiene vida en sí mismo, así dió también al Hijo que tuviese vida en sí mismo: ²⁷ Y también le dió poder de hacer juicio, en cuanto es el Hijo del hombre.

²⁸ No os maravilléis de esto; porque vendrá hora, cuando todos los que están en los sepulcros oirán su voz; ²⁹ Y los que hicieron bien, saldrán á resurrección de vida; mas los que hicieron mal, á resurrección de condenación.

Lamentaciones 5:19 RVA
¹⁹ Mas tú, Jehová, permanecerás para siempre: Tu trono de generación en generación.

2 Timoteo 4:1 RVA
¹ REQUIERO yo pues delante de Dios, y del Señor Jesucristo, que ha de juzgar á los vivos y los muertos en su manifestación y en su reino.

Apocalipsis 20:11-15 RVA
¹¹ Y vi un gran trono blanco y al que estaba sentado sobre él, de delante del cual huyó la tierra y el cielo; y no fué hallado el lugar de ellos.

¹² Y vi los muertos, grandes y pequeños, que estaban delante de Dios; y los libros fueron abiertos: y otro libro fué abierto, el cual es de la vida: y fueron juzgados los muertos por las cosas que estaban escritas en los libros, según sus obras.

¹³ Y el mar dió los muertos que estaban en él; y la muerte y el infierno dieron los muertos que estaban en ellos; y fué hecho juicio de cada uno según sus obras. ¹⁴ Y el infierno y la muerte fueron lanzados en el lago de fuego. Esta es la muerte segunda. ¹⁵ Y el que no fué hallado escrito en el libro de la vida, fué lanzado en el lago de fuego.

Resumen de las Escrituras: Dios es el juez eterno de toda la humanidad y ya ha reservado un tiempo en el que juzgará a todas las personas que han vivido basándose en las obras que hicieron y los pensamientos que tuvieron mientras vivían. Cada acción y cada pensamiento de cada persona está registrado en los libros de Dios.

Breve resumen del capítulo
El juicio del gran trono blanco

Después de la batalla final, Dios se sentará en Su eterno thorne blanco y ocurrirá la segunda resurrección. En ese momento se abrirán los libros y todos serán juzgados en base a lo que hicieron según lo registrado en los libros. Los libros contendrán una descripción completa de todo lo que cada persona hizo mientras vivía aquí en la tierra.

1. Los cristianos serán perdonados y no serán juzgados en el juicio de Dios del gran trono blanco porque Dios ya juzgó sus pecados en la cruz cuando Jesús derramó Su Santa Sangre por toda la humanidad. Todos los que aceptaron a Jesucristo como su Salvador mientras estaban vivos, y quienes aceptaron la muerte de Jesús en la cruz como el pago total por todos sus pecados, descubrirán que sus nombres están escritos eternamente en el libro de la vida del Cordero. Recibirán la vida eterna con Jesús en la gloria y también recibirán recompensas por las buenas obras que hicieron mientras vivían aquí en la tierra. La información sobre el tribunal de Cristo se encuentra en el capítulo 18.

2. Todas las personas cuyo nombre no se encuentra en el libro de la vida del Cordero serán juzgadas en base a lo que hicieron mientras vivían aquí en la tierra, incluidas todas las veces que violaron las leyes eternas de Dios. Descubrirán que sus pecados no serán perdonados porque no aceptaron a Jesucristo como su Salvador mientras estaban vivos, y serán arrojados al lago de fuego eterno que es la muerte segunda. Sin embargo, el lago de fuego puede ser evitado por cualquiera que esté dispuesto a aceptar a Jesucristo como Salvador. En el capítulo 25 encontrará más información sobre cómo convertirse en cristiano.

El juicio del gran trono blanco de Dios se basará en Sus reglas y Sus leyes. Dios es el creador de todo el universo, incluidos los cielos y la tierra y todos los que alguna vez vivieron en la tierra. Dios estará en Su trono en el juicio del gran trono blanco y juzgará basado en Sus estándares.

Dios no juzgará basándose en las leyes temporales de diferentes naciones o provincias. Las leyes de la humanidad varían entre las naciones y Dios no juzgará de acuerdo con esas diferentes leyes. Otro problema es que las leyes de la humanidad cambian constantemente y la humanidad está redefiniendo continuamente lo que es legal y lo que no es legal. Por tanto, Dios no juzgará a las personas basándose en leyes que hayan sido creadas por los hombres. Dios juzgará a las personas basándose en Sus leyes soberanas eternas.

Dios tampoco juzgará a una persona basándose en lo que la persona cree que es correcto o incorrecto, o en lo que la persona cree que es ético o moral. Una persona no podrá negociar con Dios y transgredir las leyes soberanas eternas de Dios para justificar sus acciones.

1 Corintios 4:4 RVA
[4] Porque aunque de nada tengo mala conciencia, no por eso soy justificado; mas el que me juzga, el Señor es.

Cada persona estará sola cuando se enfrente a Dios. No habrá abogado que hable por el acusado. Jesús estará presente en el juicio del gran trono blanco, pero Jesús no defenderá a una persona que lo negó mientras la persona estaba viva en la tierra.

Los libros se abrirán y los libros contendrán la verdad. Se revelará cada acción y cada pensamiento de una persona. Las acciones y pensamientos de una persona testificarán en contra de esa persona. Una persona no podrá mentirle a Dios porque una persona solo podrá decir la verdad en la presencia de Dios. Una persona no podrá justificar ninguna acción o pensamiento incorrecto en la presencia de Dios.

Todas persona que comparezca ante el juicio de Dios del gran trono blanco será declarada culpable de violar una o más de las Leyes Eternas Soberanas de Dios. Romper las leyes de Dios se llama pecado. Una persona que viola cualquiera de las leyes de Dios se llama pecador. Solo se necesita un pecado para convertir a una persona en pecadora, así como solo se necesita un asesinato para convertir a una persona en asesina.

Cada persona que se presente ante el gran trono blanco de Dios tendrá que pagar la pena por lo que hizo. Todos los pecadores serán arrojados al lago de fuego eterno. No hay nada que una persona pueda hacer o decir en la presencia de Dios que altere las leyes soberanas eternas de Dios y cada persona pasará la eternidad separada de Dios sin esperanza de un perdón, o una apelación, o un segundo juicio.

Sin embargo, mientras una persona todavía está viva aquí en la tierra, una persona tiene la opción de evitar el juicio de Dios del gran trono blanco al aceptar a Jesucristo como Salvador. Más información es en el capítulo 25.

Capítulo diecisiete
El libro de la vida del Cordero

Todos aquellos cuyo nombre esté escrito en el libro de la vida del Cordero recibirán misericordia y pasarán la eternidad en Gloria con Dios. Las siguientes Escrituras contienen detalles sobre el libro de la vida del Cordero.

Éxodo 32:31-33 RVA
[31] Entonces volvió Moisés á Jehová, y dijo: Ruégote, pues este pueblo ha cometido un gran pecado, porque se hicieron dioses de oro, [32] Que perdones ahora su pecado, y si no, ráeme ahora de *tu libro* que has escrito. [33] Y Jehová respondió á Moisés: Al que pecare contra mí, á éste raeré yo de *mi libro*.

Daniel 12:1-3 RVA
[1] Y EN aquel tiempo se levantará Miguel, el gran príncipe que está por los hijos de tu pueblo; y será tiempo de angustia, cual nunca fué después que hubo gente hasta entonces: mas en aquel tiempo será libertado tu pueblo, todos los que se hallaren escritos en *el libro*. [2] Y muchos de los que duermen en el polvo de la tierra serán despertados, unos para vida eterna, y otros para vergüenza y confusión perpetua. [3] Y los entendidos resplandecerán como el resplandor del firmamento; y los que enseñan á justicia la multitud, como las estrellas á perpetua eternidad.

Salmo 69:27-28 RVA
[27] Pon maldad sobre su maldad, Y no entren en tu justicia. [28] Sean raídos *del libro de los vivientes*, Y no sean escritos con los justos.

Filipenses 4:2-3 RVA
[2] A Euodias ruego, y á Syntychê exhorto, que sientan lo mismo en el Señor. [3] Asimismo te ruego también á ti, hermano compañero, ayuda á las que trabajaron juntamente conmigo en el evangelio, con Clemente también, y los demás mis colaboradores, cuyos nombres están en *el libro de la vida*.

Apocalipsis 13:5-8 RVA
[5] Y le fué dada boca que hablaba grandes cosas y blasfemias: y le fué dada potencia de obrar cuarenta y dos meses. [6] Y abrió su boca en blasfemias contra Dios, para blasfemar su nombre, y su tabernáculo, y á los que moran en el cielo. [7] Y le fué dado hacer guerra contra los santos, y vencerlos. También le fué dada potencia sobre toda tribu y pueblo y lengua y gente. [8] Y todos los que moran en la tierra le adoraron, cuyos nombres no están escritos en *el libro de la vida del Cordero*, el cual fué muerto desde el principio del mundo.

Apocalipsis 17:8 RVA
[8] La bestia que has visto, fué, y no es; y ha de subir del abismo, y ha de ir á perdición: y los moradores de la tierra, cuyos nombres no están escritos en *el libro de la vida* desde la fundación del mundo, se maravillarán viendo la bestia que era y no es, aunque es.

Apocalipsis 20:11-15 RVA
^{11} Y vi un gran trono blanco y al que estaba sentado sobre él, de delante del cual huyó la tierra y el cielo; y no fué hallado el lugar de ellos. ^{12} Y vi los muertos, grandes y pequeños, que estaban delante de Dios; y los libros fueron abiertos: y *otro libro fué abierto, el cual es de la vida*: y fueron juzgados los muertos por las cosas que estaban escritas en los libros, según sus obras. ^{13} Y el mar dió los muertos que estaban en él; y la muerte y el infierno dieron los muertos que estaban en ellos; y fué hecho juicio de cada uno según sus obras. ^{14} Y el infierno y la muerte fueron lanzados en el lago de fuego. Esta es la muerte segunda. ^{15} Y el que no fué hallado escrito en *el libro de la vida*, fué lanzado en el lago de fuego.

Apocalipsis 21:22-27 RVA
^{22} Y no vi en ella templo; porque el Señor Dios Todopoderoso es el templo de ella, y el Cordero. ^{23} Y la ciudad no tenía necesidad de sol, ni de luna, para que resplandezcan en ella: porque la claridad de Dios la iluminó, y el Cordero era su lumbrera. ^{24} Y las naciones que hubieren sido salvas andarán en la lumbre de ella: y los reyes de la tierra traerán su gloria y honor á ella ^{25} Y sus puertas nunca serán cerradas de día, porque allí no habrá noche. ^{26} Y llevarán la gloria y la honra de las naciones á ella. ^{27} No entrará en ella ninguna cosa sucia, ó que hace abominación y mentira; sino solamente los que están escritos en *el libro de la vida del Cordero*.

Resumen de las Escrituras: Las Escrituras anteriores mencionan dos libros. El primer libro es un registro de todo lo que todos hicieron mientras vivían aquí en la tierra. Dios juzgará a cada persona basándose en lo que está escrito en ese libro. El segundo libro es el libro de la vida del Cordero. A todos aquellos cuyo nombre esté en el libro de la vida del Cordero se les concederá la vida eterna en Gloria, y brillarán como las estrellas, y se les permitirá entrar en la nueva Jerusalén creada por Dios. Todo aquel cuyo nombre no esté en el libro de la vida del Cordero será arrojado al lago de fuego eterno donde será atormentado para siempre. Las Escrituras anteriores también mencionan que Dios puede borrar los nombres de algunas personas del libro de la vida del Cordero.

¿Estará tu nombre en el libro de la vida del Cordero?

Malaquías 3:16-18 RVA
^{16} Entonces los que temen á Jehová hablaron cada uno á su compañero; y Jehová escuchó y oyó, y fué escrito *libro de memoria* delante de él para los que temen á Jehová, y para los que piensan en su nombre. ^{17} Y serán para mí especial tesoro, ha dicho Jehová de los ejércitos, en el día que yo tengo de hacer: y perdonarélos como el hombre que perdona á su hijo que le sirve. ^{18} Entonces os tornaréis, y echaréis de ver la diferencia entre el justo y el malo, entre el que sirve á Dios y el que no le sirve.

Resumen de las Escrituras: Las Escrituras anteriores mencionan que las personas que temen al SEÑOR y que hablan entre sí acerca del SEÑOR tendrán sus nombres incluidos en un "libro de memoria" y serán perdonados en el día del juicio, y se convertirán en parte de la posesión más preciada del SEÑOR.

Mateo 10:32-33 RVA
[32] Cualquiera pues que me confesare delante de los hombres, le confesaré yo también delante de mi Padre que está en los cielos. [33] Y cualquiera que me negare delante de los hombres, le negaré yo también delante de mi Padre que está en los cielos.

Lucas 12:8-9 RVA
[8] Y os digo que todo aquel que me confesare delante de los hombres, también el Hijo del hombre le confesará delante de los ángeles de Dios; [9] Mas el que me negare delante de los hombres, será negado delante de los ángeles de Dios.

Apocalipsis 3:5 RVA
[5] El que venciere, será vestido de vestiduras blancas; y no borraré su nombre *del libro de la vida*, y confesaré su nombre delante de mi Padre, y delante de sus ángeles.

Resumen de las Escrituras: Las Escrituras anteriores nos dicen claramente que todo el que confiesa su fe en Jesucristo antes que otras personas hará que Jesucristo confiese sus nombres ante Dios en el cielo. Y todo el que niegue a Jesucristo ante otras personas será negado por Jesucristo ante Dios en el cielo.

Breve resumen del capítulo
El libro de la vida del Cordero

Las obras que hacemos mientras estamos vivos aquí en la tierra están registradas en libros en el cielo. En el juicio del gran trono blanco, Dios abrirá esos libros y juzgará a las personas basándose en lo que hicieron mientras vivían aquí en la tierra (Malaquías 3:16-18, Apocalipsis 20:11-12).

En la segunda resurrección también se abrirá el libro de la vida del Cordero. Todo aquel cuyo nombre esté escrito en el libro de la vida del Cordero vivirá para siempre con Dios en Gloria (Daniel 12:1, Apocalipsis 3:5, Apocalipsis 21:27). Todo aquel cuyo nombre no esté escrito en el libro de la vida del Cordero pasará la eternidad en tormento en el lago de fuego (Apocalipsis 20:15).

La Santa Biblia dice que los nombres de algunas personas fueron escritos en el libro de la vida antes de que Dios creara el mundo. La Santa Biblia también dice que los nombres de algunas personas no estaban escritos en el libro de la vida antes de la creación del mundo (Apocalipsis 17:8).

La Santa Biblia no explica claramente por qué el nombre de una persona se escribió originalmente en el libro de la vida. Sin embargo, la Santa Biblia dice claramente que el Señor borrará el nombre de una persona del libro de la vida si la persona peca contra el Señor (Salmo 69:28, Apocalipsis 3:5). Sin embargo, la Santa Biblia también dice que todos han pecado (Romanos 3:23, Santiago 2:10). Por tanto, lo importante no son nuestros pecados. La cuestión importante es si nos hemos arrepentido o no de nuestros pecados, y si hemos reconocido públicamente nuestra fe en Jesucristo, quien tiene el poder de perdonar nuestros pecados y la autoridad para reconocernos ante Dios en el cielo (Mateo 10:32-33).

El ladrón en la cruz había cometido pecados tan graves que el gobierno lo estaba ejecutando. Pero el ladrón confesó sus pecados ante Dios y ante todos los que lo veían morir. Entonces el ladrón volvió a hablar y confesó públicamente su fe en Jesús y le pidió a Jesús que lo recordara. Ese día, Jesús perdonó los pecados del ladrón y el ladrón entró al paraíso.

Lucas 23:39-43 RVA
[39] Y uno de los malhechores que estaban colgados, le injuriaba, diciendo: Si tú eres el Cristo, sálvate á ti mismo y á nosotros.
[40] Y respondiendo el otro, reprendióle, diciendo: ¿Ni aun tú temes á Dios, estando en la misma condenación? [41] Y nosotros, á la verdad, justamente padecemos; porque recibimos lo que merecieron nuestros hechos: mas éste ningún mal hizo.
[42] Y dijo á Jesús: Acuérdate de mí cuando vinieres á tu reino.
[43] Entonces Jesús le dijo: De cierto te digo, que hoy estarás conmigo en el paraíso.

Resumen de la escritura: Dado que el ladrón fue admitido en el paraíso, su nombre debe haber sido escrito en el libro de la vida del Cordero a pesar de que era un pecador que estaba siendo ejecutado por el gobierno. Pero el ladrón hizo exactamente lo que Jesús nos pide que hagamos: arrepentirnos de nuestros pecados, creer que Jesús es el Cristo y confesarlo ante los demás. Todos los que hagan esto tendrán su nombre escrito en el libro de la vida del Cordero y pasarán la eternidad en Gloria con Jesús. Esto sucederá incluso si una persona solo tiene la fe de un niño pequeño, que probablemente sea el tipo de fe que poseía el ladrón en la cruz (Lucas 18:17).

Capítulo dicciocho
El tribunal de Cristo
y tesoro en el cielo

El trono del juicio de Cristo y el juicio del gran trono blanco ocurrirán ambos después de la segunda resurrección.

Apocalipsis 20:11-12,15 RVA
¹¹ Y vi un gran trono blanco y al que estaba sentado sobre él, de delante del cual huyó la tierra y el cielo; y no fué hallado el lugar de ellos. ¹² Y vi los muertos, grandes y pequeños, que estaban delante de Dios; y los libros fueron abiertos: y otro libro fué abierto, el cual es de la vida: y fueron juzgados los muertos por las cosas que estaban escritas en los libros, según sus obras. . . .
¹⁵ Y el que no fué hallado escrito en el libro de la vida, fué lanzado en el lago de fuego.

Resumen de las Escrituras: Se abrirán libros y también se abrirá el libro de la vida. Los muertos serán juzgados según lo que se registre en esos libros. Si el nombre de una persona no está en el libro de la vida, esa persona será juzgada ante el gran trono blanco y luego arrojada al lago de fuego. Todos cuyo nombre está en el libro de la vida no será juzgado cuando ellos aparecen ante el gran trono blanco porque Jesús pagó la pena completa por todos sus pecados cuando murió en la cruz. Y Dios prometió que no recordaría más sus pecados. En el gran trono blanco, Jesús hablará en defensa de Sus ovejas y serán trasladadas al trono del juicio de Cristo para recibir recompensas por las buenas obras que hicieron mientras estaban vivos. Las siguientes Escrituras brindan más información sobre el tribunal de Cristo.

Filipenses 2:9-11 RVA
⁹ Por lo cual Dios también le ensalzó á lo sumo, y dióle un nombre que es sobre todo nombre; ¹⁰ Para que en el nombre de Jesús se doble toda rodilla de los que están en los cielos, y de los que en la tierra, y de los que debajo de la tierra; ¹¹ Y toda lengua confiese que Jesucristo es el Señor, á la gloria de Dios Padre.

Romanos 14:9-12 RVA
⁹ Porque Cristo para esto murió, y resucitó, y volvió á vivir, para ser Señor así de los muertos como de los que viven. ¹⁰ Mas tú ¿por qué juzgas á tu hermano? ó tú también, ¿por qué menosprecias á tu hermano? porque todos hemos de estar ante el tribunal de Cristo. ¹¹ Porque escrito está: Vivo yo, dice el Señor, que á mí se doblará toda rodilla, Y toda lengua confesará á Dios. ¹² De manera que, cada uno de nosotros dará á Dios razón de sí.

Hebreos 9:27-28 RVA
²⁷ Y de la manera que está establecido á los hombres que mueran una vez, y después el juicio; ²⁸ *Así también Cristo fué ofrecido una vez para agotar*

los pecados de muchos; y la segunda vez, sin pecado, será visto de los que le esperan para salud.

Colosenses 2:13-14 RVR 1960
¹³ Y a vosotros, estando muertos en pecados y en la incircuncisión de vuestra carne, *os dio vida juntamente con él, perdonándoos todos los pecados,* ¹⁴ *anulando el acta de los decretos que había contra nosotros, que nos era contraria, quitándola de en medio y* **clavándola en la cruz,**

Resumen de las Escrituras: Un día, toda rodilla se doblará en sujeción a Jesucristo y toda persona confesará a Jesús como Señor. Los cristianos confesamos voluntariamente a Jesús como Señor y Salvador y tenemos nuestros pecados perdonados mientras todavía estamos vivos aquí en esta tierra. Los cristianos comenzamos a inclinarnos voluntariamente ante Jesús mientras todavía estamos vivos y continuaremos inclinándonos ante Jesús cada vez que se presente la oportunidad mientras pasamos la eternidad en Gloria con Él. Las personas que niegan a Jesús mientras todavía están vivos aquí en esta tierra aparecerán ante el gran trono blanco de Dios y el peso de sus pecados los aplastará de rodillas. Y sus bocas confesarán a Jesucristo como Señor porque es la verdad y la verdad simplemente se derramará de sus bocas y no podrán hacer nada al respecto.

Recompensas en el tribunal de Cristo

Las siguientes Escrituras describen algunas de las recompensas que un cristiano puede recibir en el tribunal de Cristo.

2 Corintios 5:10 RVA
¹⁰ Porque es menester que todos nosotros parezcamos ante *el tribunal de Cristo*, para que cada uno reciba según lo que hubiere hecho por medio del cuerpo, ora sea bueno ó malo.

Mateo 16:27 RVA
²⁷ Porque el Hijo del hombre vendrá en la gloria de su Padre con sus ángeles, y entonces pagará á cada uno conforme á sus obras.

Apocalipsis 22:12 RVA
¹² Y he aquí, yo vengo presto, y mi galardón conmigo, para recompensar á cada uno según fuere su obra.

Salmo 62:12 RVA
¹² Y de ti, oh Señor, es la misericordia: Porque tú pagas á cada uno conforme á su obra.

Isaías 40:10 RVA
¹⁰ He aquí que el Señor Jehová vendrá con fortaleza, y su brazo se enseñoreará: he aquí que su salario viene con él, y su obra delante de su rostro.

Proverbios 19:17 RVA
¹⁷ A Jehová empresta el que da al pobre, Y él le dará su paga.

Mateo 10:42 RVA
⁴² Y cualquiera que diere á uno de estos pequeñitos un vaso de agua fría solamente, en nombre de discípulo, de cierto os digo, que no perderá su recompensa.

Marcos 9:41 RVA
⁴¹ Y cualquiera que os diere un vaso de agua en mi nombre, porque sois de Cristo, de cierto os digo que no perderá su recompensa.

Lucas 6:30-31 RVA
³⁰ Y á cualquiera que te pidiere, da; y al que tomare lo que es tuyo, no vuelvas á pedir. ³¹ Y como queréis que os hagan los hombres, así hacedles también vosotros:

Mateo 25:37-40 RVA
³⁷ Entonces los justos le responderán, diciendo: Señor, ¿cuándo te vimos hambriento, y te sustentamos? ¿ó sediento, y te dimos de beber? ³⁸ ¿Y cuándo te vimos huésped, y te recogimos? ¿ó desnudo, y te cubrimos? ³⁹ ¿O cuándo te vimos enfermo, ó en la cárcel, y vinimos á ti?
⁴⁰ Y respondiendo el Rey, les dirá: De cierto os digo que en cuanto lo hicisteis á uno de estos mis hermanos pequeñitos, á mí lo hicisteis.

Mateo 5:10-12 RVA
¹⁰ Bienaventurados los que padecen persecución por causa de la justicia: porque de ellos es el reino de los cielos. ¹¹ Bienaventurados sois cuando os vituperaren y os persiguieren, y dijeren de vosotros todo mal por mi causa, mintiendo. ¹² Gozaos y alegraos; porque vuestra merced es grande en los cielos: que así persiguieron á los profetas que fueron antes de vosotros.

Resumen de las Escrituras: Los cristianos serán recompensados por lo que hicimos mientras vivíamos aquí en la tierra. Incluye dar a los pobres sin esperar recibir nada a cambio. Incluso incluye darle una taza de agua fría a alguien si lo hacemos por el motivo correcto. También incluye ser perseguido por nuestra fe en Jesús, y ser perseguido porque intentamos evitar el mal e intentamos hacer lo correcto, sea lo que sea.

Cómo almacenar tesoros en el cielo

Los siguientes pasajes de las Escrituras explican las ventajas de las recompensas celestiales en comparación con las riquezas terrenales.

Mateo 6:19-21 RVA
¹⁹ No os hagáis tesoros en la tierra, donde la polilla y el orín corrompe, y donde ladrones minan y hurtan; ²⁰ Mas haceos tesoros en el cielo, donde ni polilla ni orín corrompe, y donde ladrones no minan ni hurtan: ²¹ Porque donde estuviere vuestro tesoro, allí estará vuestro corazón.

Lucas 12:33-34 RVA
³³ Vended lo que poseéis, y dad limosna; haceos bolsas que no se envejecen, tesoro en los cielos que nunca falta; donde ladrón no llega, ni polilla corrompe. ³⁴ Porque donde está vuestro tesoro, allí también estará vuestro corazón.

Mateo 6:1-6 RVA
¹ MIRAD que no hagáis vuestra justicia delante de los hombres, para ser vistos de ellos: de otra manera no tendréis merced de vuestro Padre que está en los cielos.

² Cuando pues haces limosna, no hagas tocar trompeta delante de ti, como hacen los hipócritas en las sinagogas y en las plazas, para ser estimados de los hombres: de cierto os digo, que ya tienen su recompensa. ³ Mas cuando tú haces limosna, no sepa tu izquierda lo que hace tu derecha; ⁴ Para que sea tu limosna en secreto: y tu Padre que ve en secreto, él te recompensará en público.

⁵ Y cuando oras, no seas como los hipócritas; porque ellos aman el orar en las sinagogas, y en los cantones de las calles en pie, para ser vistos de los hombres: de cierto os digo, que ya tienen su pago. ⁶ Mas tú, cuando oras, éntrate en tu cámara, y cerrada tu puerta, ora á tu Padre que está en secreto; y tu Padre que ve en secreto, te recompensará en público.

Lucas 6:32-35 RVA
³² Porque si amáis á los que os aman, ¿qué gracias tendréis? porque también los pecadores aman á los que los aman. ³³ Y si hiciereis bien á los que os hacen bien, ¿qué gracias tendréis? porque también los pecadores hacen lo mismo. ³⁴ Y si prestareis á aquellos de quienes esperáis recibir, ¿qué gracias tendréis? porque también los pecadores prestan á los pecadores, para recibir otro tanto.

³⁵ Amad, pués, á vuestros enemigos, y haced bien, y prestad, no esperando de ello nada; y será vuestro galardón grande, y seréis hijos del Altísimo: porque él es benigno para con los ingratos y malos.

Resumen de las Escrituras: Si hacemos buenas obras para impresionar a otros, no recibiremos ninguna recompensa por esas obras en el juicio de Cristo. Sin embargo, si hacemos buenas obras para agradar a Dios y no anunciamos nuestras buenas obras a los demás, recibiremos una recompensa por esas obras en el juicio de Cristo. Si hacemos buenas obras y no esperamos ser recompensados de ninguna manera mientras estemos vivos aquí en esta tierra, entonces las recompensas por nuestras buenas acciones nos estarán esperando en el cielo.

Todas nuestras acciones serán evaluadas por fuego
1 Corintios 4:5 RVA
⁵ Así que, no juzguéis nada antes de tiempo, hasta que venga el Señor, el cual también aclarará lo oculto de las tinieblas, y manifestará los intentos de los corazones: y entonces cada uno tendrá de Dios la alabanza.

Jeremías 17:10 RVR 1960
¹⁰ Yo Jehová, que escudriño la mente, que pruebo el corazón, para dar a cada uno según su camino, según el fruto de sus obras.

Jeremías 32:18-19 RVA
¹⁸ Que haces misericordia en millares, y vuelves la maldad de los padres en el seno de sus hijos después de ellos: Dios grande, poderoso, Jehová de los ejércitos es su nombre: ¹⁹ Grande en consejo, y magnífico en hechos: porque tus ojos están abiertos sobre todos los caminos de los hijos de los hombres, para dar á cada uno según sus caminos, y según el fruto de sus obras:

1 Corintios 3:10-15 RVA
¹⁰ Conforme á la gracia de Dios que me ha sido dada, yo como perito arquitecto puse el fundamento, y otro edifica encima: empero cada uno vea cómo sobreedifica. ¹¹ Porque nadie puede poner otro fundamento que el que está puesto, el cual es Jesucristo. ¹² Y si alguno edificare sobre este fundamento oro, plata, piedras preciosas, madera, heno, hojarasca; ¹³ La obra de cada uno será manifestada: porque el día la declarará; porque por el fuego será manifestada; y la obra de cada uno cuál sea, el fuego hará la prueba. ¹⁴ Si permaneciere la obra de alguno que sobreedificó, recibirá recompensa. ¹⁵ Si la obra de alguno fuere quemada, será perdida: él empero será salvo, mas así como por fuego.

Resumen de las Escrituras: Cada cristiano tendrá sus obras evaluadas por el fuego. Las obras que hagamos que merecen una recompensa sobrevivirán y recibiremos una recompensa justa por esas obras. Las obras que hacemos que no merecen una recompensa serán consumidas por el fuego y no recibiremos recompensa por esas obras. El fuego solo probará la calidad de nuestras obras y el fuego no probará nuestra salvación. Independientemente de la calidad de nuestras obras, si hemos aceptado a Jesucristo como nuestro Salvador, entonces nuestras almas se salvarán y pasaremos la eternidad en Gloria con Jesús.

Breve resumen del capítulo
El tribunal de Cristo

Hay tres lugares de juicio:

1. **La Cruz de Cristo:** Los pecados del mundo entero fueron clavados en la cruz por Dios. Cuando Dios permitió que su Hijo Jesús muriera en esa cruz, juzgó los pecados del mundo entero. Esto incluye todos los pecados desde la creación del mundo, comenzando con Adán y Eva y continuando hasta el fin del mundo. (Colosenses 2:13-14)

2. **El tribunal de Cristo:** Cuando una persona acepta a Jesucristo como Salvador, los pecados de esa persona son inmediatamente perdonados en base al juicio de sus pecados en la cruz. Los pecados de un cristiano no solo son perdonados, sino que Dios elige intencionalmente no volver a recordar sus pecados por toda la eternidad. Por lo tanto, los cristianos comparecerán ante el tribunal de Cristo para ser evaluados por las buenas obras que hicimos mientras estábamos vivos aquí en la tierra y para recibir recompensas por nuestras buenas obras. Los

cristianos no serán juzgados por sus pecados cuando comparezcamos ante el tribunal de Cristo porque nuestros pecados ya han sido juzgados y pagados en la cruz por Jesucristo cuando derramó Su Santa Sangre.

3. **El Juicio del Gran Trono Blanco:** Los no cristianos comparecerán ante el gran trono blanco de Dios para ser juzgados por todo lo que hicieron según lo registrado en los libros. Todos aquellos cuyo nombres no esté escrito en el libro de la vida del Cordero serán arrojados al lago de fuego eterno porque pecaron y porque no aceptaron a Jesucristo como su Salvador mientras vivían en la tierra. Por lo tanto, tendrán que pagar la pena completa por sus pecados. Aunque sus pecados fueron clavados en la cruz de Jesucristo y sus pecados fueron juzgados en la cruz, ya que no aceptaron el regalo gratuito de Dios del perdón de sus pecados al reconocer a Jesucristo como su Salvador mientras vivían en la tierra, ellos tendrá que pagar por sus pecados pasando la eternidad en el lago de fuego. Sin embargo, debe mencionarse que Dios escribió los nombres de algunas personas en el libro de la vida del Cordero antes de crear la tierra. Y muchas de esas personas vivieron y murieron *antes* de que Jesús naciera en Belén. Por lo tanto, Dios juzgará a esas personas basándose en cualquier norma que Él crea que es apropiada.

En el tribunal de Cristo, los cristianos recibirán recompensas por las cosas que hagamos mientras vivamos aquí en esta tierra. Nuestras acciones serán evaluadas por el fuego y recibiremos una recompensa por las acciones que sobrevivan al fuego. No recibiremos ninguna recompensa por las acciones consumidas por el fuego.

Jesús recomendó que nos proporcionáramos "bolsas" en el cielo. Dijo que nuestros bolsos celestiales no se desgastarán ni serán robados por ladrones. Nuestras recompensas celestiales durarán por la eternidad.

Jesús nos dijo que podemos acumular tesoros en el cielo haciendo buenas obras que beneficien a otras personas. Si nos jactamos de nuestras buenas obras ante otras personas, los elogios que recibamos de esas personas serán nuestra única recompensa. Pero si no revelamos abiertamente nuestras buenas obras a los demás, Dios verá nuestras buenas obras y tendremos una recompensa esperándonos en el cielo.

A lo largo de la Santa Biblia se nos dice que debemos ser generosos con los pobres y que debemos ayudar a las personas que necesitan ayuda. No es suficiente decir algunas palabras amables a alguien que necesita ayuda, sino no tomar ninguna medida para ayudar realmente a la persona. En cambio, debemos tomar medidas para ayudar a satisfacer las necesidades de otras personas. Al mismo tiempo, debemos usar el buen juicio y no arrojar nuestras perlas a los cerdos (Mateo 7:6).

Capítulo diecinueve
El cielo nuevo, la tierra nueva, y la nueva Jerusalén

Los siguientes versículos de las Escrituras describen el cielo nuevo y la tierra nueva.

Éxodo 15:17-18 RVA
17 Tú los introducirás y los plantarás en el monte de tu heredad, En el lugar de tu morada, que tú has aparejado, oh Jehová; En el santuario del Señor, que han afirmado tus manos.
18 Jehová reinará por los siglos de los siglos.

Isaías 9:7 RVA
7 Lo dilatado de su imperio y la paz no tendrán término, sobre el trono de David, y sobre su reino, disponiéndolo y confirmándolo en juicio y en justicia desde ahora para siempre. El celo de Jehová de los ejércitos hará esto.

Lamentaciones 5:19 RVA
19 Mas tú, Jehová, permanecerás para siempre: Tu trono de generación en generación.

1 Corintios 2:9 RVA
9 Antes, como está escrito: Cosas que ojo no vió, ni oreja oyó, Ni han subido en corazón de hombre, Son las que ha Dios preparado para aquellos que le aman.

Isaías 65:17 RVA
17 Porque he aquí que yo crío nuevos cielos y nueva tierra: y de lo primero no habrá memoria, ni más vendrá al pensamiento.

Isaías 66:22 RVA
22 Porque como los cielos nuevos y la nueva tierra, que yo hago, permanecen delante de mí, dice Jehová, así permanecerá vuestra simiente y vuestro nombre.

Mateo 24:35 RVA
35 El cielo y la tierra pasarán, mas mis palabras no pasarán.

2 Pedro 3:10-13 RVA
10 Mas el día del Señor vendrá como ladrón en la noche; en el cual los cielos pasarán con grande estruendo, y los elementos ardiendo serán deshechos, y la tierra y las obras que en ella están serán quemadas.
11 Pues como todas estas cosas han de ser deshechas, ¿qué tales conviene que vosotros seáis en santas y pías conversaciones, 12 Esperando y apresurándoos para la venida del día de Dios, en el cual los cielos siendo encendidos serán deshechos, y los elementos siendo abrasados, se fundirán? 13 Bien que esperamos cielos nuevos y tierra nueva, según sus promesas, en los cuales mora la justicia.

Apocalipsis 21:1-27 RVA
¹ Y VI un cielo nuevo, y una tierra nueva: porque el primer cielo y la primera tierra se fueron, *y el mar ya no es*. ² Y yo Juan vi la santa ciudad, Jerusalem nueva, que descendía del cielo, de Dios, dispuesta como una esposa ataviada para su marido. ³ Y oí una gran voz del cielo que decía: He aquí el tabernáculo de Dios con los hombres, y morará con ellos; y ellos serán su pueblo, y el mismo Dios será su Dios con ellos. ⁴ Y limpiará Dios toda lágrima de los ojos de ellos; y la muerte no será más; y no habrá más llanto, ni clamor, ni dolor: porque las primeras cosas son pasadas. ⁵ Y el que estaba sentado en el trono dijo: He aquí, yo hago nuevas todas las cosas. Y me dijo: Escribe; porque estas palabras son fieles y verdaderas.

⁶ Y díjome: Hecho es. Yo soy Alpha y Omega, el principio y el fin. Al que tuviere sed, yo le daré de la fuente del agua de vida gratuitamente. ⁷ El que venciere, poseerá todas las cosas; y yo seré su Dios, y él será mi hijo. ⁸ Mas á los temerosos é incrédulos, á los abominables y homicidas, á los fornicarios y hechiceros, y á los idólatras, y á todos los mentirosos, su parte será en el lago ardiendo con fuego y azufre, que es la muerte segunda.

⁹ Y vino á mí uno de los siete ángeles que tenían las siete copas llenas de las siete postreras plagas, y habló conmigo, diciendo: Ven acá, yo te mostraré la esposa, mujer del Cordero. ¹⁰ Y llevóme en Espíritu á un grande y alto monte, y me mostró la grande ciudad santa de Jerusalem, que descendía del cielo de Dios, ¹¹ Teniendo la claridad de Dios: y su luz era semejante á una piedra preciosísima, como piedra de jaspe, resplandeciente como cristal. ¹² Y tenía un muro grande y alto con doce puertas; y en las puertas, doce ángeles, y nombres escritos, que son los de las doce tribus de los hijos de Israel. ¹³ Al oriente tres puertas; al norte tres puertas; al mediodiá tres puertas; al poniente tres puertas. ¹⁴ Y el muro de la ciudad tenía doce fundamentos, y en ellos los doce nombres de los doce apóstoles del Cordero.

¹⁵ Y el que hablaba conmigo, tenía una medida de una caña de oro para medir la ciudad, y sus puertas, y su muro. ¹⁶ Y la ciudad está situada y puesta en cuadro, y su largura es tanta como su anchura: y él midió la ciudad con la caña, doce mil estadios: la largura y la altura y la anchura de ella son iguales. ¹⁷ Y midió su muro, ciento cuarenta y cuatro codos, de medida de hombre, la cual es del ángel. ¹⁸ Y el material de su muro era de jaspe: mas la ciudad era de oro puro, semejante al vidrio limpio. ¹⁹ Y los fundamentos del muro de la ciudad estaban adornados de toda piedra preciosa. El primer fundamento era jaspe; el segundo, zafiro; el tercero, calcedonia; el cuarto, esmeralda; ²⁰ El quinto, sardónica; el sexto, sardio; el séptimo, crisólito; el octavo, berilo; el nono, topacio; el décimo, crisopraso; el undécimo, jacinto; el duodécimo, amatista. ²¹ Y las doce puertas eran doce perlas, en cada una, una; cada puerta era de una perla. Y la plaza de la ciudad era de oro puro como vidrio trasparente. ²² *Y no vi en ella templo;* porque el Señor Dios Todopoderoso es el templo de ella, y el Cordero. ²³ Y la ciudad no tenía necesidad de sol, ni de luna, para que resplandezcan en

ella: porque la claridad de Dios la iluminó, y el Cordero era su lumbrera. ²⁴ Y las naciones que hubieren sido salvas andarán en la lumbre de ella: y los reyes de la tierra traerán su gloria y honor á ella. ²⁵ Y sus puertas nunca serán cerradas de día, porque allí no habrá noche. ²⁶ Y llevarán la gloria y la honra de las naciones á ella. ²⁷ No entrará en ella ninguna cosa sucia, ó que hace abominación y mentira; sino solamente los que están escritos en *el libro de la vida del Cordero.*

Apocalipsis 22:1-21 RVA
¹ DESPUÉS me mostró un río limpio de *agua de vida*, resplandeciente como cristal, que salía del trono de Dios y del Cordero. ² En el medio de la plaza de ella, y de la una y de la otra parte del río, estaba el *árbol de la vida*, que lleva doce frutos, dando cada mes su fruto: y las hojas del árbol eran para la sanidad de las naciones. ³ Y no habrá más maldición; sino que el trono de Dios y del Cordero estará en ella, y sus siervos le servirán. ⁴ Y verán su cara; y su nombre estará en sus frentes. ⁵ Y allí no habrá más noche; y no tienen necesidad de lumbre de antorcha, ni de lumbre de sol: porque el Señor Dios los alumbrará: y reinarán para siempre jamás.

⁶ Y me dijo: Estas palabras son fieles y verdaderas. Y el Señor Dios de los santos profetas ha enviado su ángel, para mostrar á sus siervos las cosas que es necesario que sean hechas presto.

⁷ Y he aquí, vengo presto. Bienaventurado el que guarda las palabras de la profecía de este libro.

⁸ Yo Juan soy el que ha oído y visto estas cosas. Y después que hube oído y visto, me postré para adorar delante de los pies del ángel que me mostraba estas cosas. ⁹ Y él me dijo: Mira que no lo hagas: porque yo soy siervo contigo, y con tus hermanos los profetas, y con los que guardan las palabras de este libro. Adora á Dios.

¹⁰ Y me dijo: No selles las palabras de la profecía de este libro; porque el tiempo está cerca. ¹¹ El que es injusto, sea injusto todavía: y el que es sucio, ensúciese todavía: y el que es justo, sea todavía justificado: y el santo sea santificado todavía.

¹² *Y he aquí, yo vengo presto, y mi galardón conmigo, para recompensar á cada uno según fuere su obra.* ¹³ Yo soy Alpha y Omega, principio y fin, el primero y el postrero.

¹⁴ Bienaventurados los que guardan sus mandamientos, para que su potencia sea en el *árbol de la vida,* y que entren por las puertas en la ciudad. ¹⁵ Mas los perros estarán fuera, y los hechiceros, y los disolutos, y los homicidas, y los idólatras, y cualquiera que ama y hace mentira.

¹⁶ Yo Jesús he enviado mi ángel para daros testimonio de estas cosas en las iglesias. Yo soy la raíz y el linaje de David, la estrella resplandeciente, y de la mañana.

¹⁷ Y el Espíritu y la Esposa dicen: Ven. Y el que oye, diga: Ven. Y el que tiene sed, venga: y el que quiere, tome del *agua de la vida* de balde.

¹⁸ Porque yo protesto á cualquiera que oye las palabras de la profecía de

este libro: Si alguno añadiere á estas cosas, Dios pondrá sobre él las plagas que están escritas en este libro. [19] Y si alguno quitare de las palabras del libro de esta profecía, Dios quitará su parte del *libro de la vida*, y de la santa ciudad, y de las cosas que están escritas en este libro.

[20] El que da testimonio de estas cosas, dice: Ciertamente, vengo en breve. Amén, sea así. Ven: Señor Jesús.

[21] La gracia de nuestro Señor Jesucristo sea con todos vosotros. Amén.

Breve resumen del capítulo
El cielo nuevo y la tierra nueva

El cielo y la tierra originales se disolverán y Dios creará un cielo nuevo y una tierra nueva mientras nosotros y los ángeles miramos. Esto silenciará para siempre las preguntas que algunas personas han planteado sobre si Dios pudo o no haber creado todo con solo hablarlo para que exista, y si Él pudo haber creado todo en solo seis días de 24 horas.

La nueva Jerusalén

La nueva Jerusalén será un cubo perfecto de 12.000 estadios de ancho, largo y alto. 12.000 estadios equivalen aproximadamente a 1.380 millas o 2.221 kilómetros.

La nueva Jerusalén estará encerrada dentro de un muro que rodea toda la ciudad. El muro de la ciudad estará hecho de jaspe y el muro estará decorado con joyas preciosas. Habrá doce puertas en la ciudad y cada puerta estará hecha de una sola perla y cada puerta estará atendida por un ángel. La ciudad y la gran calle de la ciudad estarán hechas del oro más puro.

No habrá templo (Apocalipsis 21:22) en la nueva Jerusalén porque Dios morará con Sus hijos.

No habrá sol ni luna porque Dios y Jesús estarán en la ciudad y la gloria de Dios será la luz de la ciudad.

No habrá mar (Apocalipsis 21:1).

Pero el trono de Dios y del Cordero estará en la ciudad y el agua viva fluirá del trono por el medio de la gran calle de la ciudad. El agua viva otorgará vida eterna a todos los que la beban. El árbol de la vida crecerá a cada lado del río y dará su fruto todos los meses. Sus hojas se usarán para la curación de las naciones.

Los ciudadanos de la nueva Jerusalén serán aquellos cuyos nombres estén escritos en el libro de la vida del Cordero. El nombre de Dios estará escrito en sus frentes y reinarán con Dios para siempre.

No habrá más muerte, dolor ni lágrimas.

Una observación personal

Si la nueva Jerusalén tiene aproximadamente la mitad de su espacio reservada para los hogares de sus ciudadanos, y la otra mitad de su espacio se usa para edificios públicos y calles, entonces cada mitad consistirá en aproximadamente 2.628.072.000 millas cúbicas o 10.955.839.860 kilómetros cúbicos. Se ha estimado que alrededor de 12 mil millones de personas han vivido en la tierra desde que se creó por primera vez. Si al menos a la mitad de esas personas se les perdonan los pecados y se les permite ingresar a la nueva Jerusalén, entonces esto proporcionaría un hogar para cada persona de aproximadamente 1.150 pies de largo, 1.150 pies de ancho y 1.150 pies de alto (o unos 350 metros).

Antes de que Jesús fuera crucificado, dijo que iría al cielo para preparar cuartos, hogares o mansiones eternos para sus seguidores y solo podemos imaginar lo maravillosos que serán nuestros futuros hogares eternos. También debe mencionarse que Jesús recomendó que hagamos previsiones para nuestros futuros hogares eternos mientras todavía estemos vivos aquí en esta tierra.

Juan 14:2-3 RVA
² En la casa de mi Padre muchas moradas hay: de otra manera os lo hubiera dicho: voy, pues, á preparar lugar para vosotros. ³ Y si me fuere, y os aparejare lugar, vendré otra vez, y os tomaré á mí mismo: para que donde yo estoy, vosotros también estéis.

Mateo 6:19-21 RVA
¹⁹ No os hagáis tesoros en la tierra, donde la polilla y el orín corrompe, y donde ladronas minan y hurtan; ²⁰ Mas haceos tesoros en el cielo, donde ni polilla ni orín corrompe, y donde ladrones no minan ni hurtan: ²¹ Porque donde estuviere vuestro tesoro, allí estará vuestro corazón.

Otros seres y animales en el cielo
Isaías 6:1-4 RVA
¹ EN el año que murió el rey Uzzías vi yo al Señor sentado sobre un trono alto y sublime, y sus faldas henchían el templo. ² Y encima de él estaban *serafines*: cada uno tenía seis alas; con dos cubrían sus rostros, y con dos cubrían sus pies, y con dos volaban. ³ Y el uno al otro daba voces, diciendo: Santo, santo, santo, Jehová de los ejércitos: toda la tierra está llena de su gloria. ⁴ Y los quiciales de las puestas se estremecieron con la voz del que clamaba, y la casa se hinchió de humo.

Apocalipsis 4:8 RVA
⁸ Y los cuatro animales tenían cada uno por sí seis alas alrededor, y de dentro estaban llenos de ojos; y no tenían reposo día ni noche, diciendo: Santo, santo, santo el Señor Dios Todopoderoso, que era, y que es, y que ha de venir.

Ezequiel 1:4-9 RVA
⁴ Y miré, y he aquí un viento tempestuoso venía del aquilón, una gran nube,

con un fuego envolvente, y en derredor suyo un resplandor, y en medio del fuego una cosa que parecía como de ámbar, [5] Y en medio de ella, figura de cuatro animales. Y este era su parecer; había en ellos semejanza de hombre. [6] Y cada uno tenía cuatro rostros, y cuatro alas. [7] Y los pies de ellos eran derechos, y la planta de sus pies como la planta de pie de becerro; y centelleaban á manera de bronce muy bruñido. [8] Y debajo de sus alas, á sus cuatro lados, tenían manos de hombre; y sus rostros y sus alas por los cuatro lados. [9] Con las alas se juntaban el uno al otro. No se volvían cuando andaban; cada uno caminaba en derecho de su rostro.

Ezequiel 10:20-22 RVA
[20] Este era el animal que vi debajo del Dios de Israel en el río de Chebar; y conocí que eran *querubines*. [21] Cada uno tenía cuatro rostros, y cada uno cuatro alas, y figuras de manos humanas debajo de sus alas. [22] Y la figura de sus rostros era la de los rostros que vi junto al río de Chebar, su mismo parecer y su ser; cada uno caminaba en derecho de su rostro.

Apocalipsis 6:1-4 RVA
[1] Y MIRÉ cuando el Cordero abrió uno de los sellos, y oí á uno los cuatro animales diciendo como con una voz de trueno: Ven y ve. [2] Y miré, y he aquí un *caballo* blanco: y el que estaba sentado encima de él, tenía un arco; y le fué dada una corona, y salió victorioso, para que también venciese. [3] Y cuando él abrió el segundo sello, oí al segundo animal, que decía: Ven y ve. [4] Y salió otro *caballo* bermejo: y al que estaba sentado sobre él, fué dado poder de quitar la paz de la tierra, y que se maten unos á otros: y fuéle dada una grande espada.

Resumen de las Escrituras: Las Escrituras anteriores mencionan serafines, querubines y caballos. Esto indica que habrá una variedad de seres vivientes en el cielo además de Dios, ángeles y personas resucitadas.

Capítulo veinte
El agua viva

El propósito de este capítulo es revisar los siguientes tres tipos de agua viva que se mencionan en la Santa Biblia.

1. **Dios:** Dios es el manantial eterno del agua viva. Esta es la fuente eterna de agua viva y ha estado y siempre estará disponible para todos los que confían en Dios. Dado que Dios, Jesús y el Espíritu Santo son Uno, todos son la fuente eterna de agua viva.

2. **Desde el templo:** Esta fuente de agua viva será revelada durante el reinado de 1.000 años de Jesucristo y fluirá desde el nuevo templo de Dios en Jerusalem.

3. **Desde el trono de Dios:** Esta fuente de agua viva se revelará cuando Dios cree un Cielo Nuevo y una Tierra Nueva y fluirá desde el trono de Dios que estará ubicado en la nueva Jerusalem. El templo de Dios ya no existirá porque Dios residirá con Sus hijos aquí en la tierra de la misma manera que Dios actualmente reside con los ángeles en el cielo.

Fuente uno: Dios es el agua viva

Jeremías 2:13 RVA
[13] Porque dos males ha hecho mi pueblo: dejáronme á mí, *fuente de agua viva*, por cavar para sí cisternas, cisternas rotas que no detienen aguas.

Jeremías 17:13 RVA
[13] Oh Jehová, esperanza de Israel! todos los que te dejan, serán avergonzados; y los que de mí se apartan, serán escritos en el polvo; *porque dejaron la vena de aguas vivas, á Jehová.*

Juan 4:7-14 RVA
[7] Vino una mujer de Samaria á sacar agua: y Jesús le dice: Dame de beber.

[8] (Porque sus discípulos habían ido á la ciudad á comprar de comer.)

[9] Y la mujer Samaritana le dice: ¿Cómo tú, siendo Judío, me pides á mí de beber, que soy mujer Samaritana? porque los Judíos no se tratan con los Samaritanos.

[10] Respondió Jesús y díjole: Si conocieses el don de Dios, y quién es el que te dice: Dame de beber: tú pedirías de él, y él te daría agua viva.

[11] La mujer le dice: Señor, no tienes con qué sacar la, y el pozo es hondo: ¿de dónde, pues, tienes el *agua viva*? [12] ¿Eres tú mayor que nuestro padre Jacob, que nos dió este pozo, del cual él bebió, y sus hijos, y sus ganados?

[13] Respondió Jesús y díjole: Cualquiera que bebiere de esta agua, volverá á tener sed;

[14] Mas el que bebiere del agua que yo le daré, para siempre no tendrá sed: mas el agua que yo le daré, será en él *una fuente de agua que salte para vida eterna.*

Juan 7:37-39 RVA
³⁷ Mas en el postrer día grande de la fiesta, Jesús se ponía en pie y clamaba, diciendo: Si alguno tiene sed, venga á mí y beba. ³⁸ El que cree en mí, como dice la Escritura, *ríos de agua viva* correrán de su vientre.

³⁹ (*Y esto dijo del Espíritu* que habían de recibir los que creyesen en él: pues aun no había venido el Espíritu Santo; porque Jesús no estaba aún glorificado.)

Hechos 1:4-5 RVA
⁴ Y estando juntos, les mandó que no se fuesen de Jerusalem, sino que esperasen la promesa del Padre, que oísteis, dijo, de mí. ⁵ Porque Juan á la verdad bautizó con agua, mas vosotros seréis bautizados con el Espíritu Santo no muchos días después de estos.

Hechos 2:1-4 RVA
¹ Y COMO se cumplieron los días de Pentecostés, estaban todos unánimes juntos; ² Y de repente vino un estruendo del cielo como de un viento recio que corría, el cual hinchió toda la casa donde estaban sentados; ³ Y se les aparecieron lenguas repartidas, como de fuego, que se asentó sobre cada uno de ellos. ⁴ Y fueron todos llenos del Espíritu Santo, y comenzaron á hablar en otras lenguas, como el Espíritu les daba que hablasen.

Resumen de las Escrituras: Las Escrituras anteriores nos dicen claramente que Dios, Jesús y el Espíritu Santo son todas fuentes del agua viva.

Fuente dos: Agua viva fluye del nuevo templo en Jerusalem durante el reinado de los mil años de Jesucristo

Ezequiel 47:1-12 RVA
¹ HIZOME tornar luego á la entrada de la casa; *y he aquí aguas que salían de debajo del umbral de la casa hacia el oriente:* porque la fachada de la casa estaba al oriente: y las aguas descendían de debajo, hacia el lado derecho de la casa, al mediodía del altar. ² Y sacóme por el camino de la puerta del norte, é hízome rodear por el camino fuera de la puerta, por de fuera al camino de la que mira al oriente: y he aquí las aguas que salían al lado derecho.

³ Y saliendo el varón hacia el oriente, tenía un cordel en su mano; y midió mil codos, é hízome pasar por las aguas hasta los tobillos. ⁴ Y midió otros mil, é hízome pasar por las aguas hasta las rodillas. Midió luego otros mil, é hízome pasar por las aguas hasta los lomos. ⁵ Y midió otros mil, é iba ya el arroyo que yo no podía pasar: porque las aguas se habían alzado, y el arroyo no se podía pasar sino á nado.

⁶ Y díjome: ¿Has visto, hijo del hombre? Después me llevó, é hízome tornar por la ribera del arroyo. ⁷ Y tornando yo, he aquí en la ribera del arroyo había árboles muy muchos de la una parte y de la otra.

⁸ Y díjome: Estas aguas salen á la región del oriente, y descenderán á la llanura, y entrarán en la mar: y entradas en la mar, recibirán sanidad las

aguas. ⁹ Y será que toda alma viviente que nadare por donde quiera que entraren estos dos arroyos, vivirá: y habrá muy muchos peces por haber entrado allá estas aguas, y recibirán sanidad; y vivirá todo lo que entrare en este arroyo. ¹⁰ Y será que junto á él estarán pescadores; y desde En-gadi hasta En-eglaim será tendedero de redes: en su clase será su pescado como el pescado de la gran mar, mucho en gran manera. ¹¹ Sus charcos y sus lagunas no se sanarán; quedarán para salinas.

¹² Y junto al arroyo, en su ribera de una parte y de otra, crecerá todo árbol de comer: su hoja nunca caerá, ni faltará su fruto: á sus meses madurará, *porque sus aguas salen del santuario*: y su fruto será para comer, y su hoja para medicina.

Joel 3:17-18 RVA
¹⁷ Y conoceréis que yo soy Jehová vuestro Dios, que habito en Sión, monte de mi santidad: y será Jerusalem santa, y extraños no pasarán más por ella. ¹⁸ Y será en aquel tiempo, que los montes destilarán mosto, y los collados fluirán leche, y por todos los arroyos de Judá correrán aguas: *y saldrá una fuente de la casa de Jehová, y regará el valle de Sittim*.

Zacarías 14:8 RVA
⁸ Acontecerá también en aquel día, que saldrán de Jerusalem *aguas vivas*; la mitad de ellas hacia la mar oriental, y la otra mitad hacia la mar occidental, en verano y en invierno.

Resumen de las Escrituras: Las Escrituras anteriores establecen claramente que el agua viva fluirá desde el templo en Jerusalem hasta el mar. Esto debe suceder durante el reinado de 1.000 años de Jesucristo porque no habrá templo (Apocalipsis 21:22) en la nueva Jerusalem en el Cielo Nuevo y la Tierra Nueva, y tampoco habrá mar (Apocalipsis 21:1) en el Cielo Nuevo y la Tierra Nueva. Las Escrituras anteriores también mencionan que los árboles frutales crecerán en ambas orillas del río de agua viva. La fruta de los árboles será para comer y las hojas se usarán para curar. Sin embargo, las Escrituras anteriores no dicen que a cualquiera que beba de este tipo de agua viva se le concederá la vida eterna. La razón es porque algunas personas morirán durante el reinado de 1,000 años de Jesucristo.

Fuente tres: El agua viva fluye del trono de Dios en la nueva Jerusalem en el Cielo Nuevo y la Tierra Nueva

Apocalipsis 22:1-2 RVA
¹ DESPUÉS me mostró un río limpio de *agua de vida, resplandeciente como cristal, que salía del trono de Dios y del Cordero*. ² En el medio de la plaza de ella, y de la una y de la otra parte del río, estaba el árbol de la vida, que lleva doce frutos, dando cada mes su fruto: y las hojas del árbol eran para la sanidad de las naciones.

Apocalipsis 22:17 RVA
¹⁷ Y el Espíritu y la Esposa dicen: Ven. Y el que oye, diga: Ven. Y el que tiene sed, venga: y el que quiere, tome del *agua de la vida* de balde.

Resumen de las Escrituras: Las Escrituras anteriores indican que el agua viva fluirá del trono de Dios y que el agua viva fluirá por el medio de la gran calle en la nueva Jerusalem. Las Escrituras también indican que el árbol de la vida estará a cada lado del río y que sus hojas se pueden usar para curar. Pero las Escrituras anteriores ahora indican que cualquiera que beba del agua viva recibirá el regalo gratuito de la vida. Todos estos eventos sucederán después de que Dios cree un Cielo Nuevo y una Tierra Nueva.

Breve resumen del capítulo
El agua viva

El agua viva siempre ha estado disponible para los hijos de Dios y el agua viva siempre estará disponible para los hijos de Dios para siempre. Dios, Jesús y el Espíritu Santo son Uno y son la fuente del agua viva. Aquellos que participan del agua viva reciben el don de la vida eterna en Gloria con Dios, Jesús y el Espíritu Santo.

Antes de la encarnación de Jesucristo aquí en la tierra, Dios era la fuente del agua viva. Mientras Jesús predicaba aquí en la tierra, Jesús era la fuente de agua viva. Después de que Jesús fue crucificado, resucitado y ascendió al cielo, el Espíritu Santo se convirtió en la fuente del agua viva en Pentecostés.

Durante el reinado de 1.000 años de Jesucristo, el agua viva fluirá del nuevo templo de Dios en Jerusalem.

Después de que Dios cree un Cielo Nuevo y una Tierra Nueva, el agua viva fluirá del trono de Dios en la nueva Jerusalem. Todos los que participan del agua viva que fluye del trono de Dios vivirán para siempre con Dios en el Cielo Nuevo y la Tierra Nueva.

Capitulo veintiuno
El árbol de la vida

La primera vez que se menciona el árbol de la vida es en Génesis, que es el primer libro de la Santa Biblia. La última vez que se menciona el árbol de la vida es en Apocalipsis, que es el último libro de la Santa Biblia. Echemos un vistazo a lo que estos dos libros nos dicen sobre el árbol de la vida.

Génesis 2:8-9 RVA
⁸ Y había Jehová Dios plantado un huerto en Edén al oriente, y puso allí al hombre que había formado. ⁹ Y había Jehová Dios hecho nacer de la tierra todo árbol delicioso á la vista, y bueno para comer: también el *árbol de vida* en medio del huerto, y el árbol de ciencia del bien y del mal.

Génesis 2:15-17 RVA
¹⁵ Tomó, pues, Jehová Dios al hombre, y le puso en el huerto de Edén, para que lo labrara y lo guardase. ¹⁶ Y mandó Jehová Dios al hombre, diciendo: De todo árbol del huerto comerás; ¹⁷ Mas del árbol de ciencia del bien y del mal no comerás de él; porque el día que de él comieres, morirás.

Génesis 3:1-7 RVA
¹ EMPERO la serpiente era astuta, más que todos los animales del campo que Jehová Dios había hecho; la cual dijo á la mujer: ¿Conque Dios os ha dicho: No comáis de todo árbol del huerto?

² Y la mujer respondió á la serpiente: Del fruto de los árboles del huerto comemos; ³ Mas del fruto del árbol que está en medio del huerto dijo Dios: No comeréis de él, ni le tocaréis, porque no muráis.

⁴ Entonces la serpiente dijo á la mujer: No moriréis; ⁵ Mas sabe Dios que el día que comiereis de él, serán abiertos vuestros ojos, y seréis como dioses sabiendo el bien y el mal.

⁶ Y vió la mujer que el árbol era bueno para comer, y que era agradable á los ojos, y árbol codiciable para alcanzar la sabiduría; y tomó de su fruto, y comió; y dió también á su marido, el cual comió así como ella. ⁷ Y fueron abiertos los ojos de entrambos, y conocieron que estaban desnudos: entonces cosieron hojas de higuera, y se hicieron delantales.

Génesis 3:22-24 RVA
²² Y dijo Jehová Dios: He aquí el hombre es como uno de Nos sabiendo el bien y el mal: ahora, pues, porque no alargue su mano, y tome también del *árbol de la vida, y coma, y viva para siempre*: ²³ Y sacólo Jehová del huerto de Edén, para que labrase la tierra de que fué tomado. ²⁴ Echó, pues, fuera al hombre, y puso al oriente del huerto de Edén querubines, y una espada encendida que se revolvía á todos lados, para guardar el camino del *árbol de la vida*.

Apocalipsis 2:7 RVA

⁷ El que tiene oído, oiga lo que el Espíritu dice á las iglesias. Al que venciere, daré á comer del *árbol de la vida*, el cual está en medio del paraíso de Dios.

Apocalipsis 22:1-21 RVA

¹ DESPUÉS me mostró un río limpio de agua de vida, resplandeciente como cristal, que salía del trono de Dios y del Cordero. ² En el medio de la plaza de ella, y de la una y de la otra parte del río, estaba el *árbol de la vida*, que lleva doce frutos, dando cada mes su fruto: y las hojas del árbol eran para la sanidad de las naciones. ³ Y no habrá más maldición; sino que el trono de Dios y del Cordero estará en ella, y sus siervos le servirán. ⁴ Y verán su cara; y su nombre estará en sus frentes. ⁵ Y allí no habrá más noche; y no tienen necesidad de lumbre de antorcha, ni de lumbre de sol: porque el Señor Dios los alumbrará: y reinarán para siempre jamás.

⁶ Y me dijo: Estas palabras son fieles y verdaderas. Y el Señor Dios de los santos profetas ha enviado su ángel, para mostrar á sus siervos las cosas que es necesario que sean hechas presto.

⁷ Y he aquí, vengo presto. Bienaventurado el que guarda las palabras de la profecía de este libro.

⁸ Yo Juan soy el que ha oído y visto estas cosas. Y después que hube oído y visto, me postré para adorar delante de los pies del ángel que me mostraba estas cosas. ⁹ Y él me dijo: Mira que no lo hagas: porque yo soy siervo contigo, y con tus hermanos los profetas, y con los que guardan las palabras de este libro. Adora á Dios.

¹⁰ Y me dijo: No selles las palabras de la profecía de este libro; porque el tiempo está cerca. ¹¹ El que es injusto, sea injusto todavía: y el que es sucio, ensúciese todavía: y el que es justo, sea todavía justificado: y el santo sea santificado todavía.

¹² Y he aquí, yo vengo presto, y mi galardón conmigo, para recompensar á cada uno según fuere su obra. ¹³ Yo soy Alpha y Omega, principio y fin, el primero y el postrero.

¹⁴ Bienaventurados los que guardan sus mandamientos, para que su potencia sea en el *árbol de la vida*, y que entren por las puertas en la ciudad. ¹⁵ Mas los perros estarán fuera, y los hechiceros, y los disolutos, y los homicidas, y los idólatras, y cualquiera que ama y hace mentira.

¹⁶ Yo Jesús he enviado mi ángel para daros testimonio de estas cosas en las iglesias. Yo soy la raíz y el linaje de David, la estrella resplandeciente, y de la mañana.

¹⁷ Y el Espíritu y la Esposa dicen: Ven. Y el que oye, diga: Ven. Y el que tiene sed, venga: y el que quiere, tome del agua de la vida de balde.

¹⁸ Porque yo protesto á cualquiera que oye las palabras de la profecía de este libro: Si alguno añadiere á estas cosas, Dios pondrá sobre él las plagas

que están escritas en este libro. ¹⁹ Y si alguno quitare de las palabras del libro de esta profecía, Dios quitará su parte del libro de la vida, y de la santa ciudad, y de las cosas que están escritas en este libro.

²⁰ El que da testimonio de estas cosas, dice: Ciertamente, vengo en breve. Amén, sea así. Ven: Señor Jesús.

²¹ La gracia de nuestro Señor Jesucristo sea con todos vosotros. Amén.

Breve resumen del capítulo
El árbol de la vida

Cuando Dios creó el jardín del Edén, puso dos árboles especiales en el medio del jardín:

1. **El árbol de la ciencia del bien y del mal**: Dios le dijo a Adán que no se le permitía comer del fruto de este árbol porque resultaría en la muerte. Cuando Adán y Eva comieron del fruto de este árbol, el pecado y la muerte entraron en el mundo. El pecado es desobediencia a Dios.

2. **El árbol de la vida:** Este árbol también estaba en el jardín y Adán y Eva podrían haber comido la fruta de este árbol en cualquier momento y habrían vivido para siempre. Pero no entendieron el significado del fruto de este árbol y por lo tanto no comieron ninguno de sus frutos cuando tuvieron la oportunidad.

Adán y Eva fueron engañados por las mentiras que les dijo el diablo y tomó la decisión de comer el fruto del árbol de la ciencia del bien y del mal. Este fue un acto de desobediencia contra Dios y, por lo tanto, Adán y Eva fueron desterrados del Jardín del Edén. Entonces Dios puso querubines en el lado este del Huerto del Edén y los querubines custodiaban la entrada al Huerto del Edén y al árbol de la vida con una espada de fuego para evitar que Adán y Eva regresaran al huerto, y para evitar ellos de comer el fruto del árbol de la vida, y de volverse inmortales en su condición caída como pecadores. Pero Dios tenía un plan desde el principio para proporcionar un camino para que el hombre pecador fuera restaurado a una comunión plena con Dios a través de la sangre de Su Hijo.

Génesis 3:15 RVA

¹⁵ Y enemistad pondré entre ti y la mujer, y entre tu simiente y la simiente suya; ésta te herirá en la cabeza, y tú le herirás en el calcañar.

Esta es una profecía de cómo Jesús derrotaría a Satanás y conquistaría la muerte al morir en la cruz, pero Satanás golpearía su talón (la espiga que atravesó los pies de Jesús en la cruz).

La buena noticia es que el árbol de la vida reaparecerá cuando Dios cree un Cielo Nuevo y una Tierra Nueva. Un árbol de la vida estará a ambos lados del río de agua viva que fluye desde el Trono de Dios por el medio de una gran calle en la nueva Jerusalén. Y todos en el Cielo Nuevo y la Tierra Nueva pueden comer libremente de su fruto cuando lo deseen. Como todos ya habrán recibido el regalo de la vida eterna, una de las razones por las que alguien puede querer comer la fruta de este árbol podría deberse a su notable sabor y al exquisito placer que el fruto brinda a quien lo come.

Capítulo veintidós
Nuestros cuerpos resucitados

Este capítulo revisará cómo la Santa Biblia responde a cada una de las siguientes preguntas:

1. ¿Es posible la reencarnación?
2. ¿Tienen las personas almas o espíritus eternos?
3. Cuando una persona muere, ¿adónde va su espíritu eterno?
4. ¿Los espíritus eternos retienen sus recuerdos terrenales después de que mueren sus cuerpos mortales?
5. ¿Tiene Dios el poder de resucitar a alguien que ha muerto recientemente?
6. ¿Tiene Dios el poder de resucitar a alguien que ha estado muerto durante mucho tiempo?
7. ¿Cómo serán nuestros cuerpos eternos resucitados?

¿Es posible la reencarnación?

Hebreos 9:27 RVA
²⁷ Y de la manera que está establecido á los hombres que mueran una vez, y después el juicio;

Resumen de las Escrituras: La reencarnación es la creencia de que cuando una persona muere, el alma de esa persona vuelve a vivir en el cuerpo de un bebé recién nacido. Esto no es verdad. Solo morimos una vez. Después de morir, estamos sujetos a juicios basados en nuestro comportamiento mientras estábamos vivos. No hay una segunda oportunidad o una tercera oportunidad o un número infinito de oportunidades de vivir como una persona diferente una y otra vez. Por otro lado, la Santa Biblia nos dice que los espíritus de algunas personas muertas regresaron a sus cuerpos mortales y sus cuerpos mortales vivieron nuevamente. Pero estas personas envejecieron gradualmente y luego murieron. No vivieron para siempre. Estas resurrecciones a corto plazo se examinarán más adelante en este capítulo. Sin embargo, una resurrección no es una reencarnación como una persona totalmente diferente.

¿La gente tiene almas o espíritus eternos?

Génesis 2:7 RVA
⁷ Formó, pues, Jehová Dios al hombre del polvo de la tierra, y alentó en su nariz soplo de vida; y fué el hombre en alma viviente.

Eclesiastés 12:7 RVA
⁷ Y el polvo se torne á la tierra, como era, y el espíritu se vuelva á Dios que lo dió.

Resumen de las Escrituras: La Santa Biblia dice claramente que todos tenemos un cuerpo mortal y todos tenemos almas y espíritus eternos. El capítulo tres contiene pasajes de las Escrituras que explican claramente el cuerpo, el alma y el espíritu.

Cuando una persona muere, ¿adónde va su espíritu eterno?

El capítulo tres explica lo que dice la Santa Biblia sobre la primera muerte y la segunda muerte. El capítulo cinco repasa los versículos de las Escrituras que explican el cielo, el paraíso, el infierno y el lago de fuego. Los siguientes versículos de las Escrituras contienen más información sobre lo que una persona puede hacer para entrar al cielo y evitar el infierno.

1 Juan 5:12 RVA
[12] El que tiene al Hijo, tiene al vida: el que no tiene la Hijo de Dios, no tiene la vida.

Juan 11:25-26 RVA
[25] Dícele Jesús: Yo soy la resurrección y la vida: el que cree en mí, aunque esté muerto, vivirá. [26] Y todo aquel que vive y cree en mí, no morirá eternamente. ¿Crees esto?

Romanos 10:9-10 RVA
[9] Que si confesares con tu boca al Señor Jesús, y creyeres en tu corazón que Dios le levantó de los muertos, serás salvo. [10] Porque con el corazón se cree para justicia; mas con la boca se hace confesión para salud.

Ezequiel 18:21-22 RVA
[21] Mas el impío, si se apartare de todos sus pecados que hizo, y guardare todas mis ordenanzas, é hiciere juicio y justicia, de cierto vivirá; no morirá.
[22] Todas sus rebeliones que cometió, no le serán recordadas: en su justicia que hizo vivirá.

Lucas 15:10 RVA
[10] Así os digo que hay gozo delante de los ángeles de Dios por un pecador que se arrepiente.

1 Corintios 2:14 RVR 1960
[14] Pero el hombre natural no percibe las cosas que son del Espíritu de Dios, porque para él son locura, y no las puede entender, porque se han de discernir espiritualmente.

1 Corintios 1:18 RVA
[18] Porque la palabra de la cruz es locura á los que se pierden; mas á los que se salvan, es á saber, á nosotros, es potencia de Dios.

Proverbios 29:1
RVA: [1] EL hombre que reprendido endurece la cerviz, De repente será quebrantado; ni habrá para él medicina.
RVR 1960: [1] El hombre que reprendido endurece la cerviz, De repente será quebrantado, y no habrá para él medicina.

LBLA: ¹El hombre que después de mucha reprensión endurece la cerviz, de repente será quebrantado sin remedio.

NTV ¹Quien se niega tercamente a aceptar la crítica será destruido de repente sin poder recuperarse.

Mateo 25:41 RVA
⁴¹Entonces dirá también á los que estarán á la izquierda: Apartaos de mí, malditos, al fuego eterno preparado para el diablo y para sus ángeles:

Resumen de las Escrituras: Si una persona se resiste a Dios y al Espíritu Santo con la frecuencia suficiente y durante el tiempo suficiente, gradualmente pierde la capacidad de percibir las verdades espirituales y cree que las verdades espirituales no son más que una tontería. Si el espíritu de una persona no es activado por el Espíritu Santo mientras la persona está viva aquí en la tierra, la persona pasará la eternidad en el infierno con el diablo y sus demonios. El Capítulo 25 contiene más información sobre Jesús y Su regalo de la vida eterna en Gloria.

¿Los espíritus eternos retienen sus recuerdos terrenales después de que mueren sus cuerpos mortales?

Un adivino levanta el espíritu de Samuel a petición del rey Saúl.

1 Samuel 28:8-19 RVA
⁸ Y disfrazóse Saúl, y púsose otros vestidos, y fuése con dos hombres, y vinieron á aquella mujer de noche; y él dijo: Yo te ruego que me adivines por el espíritu de pythón, y me hagas subir á quien yo te dijere.

⁹ Y la mujer le dijo: He aquí tú sabes lo que Saúl ha hecho, cómo ha separado de la tierra los pythones y los adivinos: ¿por qué pues pones tropiezo á mi vida, para hacerme matar?

¹⁰ Entonces Saúl le juró por Jehová, diciendo: Vive Jehová, que ningún mal te vendrá por esto.

¹¹ La mujer entonces dijo: ¿A quién te haré venir?
Y él respondió: Hazme venir á Samuel.

¹² Y viendo la mujer á Samuel, clamó en alta voz, y habló aquella mujer á Saúl, diciendo:

¹³ ¿Por qué me has engañado? que tú eres Saúl.
Y el rey le dijo: No temas: ¿qué has visto?
Y la mujer respondió á Saúl: He visto dioses que suben de la tierra.

¹⁴ Y él le dijo: ¿Cuál es su forma?
Y ella respondió: Un hombre anciano viene, cubierto de un manto.
Saúl entonces entendió que era Samuel, y humillando el rostro á tierra, hizo gran reverencia.

¹⁵ Y Samuel dijo á Saúl: ¿Por qué me has inquietado haciéndome venir?
Y Saúl respondió: Estoy muy congojado; pues los Filisteos pelean contra mí, y Dios se ha apartado de mí, y no me responde más, ni por mano de profetas, ni por sueños: por esto te he llamado, para que me declares qué tengo de hacer.

¹⁶ Entonces Samuel dijo: ¿Y para qué me preguntas á mí, habiéndose apartado de ti Jehová, y es tu enemigo? ¹⁷ Jehová pues ha hecho como habló por medio de mí; pues ha cortado Jehová el reino de tu mano, y lo ha dado á tu compañero David. ¹⁸ Como tú no obedeciste á la voz de Jehová, ni cumpliste el furor de su ira sobre Amalec, por eso Jehová te ha hecho esto hoy. ¹⁹ Y Jehová entregará á Israel también contigo en manos de los Filisteos: y mañana seréis conmigo, tú y tus hijos: y aun el campo de Israel entregará Jehová en manos de los Filisteos.

Resumen de las Escrituras: En las Escrituras anteriores se nos dice que el espíritu de Samuel recordó quién era el rey Saúl y quién era David, y recordó su profecía de los eventos futuros que le había revelado a Saúl mientras aún estaba vivo. También debe tenerse en cuenta que el espíritu de Samuel solo se levantó temporalmente del paraíso. Comunicarse con los espíritus es algo que los médiums afirman que pueden hacer, pero en realidad no pueden. Esto es obvio porque la médium se sorprendió cuando vio a un espíritu respondiendo a sus encantamientos. Lucas 16:19-31 dice que el hombre rico del infierno sabía quién era el mendigo Lázaro, y el rico también recordaba que tenía cinco hermanos que probablemente se le unirían en el infierno si no se arrepintían y cambiaban su estilo de vida.

¿Recuerda Dios nuestros pecados?

Jeremías 31:34 RVA
³⁴ . . . porque perdonaré la maldad de ellos, y no me acordaré más de su pecado.

Hebreos 8:12 RVA
¹² Porque seré propicio á sus injusticias, Y de sus pecados y de sus iniquidades no me acordaré más.

Hebreos 10:17 RVA
¹⁷ Y nunca más me acordaré de sus pecados é iniquidades.

Resumen de las Escrituras: Dios perdona nuestros pecados cuando aceptamos a Jesucristo como nuestro Salvador personal. Y Dios también decide intencionalmente no recordar ninguno de nuestros pecados en ningún momento por el resto de la eternidad.

¿Tiene Dios el poder de resucitar a alguien que ha muerto recientemente?

Elijah reza y un niño muerto resucita de entre los muertos.

1 Reyes 17:17-24 RVA
¹⁷ Después de estas cosas aconteció que cayó enfermo el hijo del ama de la casa, y la enfermedad fué tan grave, que no quedó en él resuello. ¹⁸ Y ella dijo á Elías: ¿Qué tengo yo contigo, varón de Dios? ¿has venido á mí para traer en memoria mis iniquidades, y para hacerme morir mi hijo?
¹⁹ Y él le dijo: Dame acá tu hijo. Entonces él lo tomó de su regazo, y llevólo á la cámara donde él estaba, y púsole sobre su cama; ²⁰ Y clamando

á Jehová, dijo: Jehová Dios mío, ¿aun á la viuda en cuya casa yo estoy hospedado has afligido, matándole su hijo? ²¹ Y midióse sobre el niño tres veces, y clamó á Jehová, y dijo: Jehová Dios mío, ruégote que vuelva el alma de este niño á sus entrañas.

²² Y Jehová oyó la voz de Elías, y el alma del niño volvió á sus entrañas, y revivió.

²³ Tomando luego Elías al niño, trájolo de la cámara á la casa, y diólo á su madre, y díjole Elías: Mira, tu hijo vive.

²⁴ Entonces la mujer dijo á Elías: Ahora conozco que tú eres varón de Dios, y que la palabra de Jehová es verdad en tu boca.

Eliseo ora y el único hijo de una mujer resucita de entre los muertos.

2 Reyes 4:32-37 RVA

³² Y venido Eliseo á la casa, he aquí el niño que estaba tendido muerto sobre su cama. ³³ Entrando él entonces, cerró la puerta sobre ambos, y oró á Jehová.

³⁴ Después subió, y echóse sobre el niño, poniendo su boca sobre la boca de él, y sus ojos sobre sus ojos, y sus manos sobre las manos suyas; así se tendió sobre él, y calentóse la carne del joven. ³⁵ Volviéndose luego, paséose por la casa á una parte y á otra, y después subió, y tendióse sobre él; y el joven estornudó siete veces, y abrió sus ojos.

³⁶ Entonces llamó él á Giezi, y díjole: Llama á esta Sunamita. Y él la llamó. Y entrando ella, él le dijo: Toma tu hijo. ³⁷ Y así que ella entró, echóse á sus pies, é inclinóse á tierra: después tomó su hijo, y salióse.

En el pueblo de Naín, Jesús resucita al hijo muerto de una viuda.

Lucas 7:11-16 RVA

¹¹ Y aconteció después, que él iba á la ciudad que se llama Naín, é iban con él muchos de sus discípulos, y gran compañía. ¹² Y como llegó cerca de la puerta de la ciudad, he aquí que sacaban fuera á un difunto, unigénito de su madre, la cual también era viuda: y había con ella grande compañía de la ciudad.

¹³ Y como el Señor la vió, compadecióse de ella, y le dice: No llores.

¹⁴ Y acercándose, tocó el féretro: y los que lo llevaban, pararon. Y dice: Mancebo, á ti digo, levántate.

¹⁵ Entonces se incorporó el que había muerto, y comenzó á hablar. Y dióle á su madre.

¹⁶ Y todos tuvieron miedo, y glorificaban á Dios, diciendo: Que un gran profeta se ha levantado entre nosotros; y que Dios ha visitado á su pueblo.

Jesús resucita a una niña de 12 años.

Lucas 8:41-56 RVR 1960

⁴¹ Entonces vino un varón llamado Jairo, que era principal de la sinagoga, y postrándose a los pies de Jesús, le rogaba que entrase en su casa; ⁴² porque tenía una hija única, como de doce años, que se estaba muriendo.

Y mientras iba, la multitud le oprimía.

⁴³ Pero una mujer que padecía de flujo de sangre desde hacía doce años, y que había gastado en médicos todo cuanto tenía, y por ninguno había podido ser curada, ⁴⁴ se le acercó por detrás y tocó el borde de su manto; y al instante se detuvo el flujo de su sangre.

⁴⁵ Entonces Jesús dijo: ¿Quién es el que me ha tocado?

Y negando todos, dijo Pedro y los que con él estaban: Maestro, la multitud te aprieta y oprime, y dices: ¿Quién es el que me ha tocado?

⁴⁶ Pero Jesús dijo: Alguien me ha tocado; porque yo he conocido que ha salido poder de mí.

⁴⁷ Entonces, cuando la mujer vio que no había quedado oculta, vino temblando, y postrándose a sus pies, le declaró delante de todo el pueblo por qué causa le había tocado, y cómo al instante había sido sanada.

⁴⁸ Y él le dijo: Hija, tu fe te ha salvado; ve en paz.

⁴⁹ Estaba hablando aún, cuando vino uno de casa del principal de la sinagoga a decirle: Tu hija ha muerto; no molestes más al Maestro.

⁵⁰ Oyéndolo Jesús, le respondió: No temas; cree solamente, y será salva.

⁵¹ Entrando en la casa, no dejó entrar a nadie consigo, sino a Pedro, a Jacobo, a Juan, y al padre y a la madre de la niña. ⁵² Y lloraban todos y hacían lamentación por ella. Pero él dijo: No lloréis; no está muerta, sino que duerme. ⁵³ Y se burlaban de él, sabiendo que estaba muerta.

⁵⁴ Mas él, tomándola de la mano, clamó diciendo: Muchacha, levántate.

⁵⁵ Entonces su espíritu volvió, e inmediatamente se levantó; y él mandó que se le diese de comer.

⁵⁶ Y sus padres estaban atónitos; pero Jesús les mandó que a nadie dijesen lo que había sucedido.

Jesús resucita a Lázaro después de haber estado muerto en su tumba durante cuatro días.

Juan 11:1-45 RVR 1960

¹ Estaba entonces enfermo uno llamado Lázaro, de Betania, la aldea de María y de Marta su hermana. ² (María, cuyo hermano Lázaro estaba enfermo, fue la que ungió al Señor con perfume, y le enjugó los pies con sus cabellos.)³ Enviaron, pues, las hermanas para decir a Jesús: Señor, he aquí el que amas está enfermo.

⁴ Oyéndolo Jesús, dijo: Esta enfermedad no es para muerte, sino para la gloria de Dios, para que el Hijo de Dios sea glorificado por ella. ⁵ Y amaba Jesús a Marta, a su hermana y a Lázaro. ⁶ Cuando oyó, pues, que estaba enfermo, se quedó dos días más en el lugar donde estaba.

⁷ Luego, después de esto, dijo a los discípulos: Vamos a Judea otra vez.

⁸ Le dijeron los discípulos: Rabí, ahora procuraban los judíos apedrearte, ¿y otra vez vas allá?

⁹ Respondió Jesús: ¿No tiene el día doce horas? El que anda de día, no

tropieza, porque ve la luz de este mundo; ¹⁰ pero el que anda de noche, tropieza, porque no hay luz en él.

¹¹ Dicho esto, les dijo después: Nuestro amigo Lázaro duerme; mas voy para despertarle.

¹² Dijeron entonces sus discípulos: Señor, si duerme, sanará.

¹³ Pero Jesús decía esto de la muerte de Lázaro; y ellos pensaron que hablaba del reposar del sueño. ¹⁴ Entonces Jesús les dijo claramente: Lázaro ha muerto; ¹⁵ y me alegro por vosotros, de no haber estado allí, para que creáis; mas vamos a él.

¹⁶ Dijo entonces Tomás, llamado Dídimo, a sus condiscípulos: Vamos también nosotros, para que muramos con él.

¹⁷ Vino, pues, Jesús, y halló que hacía ya cuatro días que Lázaro estaba en el sepulcro.

¹⁸ Betania estaba cerca de Jerusalén, como a quince estadios; ¹⁹ y muchos de los judíos habían venido a Marta y a María, para consolarlas por su hermano.

²⁰ Entonces Marta, cuando oyó que Jesús venía, salió a encontrarle; pero María se quedó en casa. ²¹ Y Marta dijo a Jesús: Señor, si hubieses estado aquí, mi hermano no habría muerto. ²² Mas también sé ahora que todo lo que pidas a Dios, Dios te lo dará.

²³ Jesús le dijo: Tu hermano resucitará.

²⁴ Marta le dijo: Yo sé que resucitará en la resurrección, en el día postrero.

²⁵ Le dijo Jesús: Yo soy la resurrección y la vida; el que cree en mí, aunque esté muerto, vivirá. ²⁶ Y todo aquel que vive y cree en mí, no morirá eternamente. ¿Crees esto?

²⁷ Le dijo: Sí, Señor; yo he creído que tú eres el Cristo, el Hijo de Dios, que has venido al mundo. ²⁸ Habiendo dicho esto, fue y llamó a María su hermana, diciéndole en secreto: El Maestro está aquí y te llama.

²⁹ Ella, cuando lo oyó, se levantó de prisa y vino a él. ³⁰ Jesús todavía no había entrado en la aldea, sino que estaba en el lugar donde Marta le había encontrado. ³¹ Entonces los judíos que estaban en casa con ella y la consolaban, cuando vieron que María se había levantado de prisa y había salido, la siguieron, diciendo: Va al sepulcro a llorar allí.

³² María, cuando llegó a donde estaba Jesús, al verle, se postró a sus pies, diciéndole: Señor, si hubieses estado aquí, no habría muerto mi hermano.

³³ Jesús entonces, al verla llorando, y a los judíos que la acompañaban, también llorando, se estremeció en espíritu y se conmovió, ³⁴ y dijo: ¿Dónde le pusisteis? Le dijeron: Señor, ven y ve.

³⁵ Jesús lloró.

³⁶ Dijeron entonces los judíos: Mirad cómo le amaba. ³⁷ Y algunos de ellos dijeron: ¿No podía éste, que abrió los ojos al ciego, haber hecho también que Lázaro no muriera?

⁳⁸ Jesús, profundamente conmovido otra vez, vino al sepulcro. Era una cueva, y tenía una piedra puesta encima.

³⁹ Dijo Jesús: Quitad la piedra.

Marta, la hermana del que había muerto, le dijo: Señor, hiede ya, porque es de cuatro días.

⁴⁰ Jesús le dijo: ¿No te he dicho que si crees, verás la gloria de Dios?

⁴¹ Entonces quitaron la piedra de donde había sido puesto el muerto.

Y Jesús, alzando los ojos a lo alto, dijo: Padre, gracias te doy por haberme oído. ⁴² Yo sabía que siempre me oyes; pero lo dije por causa de la multitud que está alrededor, para que crean que tú me has enviado.

⁴³ Y habiendo dicho esto, clamó a gran voz: ¡¡Lázaro, ven fuera!

⁴⁴ Y el que había muerto salió, atadas las manos y los pies con vendas, y el rostro envuelto en un sudario. Jesús les dijo: Desatadle, y dejadle ir.

⁴⁵ Entonces muchos de los judíos que habían venido para acompañar a María, y vieron lo que hizo Jesús, creyeron en él.

Pedro resucita a una mujer llamada Tabita (o Dorcas) de entre los muertos.

Hechos 9:40-42 RVA

⁴⁰ Entonces echados fuera todos, Pedro puesto de rodillas, oró; y vuelto al cuerpo, dijo: Tabita, levántate. Y ella abrió los ojos, y viendo á Pedro, incorporóse. ⁴¹ Y él le dió la mano, y levantóla: entonces llamando á los santos y las viudas, la presentó viva. ⁴² Esto fué notorio por toda Joppe; y creyeron muchos en el Señor.

Pablo resucita a un joven llamado Eutichô de entre los muertos.

Hechos 20:7-12 RVA

⁷ Y el día primero de la semana, juntos los discípulos á partir el pan, Pablo les enseñaba, habiendo de partir al día siguiente: y alargó el discurso hasta la media noche.

⁸ Y había muchas lámparas en el aposento alto donde estaban juntos. ⁹ Y un mancebo llamado Eutichô que estaba sentado en la ventana, tomado de un sueño profundo, como Pablo disputaba largamente, postrado del sueño cayó del tercer piso abajo, y fué alzado muerto.

¹⁰ Entonces descendió Pablo, y derribóse sobre él, y abrazándole, dijo: No os alborotéis, que su alma está en él.

¹¹ Después subiendo, y partiendo el pan, y gustando, habló largamente hasta el alba, y así partió. ¹² Y llevaron al mozo vivo, y fueron consolados no poco.

Resumen de las Escrituras: La muerte del cuerpo mortal no es el fin de la vida. Tanto Elías como Eliseo resucitaron a un niño diferente de entre los muertos. Jesús resucitó de entre los muertos a un joven, una niña de 12 años, y a su amigo Lázaro. Peter resucitó a una mujer llamada Tabita de entre los muertos. Pablo resucitó de entre los muertos a un joven llamado Eutichô. Sin embargo, las resurrecciones de estos individuos fueron solo temporales y, finalmente, sus cuerpos mortales volvieron a morir.

¿Tiene Dios el poder de resucitar a alguien que ha estado muerto durante mucho tiempo?

Muchas personas justas resucitaron de entre los muertos cuando Jesús murió en la cruz.

Mateo 27:50-54 RVA
⁵⁰ Mas Jesús, habiendo otra vez exclamado con grande voz, dió el espíritu.

⁵¹ Y he aquí, el velo del templo se rompió en dos, de alto á bajo: y la tierra tembló, y las piedras se hendieron; ⁵² Y abriéronse los sepulcros, y muchos cuerpos de santos que habían dormido, se levantaron; ⁵³ Y salidos de los sepulcros, después de su resurrección, vinieron á la santa ciudad, y aparecieron á muchos.

⁵⁴ Y el centurión, y los que estaban con él guardando á Jesús, visto el terremoto, y las cosas que habían sido hechas, temieron en gran manera, diciendo: Verdaderamente Hijo de Dios era éste.

Resumen de las Escrituras: Cuando Jesús murió en la cruz, las tumbas de muchas personas justas se abrieron y los cuerpos de muchas personas justas resucitaron, y entraron en Jerusalem y testificaron a sus amigos y parientes acerca del poder de Dios.

Las siguientes Escrituras nos dicen que Dios tiene la intención de resucitar a cada persona muerta en el tiempo señalado:

Mateo 22:31-32 RVA
³¹ Y de la resurrección de los muertos, ¿no habéis leído lo que os es dicho por Dios, que dice: ³² Yo soy el Dios de Abraham, y el Dios de Isaac, y el Dios de Jacob? Dios no es Dios de muertos, sino de vivos.

Salmo 49:15 RVA
¹⁵ Empero Dios redimirá mi vida del poder de la sepultura, Cuando me tomará. (Selah.)

Isaías 26:19 RVA
¹⁹ Tus muertos vivirán; junto con mi cuerpo muerto resucitarán. Despertad y cantad, moradores del polvo! porque tu rocío, cual rocío de hortalizas; y la tierra echará los muertos.

Oseas 13:14 RVA
¹⁴ De la mano del sepulcro los redimiré, librarélos de la muerte. Oh muerte, yo seré tu muerte; y seré tu destrucción, . . .

Job 19:25-27 RVA
²⁵ Yo sé que mi Redentor vive, Y al fin se levantará sobre el polvo: ²⁶ Y después de deshecha esta mi piel, Aun he de ver en mi carne á Dios; ²⁷ Al cual yo tengo de ver por mí, Y mis ojos lo verán, y no otro, Aunque mis riñones se consuman dentro de mí.

Proverbios 23:18
RVA: ¹⁸ Si lo haces, serás recompensado; tu esperanza no se frustrará.
RVR 1960: ¹⁸ Porque ciertamente hay fin, Y tu esperanza no será cortada.
LBLA: ¹⁸ porque ciertamente hay un futuro, y tu esperanza no será cortada.
NTV: ¹⁸ Cuentas con una esperanza futura, la cual no será destruida.

Daniel 12:2-3 RVA
² Y muchos de los que duermen en el polvo de la tierra serán despertados, unos para vida eterna, y otros para vergüenza y confusión perpetua. ³ Y los entendidos resplandecerán como el resplandor del firmamento; y los que enseñan á justicia la multitud, como las estrellas á perpetua eternidad.

Mateo 13:43 RVA
⁴³ Entonces los justos resplandecerán como el sol en el reino de su Padre: el que tiene oídos para oir, oiga.

Juan 5:24-29 RVA
²⁴ De cierto, de cierto os digo: El que oye mi palabra, y cree al que me ha enviado, tiene vida eterna; y no vendrá á condenación, mas pasó de muerte á vida.

²⁵ De cierto, de cierto os digo: Vendrá hora, y ahora es, cuando los muertos oirán la voz del Hijo de Dios: y los que oyeren vivirán.

²⁶ Porque como el Padre tiene vida en sí mismo, así dió también al Hijo que tuviese vida en sí mismo: ²⁷ Y también le dió poder de hacer juicio, en cuanto es el Hijo del hombre.

²⁸ No os maravilléis de esto; porque vendrá hora, cuando todos los que están en los sepulcros oirán su voz; ²⁹ Y los que hicieron bien, saldrán á resurrección de vida; mas los que hicieron mal, á resurrección de condenación.

Romanos 8:11 RVA
¹¹ Y si el Espíritu de aquel que levantó de los muertos á Jesús mora en vosotros, el que levantó á Cristo Jesús de los muertos, vivificará también vuestros cuerpos mortales por su Espíritu que mora en vosotros.

Resumen de las Escrituras: Las Escrituras anteriores dicen que Dios resucitará a todos los muertos en el tiempo señalado.

¿Cómo serán nuestros cuerpos eternos resucitados?

1 Corintios 15:35-54 RVA
³⁵ Mas dirá alguno: ¿Cómo resucitarán los muertos? ¿Con qué cuerpo vendrán?

³⁶ Necio, lo que tú siembras no se vivifica, si no muriere antes. ³⁷ Y lo que siembras, no siembras el cuerpo que ha de salir, sino el grano desnudo, acaso de trigo, ó de otro grano: ³⁸ Mas Dios le da el cuerpo como quiso, y á cada simiente su propio cuerpo.

³⁹ Toda carne no es la misma carne; mas una carne ciertamente es la de los

hombres, y otra carne la de los animales, y otra la de los peces, y otra la de las aves.

⁴⁰ Y cuerpos hay celestiales, y cuerpos terrestres; mas ciertamente una es la gloria de los celestiales, y otra la de los terrestres: ⁴¹ Otra es la gloria del sol, y otra la gloria de la luna, y otra la gloria de las estrellas: porque una estrella es diferente de otra en gloria.

⁴² Así también es la resurrección de los muertos. Se siembra en corrupción se levantará en incorrupción; ⁴³ Se siembra en vergüenza, se levantará con gloria; se siembra en flaqueza, se levantará con potencia; ⁴⁴ Se siembra cuerpo animal, resucitará espiritual cuerpo. Hay cuerpo animal, y hay cuerpo espiritual.

⁴⁵ Así también está escrito: Fué hecho el primer hombre Adam en ánima viviente; el postrer Adam en espíritu vivificante. ⁴⁶ Mas lo espiritual no es primero, sino lo animal; luego lo espiritual. ⁴⁷ El primer hombre, es de la tierra, terreno: el segundo hombre que es el Señor, es del cielo. ⁴⁸ Cual el terreno, tales también los terrenos; y cual el celestial, tales también los celestiales. ⁴⁹ Y como trajimos la imagen del terreno, traeremos también la imagen del celestial.

⁵⁰ Esto empero digo, hermanos: que la carne y la sangre no pueden heredar el reino de Dios; ni la corrupción hereda la incorrupción.

⁵¹ He aquí, os digo un misterio: Todos ciertamente no dormiremos, mas todos seremos transformados. ⁵² En un momento, en un abrir de ojo, á la final trompeta; porque será tocada la trompeta, y los muertos serán levantados sin corrupción, y nosotros seremos transformados. ⁵³ Porque es menester que esto corruptible sea vestido de incorrupción, y esto mortal sea vestido de inmortalidad.

⁵⁴ Y cuando esto corruptible fuere vestido de incorrupción, y esto mortal fuere vestido de inmortalidad, entonces se efectuará la palabra que está escrita: Sorbida es la muerte con victoria.

Lucas 9:28-32 RVA
²⁸ Y aconteció como ocho días después de estas palabras, que tomó á Pedro y á Juan y á Jacobo, y subió al monte á orar. ²⁹ Y entre tanto que oraba, la apariencia de su rostro se hizo otra, y su vestido blanco y resplandeciente. ³⁰ Y he aquí dos varones que hablaban con él, los cuales eran Moisés y Elías; ³¹ Que aparecieron en majestad, y hablaban de su salida, la cual había de cumplir en Jerusalem. ³² Y Pedro y los que estaban con él, estaban cargados de sueño: y como despertaron, vieron su majestad, y á aquellos dos varones que estaban con él.

Resumen de la escritura: Moisés y Elías se le aparecieron a Jesús y fueron vistos por Pedro, Juan y Santiago. Los tres discípulos reconocieron fácilmente a Moisés y Elías en sus cuerpos glorificados.

Originalmente fuimos creados a imagen de Dios.

Génesis 1:26-27 RVA
^{26} Y dijo Dios: Hagamos al hombre á nuestra imagen, conforme á nuestra semejanza; y señoree en los peces de la mar, y en las aves de los cielos, y en las bestias, y en toda la tierra, y en todo animal que anda arrastrando sobre la tierra.

^{27} Y crió Dios al hombre á su imagen, *á imagen de Dios lo crió; varón y hembra los crió.*

Jesucristo, el Hijo de Dios, se encarnó como un bebé humano.

Juan 1:1 RVA
^{1} EN el principio era el Verbo, y el Verbo era con Dios, y el Verbo era Dios.

Juan 1:14 RVA
^{14} Y aquel Verbo fué hecho carne, y habitó entre nosotros . . .

Lucas 2:11 RVA
^{11} Que os ha nacido hoy, en la ciudad de David, un Salvador, que es CRISTO el Señor.

Después de la resurrección de Jesús, María Magdalena confundió a Jesús resucitado con un jardinero.

Juan 20:14-18 RVA
^{14} Y como hubo dicho esto, volvióse atrás, y vió á Jesús que estaba allí; mas no sabía que era Jesús.

^{15} Dícele Jesús: Mujer, ¿por qué lloras? ¿á quién buscas?

Ella, pensando que era el hortelano, dícele: Señor, si tú lo has llevado, dime dónde lo has puesto, y yo lo llevaré.

^{16} Dícele Jesús: María!

Volviéndose ella, dícele: Rabboni! que quiere decir, Maestro.

^{17} Dícele Jesús: No me toques: porque aun no he subido á mi Padre: mas ve á mis hermanos, y diles: Subo á mi Padre y á vuestro Padre, á mi Dios y á vuestro Dios.

^{18} Fué María Magdalena dando las nuevas á los discípulos de que había visto al Señor, y que él le había dicho estas cosas.

El Jesús resucitado se aparece a dos personas en el camino a Emaús.

Lucas 24:13-43 RVA
^{13} Y he aquí, dos de ellos iban el mismo día á una aldea que estaba de Jerusalem sesenta estadios, llamada Emmaús. ^{14} E iban hablando entre sí de todas aquellas cosas que habían acaecido.

^{15} Y aconteció que yendo hablando entre sí, y preguntándose el uno al otro, el mismo Jesús se llegó, é iba con ellos juntamente. ^{16} Mas los ojos de ellos estaban embargados, para que no le conociesen.

^{17} Y díjoles: ¿Qué pláticas son estas que tratáis entre vosotros andando, y estáis tristes?

¹⁸ Y respondiendo el uno, que se llamaba Cleofas, le dijo: ¿Tú sólo peregrino eres en Jerusalem, y no has sabido las cosas que en ella han acontecido estos días?

¹⁹ Entonces él les dijo: ¿Qué cosas?

Y ellos le dijeron: De Jesús Nazareno, el cual fué varón profeta, poderoso en obra y en palabra delante de Dios y de todo el pueblo; ²⁰ Y cómo le entregaron los príncipes de los sacerdotes y nuestros príncipes á condenación de muerte, y le crucificaron. ²¹ Mas nosotros esperábamos que él era el que había de redimir á Israel: y ahora sobre todo esto, hoy es el tercer día que esto ha acontecido.

²² Aunque también unas mujeres de los nuestros nos han espantado, las cuales antes del día fueron al sepulcro: ²³ Y no hallando su cuerpo, vinieron diciendo que también habían visto visión de ángeles, los cuales dijeron que él vive. ²⁴ Y fueron algunos de los nuestros al sepulcro, y hallaron así como las mujeres habían dicho; más á él no le vieron.

²⁵ Entonces él les dijo: Oh insensatos, y tardos de corazón para creer todo lo que los profetas han dicho! ²⁶ ¿No era necesario que el Cristo padeciera estas cosas, y que entrara en su gloria?

²⁷ Y comenzando desde Moisés, y de todos los profetas, declarábales en todas las Escrituras lo que de él decían.

²⁸ Y llegaron á la aldea á donde iban: y él hizo como que iba más lejos. ²⁹ Mas ellos le detuvieron por fuerza, diciendo: Quédate con nosotros, porque se hace tarde, y el día ya ha declinado. Entró pues á estarse con ellos.

³⁰ Y aconteció, que estando sentado con ellos á la mesa, tomando el pan, bendijo, y partió, y dióles. ³¹ Entonces fueron abiertos los ojos de ellos, y le conocieron; mas él se desapareció de los ojos de ellos.

³² Y decían el uno al otro: ¿No ardía nuestro corazón en nosotros, mientras nos hablaba en el camino, y cuando nos abría las Escrituras?

³³ Y levantándose en la misma hora, tornáronse á Jerusalem, y hallaron á los once reunidos, y á los que estaban con ellos. ³⁴ Que decían: Ha resucitado el Señor verdaderamente, y ha aparecido á Simón. ³⁵ Entonces ellos contaban las cosas que les habían acontecido en el camino, y cómo había sido conocido de ellos al partir el pan.

³⁶ Y entre tanto que ellos hablaban estas cosas, él se puso en medio de ellos, y les dijo: Paz á vosotros.

³⁷ Entonces ellos espantados y asombrados, pensaban que veían espíritu.

³⁸ Mas él les dice: ¿Por qué estáis turbados, y suben pensamientos á vuestros corazones? ³⁹ Mirad mis manos y mis pies, que yo mismo soy: palpad, y ved; que el espíritu ni tiene carne ni huesos, como veis que yo tengo. ⁴⁰ Y en diciendo esto, les mostró las manos y los pies.

⁴¹ Y no creyéndolo aún ellos de gozo, y maravillados, díjoles: ¿Tenéis aquí algo de comer?

⁴² Entonces ellos le presentaron parte de un pez asado, y un panal de miel.
⁴³ Y él tomó, y comió delante de ellos.

Jesús se apareció a sus discípulos en la orilla del mar y comió pescado.

Juan 21:1-14 RVA
¹ DESPUÉS se manifestó Jesús otra vez á sus discípulos en la mar de Tiberias; y manifestóse de esta manera.
² Estaban juntos Simón Pedro, y Tomás, llamado al Dídimo, y Natanael, el que era de Caná de Galilea, y los hijos de Zebedeo, y otros dos de sus discípulos.
³ Díceles Simón: A pescar voy. Dícenle: Vamos nosotros también contigo. Fueron, y subieron en una barca; y aquella noche no cogieron nada.
⁴ Y venida la mañana, Jesús se puso á la ribera: mas los discípulos no entendieron que era Jesús.
⁵ Y díjoles: Mozos, ¿tenéis algo de comer?
Respondiéronle: No.
⁶ Y él les dice: Echad la red á la mano derecha del barco, y hallaréis. Entonces la echaron, y no la podían en ninguna manera sacar, por la multitud de los peces.
⁷ Entonces aquel discípulo, al cual amaba Jesús, dijo á Pedro: El Señor es. Y Simón Pedro, como oyó que era el Señor, ciñóse la ropa, porque estaba desnudo, y echóse á la mar.
⁸ Y los otros discípulos vinieron con el barco (porque no estaban lejos de tierra sino como doscientos codos), trayendo la red de peces. ⁹ Y como descendieron á tierra, vieron ascuas puestas, y un pez encima de ellas, y pan.
¹⁰ Díceles Jesús; Traed de los peces que cogisteis ahora.
¹¹ Subió Simón Pedro, y trajo la red á tierra, llena de grandes peces, ciento cincuenta y tres: y siendo tantos, la red no se rompió.
¹² Díceles Jesús: Venid, comed.
Y ninguno de los discípulos osaba preguntarle: ¿Tú, quién eres? sabiendo que era el Señor.
¹³ Viene pues Jesús, y toma el pan, y les da; y asimismo del pez.
¹⁴ Esta era ya la tercera vez que Jesús se manifestó á sus discípulos, habiendo resucitado de los muertos.

El Jesús resucitado se aparece a más de 500 personas.

1 Corintios 15:1-8 RVA
¹ ADEMAS os declaro, hermanos, el evangelio que os he predicado, el cual también recibisteis, en el cual también perseveráis; ² Por el cual asimismo, si retenéis la palabra que os he predicado, sois salvos, si no creísteis en vano.
³ Porque primeramente os he enseñado lo que asimismo recibí:
Que Cristo fué muerto por nuestros pecados conforme á las Escrituras; ⁴ Y

que fué sepultado, y que resucitó al tercer día, conforme á las Escrituras; ⁵ Y que apareció á Cefas, y después á los doce.

⁶ Después apareció á más de quinientos hermanos juntos; de los cuales muchos viven aún, y otros son muertos.

⁷ Después apareció á Jacobo; después á todos los apóstoles.

⁸ Y el postrero de todos, como á un abortivo, me apareció á mí.

Resumen de las Escrituras: Nuestros cuerpos mortales fueron hechos a imagen de Dios. Jesucristo, el Hijo de Dios, vivió en un cuerpo humano desde su nacimiento como un bebé hasta su muerte en la cruz. Después de Su muerte y resurrección, Jesús se apareció a muchas personas como un hombre. Cuando resucitemos, recibiremos cuerpos glorificados que parecen cuerpos humanos, pero serán superiores a nuestros cuerpos mortales de muchas maneras.

Nuestros cuerpos resucitados

Filipenses 3:20-21 RVA

²⁰ Mas nuestra vivienda es en los cielos; de donde también esperamos al Salvador, al Señor Jesucristo; ²¹ El cual transformará el cuerpo de nuestra bajeza, para ser semejante al cuerpo de su gloria, por la operación con la cual puede también sujetar á sí todas las cosas.

Resumen de las Escrituras: Recibiremos nuevos cuerpos glorificados que serán similares al cuerpo glorificado de Jesús.

Nuestros cuerpos no mostrarán ningún signo de envejecimiento a medida que los años, las décadas, los siglos y el milenio se desvanecen gradualmente en el pasado. Y nunca experimentaremos ningún tipo de enfermedad, dolor o tristeza.

Hebreos 13:8 RVA

⁸ Jesucristo es el mismo ayer, y hoy, y por los siglos.

Apocalipsis 21:3-4 RVA

³ Y oí una gran voz del cielo que decía: He aquí el tabernáculo de Dios con los hombres, y morará con ellos; y ellos serán su pueblo, y el mismo Dios será su Dios con ellos. ⁴ Y limpiará Dios toda lágrima de los ojos de ellos; y la muerte no será más; y no habrá más llanto, ni clamor, ni dolor: porque las primeras cosas son pasadas.

Resumen de las Escrituras: Jesús es siempre el mismo y Jesús nunca envejece. Dado que nuestros cuerpos resucitados serán como el cuerpo glorificado de Jesús, esto significa que nuestros nuevos cuerpos no envejecerán de la misma manera que nuestros cuerpos mortales envejecen aquí en la tierra. Nunca moriremos y no experimentaremos dolor y no habrá llanto ni duelo. No experimentaremos ningún remordimiento o dolor por nada de lo que sucedió en la tierra mientras estábamos vivos. Esto es difícil de entender para nosotros ahora, pero Dios ha prometido enjugar eternamente cada lágrima de nuestros ojos.

Jesús probablemente tenía alrededor de treinta y cinco años (más o menos) cuando fue crucificado, cuando resucitó y cuando recibió su cuerpo glorificado. Por lo tanto, es probable que cada uno de nosotros tenga un cuerpo maduro y saludable que se encuentre en la flor de la vida (o en algún lugar en la mitad de los treinta) independientemente de la edad a la que muramos (bebé, adolescente, adulto o anciano). Y nuestros cuerpos serán perfectos sin ninguna de las deformidades con las que podemos haber nacido. Y nuestras mentes serán verdaderamente extraordinarias en comparación con las mentes que teníamos en nuestros cuerpos mortales y esto incluye a aquellos que pueden no haber sido dotados de habilidades intelectuales cuando estaban vivos en sus cuerpos mortales.

Nuestros cuerpos brillarán como las estrellas.

Daniel 12:2-3 RVA
² Y muchos de los que duermen en el polvo de la tierra serán despertados, unos para vida eterna, y otros para vergüenza y confusión perpetua. ³ Y los entendidos resplandecerán como el resplandor del firmamento; y los que enseñan á justicia la multitud, como las estrellas á perpetua eternidad.

MATEO 13:43 RVA
⁴³ Entonces los justos resplandecerán como el sol en el reino de su Padre:

Resumen de las Escrituras: Nuestros cuerpos brillarán con esplendor en proporción a nuestras buenas obras y en proporción a la frecuencia y eficacia con que compartimos nuestra fe con otras personas.

Podremos ver, oír y hablar.

Resumen de las Escrituras: Muchas de las Escrituras anteriores de este capítulo han mencionado que los espíritus resucitados podían ver, oír y hablar, como Samuel, Elías y Moisés.

¿Qué idioma hablaremos?

Génesis 11:5-9 RVA
⁵ Y descendió Jehová para ver la ciudad y la torre que edificaban los hijos de los hombres. ⁶ Y dijo Jehová: He aquí el pueblo es uno, y todos éstos tienen un lenguaje: y han comenzado á obrar, y nada les retraerá ahora de lo que han pensado hacer. ⁷ Ahora pues, descendamos, y confundamos allí sus lenguas, para que ninguno entienda el habla de su compañero.
⁸ Así los esparció Jehová desde allí sobre la faz de toda la tierra, y dejaron de edificar la ciudad.
⁹ Por esto fué llamado el nombre de ella Babel, porque allí confudió Jehová el lenguaje de toda la tierra, y desde allí los esparció sobre la faz de toda la tierra.

1 Corintios 13:1 RVA
¹ SI yo hablase lenguas humanas y angélicas, y no tengo caridad, vengo á ser como metal que resuena, ó címbalo que retiñe.

Sofonías 3:9 RVR 1960
9 En aquel tiempo devolveré yo a los pueblos pureza de labios, para que todos invoquen el nombre de Jehová, para que le sirvan de común consentimiento.

Resumen de la escritura: Cuando Dios creó al hombre en el jardín del Edén, solo había un idioma y fue hablado por Adán, Eva y Dios. Cuando la humanidad trató de construir la torre de Babel, Dios reemplazó el idioma universal del hombre con muchos idiomas diferentes. La escritura anterior menciona que los ángeles tienen una lengua o un idioma que usan para comunicarse entre sí. Cuando recibamos nuestros cuerpos resucitados, todos viviremos para siempre con Dios y con los ángeles y se nos dará instantáneamente la capacidad de hablar la única "lengua pura" que se habló en el principio.

Cada uno de nosotros recibirá un nuevo nombre de Dios.
Apocalipsis 2:17 RVA
[17] El que tiene oído, oiga lo que el Espíritu dice á las iglesias. Al que venciere, daré á comer del maná escondido, y le daré una piedrecita blanca, y en la piedrecita un nombre nuevo escrito, el cual ninguno conoce sino aquel que lo recibe.

Isaías 62:2 RVA
[2] Entonces verán las gentes tu justicia, y todos los reyes tu gloria; y te será puesto un nombre nuevo, que la boca de Jehová nombrará.

Resumen de las Escrituras: Dios nos dará a cada uno de nosotros un nombre nuevo que será nuestro nombre espiritual único por toda la eternidad.

El nombre de Dios, el nombre de la Ciudad Santa y el nuevo nombre de Jesús estarán escritos en nuestras frentes:
Apocalipsis 3:12 RVA
[12] Al que venciere, yo lo haré columna en el templo de mi Dios, y nunca más saldrá fuera; y escribiré sobre él el nombre de mi Dios, y el nombre de la ciudad de mi Dios, la nueva Jerusalem, la cual desciende del cielo de con mi Dios, y mi nombre nuevo.

Apocalipsis 22:3-4 RVA
[3] Y no habrá más maldición; sino que el trono de Dios y del Cordero estará en ella, y sus siervos le servirán. [4] Y verán su cara; y su nombre estará en sus frentes.

Resumen de las Escrituras: Los cristianos son los verdaderos hijos de Dios y en nuestras frentes Dios escribirá Su nombre espiritual, y el nombre espiritual de Jesús, y el nombre de la Ciudad Santa.

Todos podrán cantar.
Salmo 96:1 RVA
[1] CANTAD á Jehová canción nueva; Cantad á Jehová, toda la tierra.

Capítulo veintidós: Nuestros cuerpos resucitados

Resumen de las Escrituras: Incluso si no podemos cantar muy bien mientras estamos aquí en la tierra, después de recibir nuestros nuevos cuerpos glorificados, podremos alabar a Dios con cánticos.

Podremos reconocer otros espíritus, incluidas personas que nunca hemos conocido.

Resumen de las Escrituras: El hombre rico en el infierno sabía exactamente quién era Abraham aunque nunca lo había visto. Pedro, Juan y Santiago sabían exactamente quiénes eran Moisés y Elías cuando aparecieron en la cima de la montaña para hablar con Jesús.

Todos los cabellos de nuestra cabeza están contados.

Mateo 10:30 RVA
[30] Pues aun vuestros cabellos están todos contados.

Lucas 21:18 RVA
[18] Mas un pelo de vuestra cabeza no perecerá.

Resumen de la Escritura: Independientemente de cuándo muramos, y si seremos calvos o no cuando muramos, nuestros nuevos cuerpos glorificados tendrán una cabeza llena de cabello glorioso. Las personas que gozan de buena salud tienen un promedio de aproximadamente 100.000 cabellos en la cabeza. Si Dios puede hacer un seguimiento de cada cabello que alguna vez estuvo en nuestra cabeza, y si Dios tiene la intención de restaurar todo el cabello de nuestra cabeza, entonces es razonable suponer que Dios también restaurará cada parte de nuestro cuerpo que podamos haber perdido, como nuestros dientes y extremidades.

Podremos comer y beber. Un ejemplo es la cena de bodas del cordero.

Apocalipsis 19:9 RVA
[9] Y él me dice: Escribe: Bienaventurados los que son llamados á la cena del Cordero.

Isaías 25:6 RVR 1960
[6] Y Jehová de los ejércitos hará en este monte a todos los pueblos banquete de manjares suculentos, banquete de vinos refinados, de gruesos tuétanos y de vinos purificados.

Lucas 14:7-11 RVA
[7] Y observando cómo escogían los primeros asientos á la mesa, propuso una parábola á los convidados, diciéndoles:
[8] Cuando fueres convidado de alguno á bodas, no te sientes en el primer lugar, no sea que otro más honrado que tú esté por él convidado, [9] Y viniendo el que te llamó á ti y á él, te diga: Da lugar á éste: y entonces comiences con vergüenza á tener el lugar último. [10] Mas cuando fueres convidado, ve, y siéntate en el postrer lugar; porque cuando viniere el que te llamó, te diga: Amigo, sube arriba: entonces tendrás gloria delante de los que juntamente se asientan á la mesa. [11] Porque cualquiera que se ensalza, será humillado; y el que se humilla, será ensalzado.

Resumen de la Escritura: Recuerde que después de que Jesús resucitó, comió pescado con sus discípulos en dos ocasiones, y Jesús partió y comió pan con dos personas en su casa en Emaús. Dado que seremos como Jesús, también podremos comer y beber en nuestros cuerpos resucitados. Sin embargo, cuando nos presentamos a la cena de las bodas del Cordero debemos recordar demostrar nuestra humildad cristiana y no debemos buscar el mejor asiento en la mesa.

Nuestra ropa será vestiduras blanca.

Marcos 16:4-5 RVA
⁴ Y como miraron, ven la piedra revuelta; que era muy grande. ⁵ Y entradas en el sepulcro, vieron un mancebo sentado al lado derecho, cubierto de una larga ropa blanca; y se espantaron.

Hechos 1:9-10 RVA
⁹ Y habiendo dicho estas cosas, viéndo lo ellos, fué alzado; y una nube le recibió y le quitó de sus ojos. ¹⁰ Y estando con los ojos puestos en el cielo, entre tanto que él iba, he aquí dos varones se pusieron junto á ellos en vestidos blancos;

Apocalipsis 3:4-5 RVA
⁴ Mas tienes unas pocas personas en Sardis que no han ensuciado sus vestiduras: y andarán conmigo en vestiduras blancas; porque son dignos. ⁵ El que venciere, será vestido de vestiduras blancas; y no borraré su nombre del libro de la vida, y confesaré su nombre delante de mi Padre, y delante de sus ángeles.

Apocalipsis 7:9 RVA
⁹ Después de estas cosas miré, y he aquí una gran compañía, la cual ninguno podía contar, de todas gentes y linajes y pueblos y lenguas, que estaban delante del trono y en la presencia del Cordero, vestidos de ropas blancas, y palmas en sus manos;

Resumen de las Escrituras: Estaremos vestidos con túnicas blancas al igual que los santos ángeles.

Podemos recibir una o más coronas dependiendo de lo que hicimos mientras estábamos vivos en nuestros cuerpos mortales:

1 Corintios 9:25
RVA: ²⁵ Y todo aquel que lucha, de todo se abstiene: y ellos, á la verdad, para recibir una corona corruptible; mas nosotros, incorruptible.

RVR 1960: ²⁵ Todo aquel que lucha, de todo se abstiene; ellos, a la verdad, para recibir una corona corruptible, pero nosotros, una incorruptible.

LBLA: ²⁵ Y todo el que compite en los juegos se abstiene de todo. Ellos *lo hacen* para recibir una corona corruptible, pero nosotros, una incorruptible.

NVT: ²⁵ Todos los atletas se entrenan con disciplina. Lo hacen para ganar un premio que se desvanecerá, pero nosotros lo hacemos por un premio eterno.

La corona de justicia:
2 Timoteo 4:6-8 RVA
⁶ Porque yo ya estoy para ser ofrecido, y el tiempo de mi partida está cercano. ⁷ He peleado la buena batalla, he acabado la carrera, he guardado la fe. ⁸ Por lo demás, me está guardada *la corona de justicia,* la cual me dará el Señor, juez justo, en aquel día; y no sólo á mí, sino también á todos los que aman su venida.

La corona de la vida:
Santiago 1:12 RVA
¹² Bienaventurado el varón que sufre la tentación; porque cuando fuere probado, recibirá *la corona de vida*, que Dios ha prometido á los que le aman.

Apocalipsis 2:10 RVA
¹⁰ No tengas ningún temor de las cosas que has de padecer. He aquí, el diablo ha de enviar algunos de vosotros á la cárcel, para que seáis probados, y tendréis tribulación de diez días. Sé fiel hasta la muerte, y yo te daré *la corona de la vida.*

La corona de la gloria:
1 Pedro 5:1-4 RVA
¹ RUEGO á los ancianos que están entre vosotros, yo anciano también con ellos, y testigo de las aflicciones de Cristo, que soy también participante de la gloria que ha de ser revelada: ² Apacentad la grey de Dios que está entre vosotros, teniendo cuidado de ella, no por fuerza, sino voluntariamente; no por ganancia deshonesta, sino de un ánimo pronto; ³ Y no como teniendo señorío sobre las heredades del Señor, sino siendo dechados de la grey. ⁴ Y cuando apareciere el Príncipe de los pastores, vosotros recibiréis *la corona incorruptible de gloria.*

Resumen de las Escrituras: Se puede otorgar una o más coronas eternas a los cristianos dependiendo de lo que hicieron mientras estaban vivos en sus cuerpos mortales aquí en la tierra.

1. **Corona de justicia:** Los cristianos que esperaban ansiosamente el regreso de Jesucristo recibirán una corona eterna de justicia.
2. **Corona de vida:** Los cristianos que fueron severamente perseguidos, incluidos algunos martirizados, recibirán una corona eterna de vida.
3. **Corona de gloria:** Los ancianos que sirvieron a la iglesia y los ministros del evangelio recibirán una corona de gloria eterna.

No habrá matrimonios en el cielo.
Mateo 22:30 RVA
³⁰ Porque en la resurrección, ni los hombres tomarán mujeres, ni las mujeres marido; mas son como los ángeles de Dios en el cielo.

Marcos 12:25 RVA
²⁵ Porque cuando resucitarán de los muertos, ni se casarán, ni serán dados en casamiento, mas son como los ángeles que están en los cielos.

Lucas 20:34-36 RVA
³⁴ Entonces respondiendo Jesús, les dijo: Los hijos de este siglo se casan, y son dados en casamiento: ³⁵ Mas los que fueren tenidos por dignos de aquel siglo y de la resurrección de los muertos, ni se casan, ni son dados en casamiento: ³⁶ Porque no pueden ya más morir: porque son iguales á los ángeles, y son hijos de Dios, cuando son hijos de la resurrección.

Resumen de las Escrituras: En el cielo todos nos amaremos por igual y no habrá matrimonios.

Podremos movernos fácilmente por el aire y el espacio.

Jueces 13:18-20 RVA
¹⁸ Y el ángel de Jehová respondió: ¿Por qué preguntas por mi nombre, que es oculto?
¹⁹ Y Manoa tomó un cabrito de las cabras y un presente, y sacrificólo sobre una peña á Jehová: y el ángel hizo milagro á vista de Manoa y de su mujer.
²⁰ Porque aconteció que como la llama subía del altar hacia el cielo, el ángel de Jehová subió en la llama del altar á vista de Manoa y de su mujer, los cuales se postraron en tierra sobre sus rostros.

Juan 20:26-29 RVA
²⁶ Y ocho días después, estaban otra vez sus discípulos dentro, y con ellos Tomás. Vino Jesús, las puertas cerradas, y púsose en medio, y dijo: Paz á vosotros.
²⁷ Luego dice á Tomás: Mete tu dedo aquí, y ve mis manos: y alarga acá tu mano, y métela en mi costado: y no seas incrédulo, sino fiel.
²⁸ Entonces Tomás respondió, y díjole: Señor mío, y Dios mío!
²⁹ Dícele Jesús: Porque me has visto, Tomás, creiste: bienaventurados los que no vieron y creyeron.

Hechos 1:8-11 RVA
⁸ Mas recibiréis la virtud del Espíritu Santo que vendrá sobre vosotros; y me seréis testigos en Jerusalem, en toda Judea, y Samaria, y hasta lo último de la tierra.
⁹ Y habiendo dicho estas cosas, viéndolo ellos, fué alzado; y una nube le recibió y le quitó de sus ojos.
¹⁰ Y estando con los ojos puestos en el cielo, entre tanto que él iba, he aquí dos varones se pusieron junto á ellos en vestidos blancos; ¹¹ Los cuales también les dijeron: Varones Galileos, ¿qué estáis mirando al cielo? este mismo Jesús que ha sido tomado desde vosotros arriba en el cielo, así vendrá como le habéis visto ir al cielo.

Apocalipsis 14:6 RVA
⁶ Y vi otro ángel volar por en medio del cielo, que tenía el evangelio eterno para predicarlo á los que moran en la tierra, y á toda nación y tribu y lengua y pueblo,

Lucas 2:8-15 RVA
⁸ Y había pastores en la misma tierra, que velaban y guardaban las vigilias de la noche sobre su ganado.

⁹ Y he aquí el ángel del Señor vino sobre ellos, y la claridad de Dios los cercó de resplandor; y tuvieron gran temor.

¹⁰ Mas el ángel les dijo: No temáis; porque he aquí os doy nuevas de gran gozo, que será para todo el pueblo: ¹¹ Que os ha nacido hoy, en la ciudad de David, un Salvador, que es CRISTO el Señor. ¹² Y esto os será por señal: hallaréis al niño envuelto en pañales, echado en un pesebre.

¹³ Y *repentinamente* fué con el ángel una multitud de los ejércitos celestiales, que alababan á Dios, y decían: ¹⁴ Gloria en las alturas á Dios, Y en la tierra paz, buena voluntad para con los hombres.

¹⁵ Y aconteció que como los ángeles se fueron de ellos al cielo, los pastores dijeron los unos á los otros: Pasemos pues hasta Bethlehem, y veamos esto que ha sucedido, que el Señor nos ha manifestado.

Resumen de las Escrituras: Muchas Escrituras nos dicen que Jesús y sus ángeles pudieron aparecer en cualquier lugar que desearan sin tener que caminar allí, y lograron entrar sin tener que abrir puertas. En la escritura anterior, dos hombres vestidos de blanco (ángeles) aparecieron de repente junto a los discípulos. Los ángeles que anunciaron el nacimiento de Jesús aparecieron de repente y luego desaparecieron directamente en el cielo. Varias Escrituras nos dicen que Jesús y sus ángeles ascendieron fácilmente en el aire y podían volar por el aire sin el uso de alas. Cada vez que aparecía un ángel, siempre se veía como una persona y nunca se lo describió con alas. También recuerde que Elías y Moisés se le aparecieron a Jesús en la cima de una montaña muy alta. Dado que no tenemos alas en nuestros cuerpos mortales, y dado que Jesús nunca apareció con alas en su cuerpo resucitado, no sería razonable suponer que tendremos alas cuando recibamos nuestros cuerpos glorificados, o que necesitaríamos alas para levantarnos en el aire o volar por el aire. En cambio, sería razonable suponer que podremos movernos con la misma facilidad que Jesús y sus ángeles, y como Moisés y Elías, y no tendremos que caminar de un lugar a otro, pero podremos aparecer de repente en cualquier lugar que deseemos estar.

Cabe mencionar que algunas de las criaturas que Dios creó y que moran con Dios en el cielo sí tienen alas. Pero la Santa Biblia nunca describe que un ángel tenga alas. La única vez que se describe que una mujer tiene alas es en la descripción "figurativa" de "maldad" que se lleva en una canasta (Zacarías 5:9).

Breve resumen del capítulo
Nuestros cuerpos resucitados

1. Nuestros cuerpos inmortales glorificados resucitados serán como el cuerpo glorificado de Jesús, pero no tendremos el conocimiento ni el poder de Dios.

2. No experimentaremos tristeza, dolor, enfermedad o muerte.

3. No tendremos alas pero podremos movernos fácilmente por el aire si lo deseamos.

4. Podremos caminar como lo hacemos normalmente pero también podremos aparecer instantáneamente en cualquier lugar que deseemos. Esto significa que no necesitaremos aviones, ni automóviles, ni camiones, ni combustible para estos artículos.

5. Nos veremos como personas que están en la mitad de los treinta (más o menos) incluso si morimos jóvenes, o en la flor de la vida, o en una edad muy avanzada.

6. Tendremos todo nuestro cabello, dientes y partes del cuerpo, incluso si perdimos algunas de estas cosas durante nuestra vida terrenal.

7. Estaremos en perfecta condición física incluso si no nacimos con cuerpos perfectos, o si quedamos discapacitados durante nuestra vida, o si nuestros cuerpos fueron destruidos por una enfermedad mortal, o si nuestros cuerpos se marchitaron gradualmente debido a la edad avanzada.

8. Tendremos una visión, un oído y un habla perfectos incluso si nacimos ciegos, sordos y mudos, o si gradualmente perdimos el pleno uso de algunos de estos sentidos durante nuestra vida terrenal. Por favor recuerde que Jesús sanó a personas que habían nacido ciegas, sordas y mudas, y Jesús también sanó a un hombre que tenía una mano seca (Mateo 12:9-13). Y el apóstol Pablo sanó a un hombre que había nacido cojo (Hechos 14:8-10).

9. Todos hablaremos un idioma.

10. Podremos cantar incluso si no podíamos cantar muy bien cuando estábamos vivos.

11. Podremos comer y beber.

12. Vestiremos túnicas blancas o ropa blanca.

13. Algunas personas pueden recibir una o más coronas.

14. Tendremos el nombre espiritual de Dios, el nombre espiritual de Jesús y el nombre de la Ciudad Santa escritos en nuestras frentes y esto certificará eternamente que somos los verdaderos hijos de Dios.

15. Nos amaremos por igual.

16. No habrá matrimonios en el cielo.
17. Nuestros recuerdos seguirán existiendo. Pero no experimentaremos ningún remordimiento o dolor por nada de lo que sucedió en la tierra mientras estábamos vivos. Esto es difícil de entender para nosotros ahora, pero Dios ha prometido enjugar eternamente cada lágrima de nuestros ojos.
18. Dios decidirá intencionalmente nunca recordar ninguno de nuestros pecados. Empezaremos una nueva vida en Glory.
19. Reconoceremos a todos los que están en el cielo, incluidas las personas que nunca antes habíamos visto. También reconoceremos a todos los ángeles en el cielo.
20. Pasaremos la eternidad en compañerismo con toda la gente resucitada en el cielo y con todos los santos ángeles.
21. Pasaremos la eternidad en compañerismo con Dios el Padre, Jesucristo el Hijo y el Espíritu Santo.

Capitulo veintitrés
¿Qué edad tiene la religión cristiana?

¿Es posible establecer una fecha para el origen de la religión cristiana? Afortunadamente, el Antiguo Testamento en la Santa Biblia contiene varias Escrituras que pueden ayudarnos a responder esta pregunta. Comencemos por mirar los primeros tres versículos del Génesis, que es el primer libro de la Santa Biblia.

Génesis 1:1-3 RVA
¹ EN el principio crió *Dios* los cielos y la tierra.
² Y la tierra estaba desordenada y vacía, y las tinieblas estaban sobre la haz del abismo, y el *Espíritu de Dios* se movía sobre la haz de las aguas.
³ Y dijo Dios: *Sea la luz*: y fué la luz.

Resumen de las Escrituras: Como se explicó en el Capítulo Dos, los tres versículos anteriores mencionan a Dios el Padre, Dios el Espíritu Santo y las Palabras de Dios.

Ahora echemos un vistazo a lo que dice el Nuevo Testamento sobre las Palabras de Dios, or el Verbo de Dios.

Juan 1:1-3 RVA
¹ EN el principio era el Verbo, y el Verbo era con Dios, y el Verbo era Dios. ² Este era en el principio con Dios. ³ Todas las cosas por él fueron hechas; y sin él nada de lo que es hecho, fué hecho.

Juan 1:14 RVA
¹⁴ Y aquel Verbo fué hecho carne, y habitó entre nosotros . . .

Lucas 2:11 RVA
¹¹ . . . os ha nacido hoy, en la ciudad de David, un Salvador, que es CRISTO el Señor.

Colosenses 1:15-17 RVA
¹⁵ El cual es la imagen del Dios invisible, el primogénito de toda criatura.
¹⁶ Porque por él fueron criadas todas las cosas que están en los cielos, y que están en la tierra, visibles é invisibles; sean tronos, sean dominios, sean principados, sean potestades; todo fué criado por él y para él. ¹⁷ Y él es antes de todas las cosas, y por él todas las cosas subsisten:

Resumen de las Escrituras: Las Escrituras anteriores explican muy claramente que Jesucristo es el Verbo de Dios encarnado, y que Él es la imagen del Dios invisible, y que Él creó todo.

Ahora echemos un vistazo a lo que dice el libro de Génesis sobre Satanás y sobre Jesús.

Génesis 3:15 RVA
¹⁵ Y enemistad pondré entre ti y la mujer, y entre tu simiente y la simiente suya; ésta te herirá en la cabeza, y tú le herirás en el calcañar.

Resumen de las Escrituras: Después de que Adán y Eva comieron la fruta del árbol prohibido en el Jardín del Edén, Dios juzgó a la serpiente, a Eva y a Adán. La serpiente era Satanás, o el diablo, y la escritura anterior es el juicio de Dios sobre Satanás. La escritura anterior dice que la descendencia de la mujer aplastará la cabeza de Satanás (o derrotará a Satanás), pero Satanás golpeará el talón de la descendencia de la mujer. Jesucristo es la descendencia prometida de la mujer que derrotó a Satanás cuando murió en la cruz. Satanás es el que poseyó a los líderes judíos para exigir la muerte de Jesús, y Satanás es el que poseyó a las autoridades romanas que condenaron a Jesús a muerte en la cruz al clavarle las manos y los pies en la cruz (tú le herirás en el calcañar).

Ahora echemos un vistazo a algunas Escrituras más del Antiguo Testamento sobre el Mesías que fueron cumplidas por Jesucristo en el Nuevo Testamento. Las fechas que se muestran a continuación para los libros del Antiguo Testamento son las fechas aproximadas en que se escribieron esos libros. Las fechas que se muestran a continuación para las Escrituras del Nuevo Testamento son las fechas aproximadas cuando Jesucristo cumplió las profecías del Antiguo Testamento.

Profecías del Antiguo Testamento:
El nacimiento de Jesucristo el Mesías

Fecha: Miqueas se escribió alrededor del 710 a.C.

Miqueas 5:2 RVA
² Mas tú, Beth-lehem Ephrata, pequeña para ser en los millares de Judá, de ti me saldrá el que será Señor en Israel; y sus salidas son desde el principio, desde los días del siglo.

Fecha: Isaías fue escrito alrededor del 680 a.C.

Isaías 7:14 RVA
¹⁴ Por tanto el mismo Señor os dará señal: He aquí que la virgen concebirá, y parirá hijo, y llamará su nombre Emmanuel.

Cumplimiento de las profecías anteriores
en el Nuevo Testamento

Fecha: El siguiente evento ocurrió aproximadamente en 6 o 5 a.C.

Mateo 1:18-24 RVA
¹⁸ Y el nacimiento de Jesucristo fué así: Que siendo María su madre desposada con José, antes que se juntasen, se halló haber concebido del Espíritu Santo.

¹⁹ Y José su marido, como era justo, y no quisiese infamarla, quiso dejarla secretamente. ²⁰ Y pensando él en esto, he aquí el ángel del Señor le aparece en sueños, diciendo: José, hijo de David, no temas de recibir á María tu mujer, porque lo que en ella es engendrado, del Espíritu Santo es. ²¹ Y parirá un hijo, y llamarás su nombre JESUS, porque él salvará á su pueblo de sus pecados.

²² Todo esto aconteció para que se cumpliese lo que fué dicho por el Señor, por el profeta que dijo: ²³ He aquí la virgen concebirá y parirá un hijo, Y llamarás su nombre Emmanuel, que declarado, es: Con nosotros Dios.
²⁴ Y despertando José del sueño, hizo como el ángel del Señor le había mandado, y recibió á su mujer.

Fecha: El siguiente evento ocurrió aproximadamente en 4 o 3 a.C.

Mateo 2:1-6 RVA
¹ Y COMO fué nacido Jesús en Bethlehem de Judea en días del rey Herodes, he aquí unos magos vinieron del oriente á Jerusalem, ² Diciendo: ¿Dónde está el Rey de los Judíos, que ha nacido? porque su estrella hemos visto en el oriente, y venimos á adorarle.
³ Y oyendo esto el rey Herodes, se turbó, y toda Jerusalem con él. ⁴ Y convocados todos los príncipes de los sacerdotes, y los escribas del pueblo, les preguntó dónde había de nacer el Cristo. ⁵ Y ellos le dijeron: En Bethlehem de Judea; porque así está escrito por el profeta: ⁶ Y tú, Bethlehem, de tierra de Judá, No eres muy pequeña entre los príncipes de Judá; Porque de ti saldrá un guiador, Que apacentará á mi pueblo Israel.

Resumen de las Escrituras: Aproximadamente en el 710 a. C. Miqueas profetizó que el Mesías nacería en Belén. Aproximadamente en el 680 a.C. Isaías profetizó que una virgen daría a luz a un hijo que se llamaría Emanuel. Aproximadamente 676 años después, Jesucristo, el Mesías, fue concebido dentro de Su madre María por el Espíritu Santo, y su madre permaneció virgen hasta algún tiempo después de que dio a luz a Jesús en Belén. El nombre Emmanuel significa "Dios con nosotros".

Profecía del Antiguo Testamento:
El Mesías traerá salvación a todos, incluidos judíos y gentiles
(Nota: Gentiles se refiere a todas las personas no judías)

Fecha: Isaías fue escrito alrededor del 680 a.C.

Isaías 9:1-2 RVA
¹ AUNQUE no será esta oscuridad tal como la aflicción que le vino en el tiempo que livianamente tocaron la primera vez á la tierra de Zabulón, y á la tierra de Nephtalí; y después cuando agravaron por la vía de la mar, de esa parte del Jordán, en Galilea de las gentes. ² El pueblo que andaba en tinieblas vió gran luz: los que moraban en tierra de sombra de muerte, luz resplandeció sobre ellos.

Fecha: Isaías fue escrito alrededor del 680 a.C.

Isaías 42:6-9 RVA
⁶ Yo Jehová te he llamado en justicia, y te tendré por la mano; te guardaré y te pondré por alianza del pueblo, por luz de las gentes; ⁷ Para que abras ojos de ciegos, para que saques de la cárcel á los presos, y de casas de prisión á los que están de asiento en tinieblas.
⁸ Yo Jehová: este es mi nombre; y á otro no daré mi gloria, ni mi alabanza

á esculturas. ⁹ Las cosas primeras he aquí vinieron, y yo anuncio nuevas cosas: antes que salgan á luz, yo os las haré notorias.

Fecha: Isaías fue escrito alrededor del 680 a.C.

Isaías 49:6 RVA
⁶ . . . Poco es que tú me seas siervo para levantar las tribus de Jacob, y para que restaures los asolamientos de Israel: también te dí por luz de las gentes, para que seas mi salud hasta lo postrero de la tierra.

Fecha: Isaías fue escrito alrededor del 680 a.C.

Isaías 49:22 RVA
²² Así dijo el Señor Jehová: He aquí, yo alzaré mi mano á las gentes, y á los pueblos levantaré mi bandera; y traerán en brazos tus hijos, y tus hijas serán traídas en hombros.

Cumplimiento de la profecía anterior en el Nuevo Testamento

Fecha: El siguiente evento ocurrió aproximadamente en 4 o 3 a.C.

Lucas 2:21-32 RVA
²¹ Y pasados los ocho días para circuncidar al niño, llamaron su nombre JESUS; el cual le fué puesto por el ángel antes que él fuese concebido en el vientre.
²² Y como se cumplieron los días de la purificación de ella, conforme á la ley de Moisés, le trajeron á Jerusalem para presentarle al Señor, ²³ (Como está escrito en la ley del Señor: Todo varón que abriere la matriz, será llamado santo al Señor), ²⁴ Y para dar la ofrenda, conforme á lo que está dicho en la ley del Señor: un par de tórtolas, ó dos palominos.
²⁵ Y he aquí, había un hombre en Jerusalem, llamado Simeón, y este hombre, justo y pío, esperaba la consolación de Israel: y el Espíritu Santo era sobre él. ²⁶ Y había recibido respuesta del Espíritu Santo, que no vería la muerte antes que viese al Cristo del Señor. ²⁷ Y vino por Espíritu al templo. Y cuando metieron al niño Jesús sus padres en el templo, para hacer por él conforme á la costumbre de la ley. ²⁸ Entonces él le tomó en sus brazos, y bendijo á Dios, y dijo:
²⁹ Ahora despides, Señor, á tu siervo, Conforme á tu palabra, en paz; ³⁰ Porque han visto mis ojos tu salvación, ³¹ La cual has aparejado en presencia de todos los pueblos; ³² Luz para ser revelada á los Gentiles, Y la gloria de tu pueblo Israel.

Fecha: El siguiente evento ocurrió aproximadamente en 31 o 32 d.C.

Mateo 4:12-16 RVA
¹² Mas oyendo Jesús que Juan era preso, se volvió á Galilea; ¹³ Y dejando á Nazaret, vino y habitó en Capernaum, ciudad marítima, en los confines de Zabulón y de Nephtalim: ¹⁴ Para que se cumpliese lo que fué dicho por el profeta Isaías, que dijo:

¹⁵ La tierra de Zabulón, y la tierra de Nephtalim, Camino de la mar, de la otra parte del Jordán, Galilea de los Gentiles; ¹⁶ El pueblo asentado en tinieblas, Vió gran luz; Y á los sentados en región y sombra de muerte, Luz les esclareció.

Fecha: El siguiente evento ocurrió aproximadamente en 46 o 47 d.C.

Hechos 13:26 RVA
²⁶ Varones hermanos, hijos del linaje de Abraham, y los que entre vosotros temen á Dios, á vosotros es enviada la palabra de esta salud.

Fecha: El siguiente evento ocurrió aproximadamente en 46 o 47 d.C.

Hechos 13:47-48 RVA
⁴⁷ Porque así nos ha mandado el Señor, diciendo: Te he puesto para luz de los Gentiles, Para que seas salud hasta lo postrero de la tierra.
⁴⁸ Y los Gentiles oyendo esto, fueron gozosos, y glorificaban la palabra del Señor: y creyeron todos los que estaban ordenados para vida eterna.

Resumen de las Escrituras: Aproximadamente en el 680 a.C. Isaías profetizó que el Mesías traería salvación a los gentiles. Aproximadamente 711 años después, Jesús comenzó a predicar el evangelio de salvación a los gentiles.

Profecía del Antiguo Testamento:
El Mesías montará el potro de un burro hasta Jerusalem

Fecha: Zacarías fue escrito alrededor del 470 a.C.

Zacarías 9:9 RVA
⁹ Alégrate mucho, hija de Sión; da voces de júbilo, hija de Jerusalem: he aquí, tu rey vendrá á ti, justo y salvador, humilde, y cabalgando sobre un asno, así sobre un pollino hijo de asna.

Cumplimiento de la profecía anterior
en el Nuevo Testamento

Fecha: El siguiente evento ocurrió aproximadamente en el año 33 d.C.

Juan 12:14-15 RVA
¹⁴ Y halló Jesús un asnillo, y se sentó sobre él, como está escrito: ¹⁵ No temas, hija de Sión: he aquí tu Rey viene, sentado sobre un pollino de asna.

Fecha: El siguiente evento ocurrió aproximadamente en el año 33 d.C.

Mateo 21:1-9 RVA
¹ Y COMO se acercaron á Jerusalem, y vinieron á Bethfagé, al monte de las Olivas, entonces Jesús envió dos discípulos, ² Diciéndoles: Id á la aldea que está delante de vosotros, y luego hallaréis una asna atada, y un pollino con ella: desatad la, y traédme los. ³ Y si alguno os dijere algo, decid: El Señor los ha menester. Y luego los dejará. ⁴ Y todo esto fué hecho, para que se cumpliese lo que fué dicho por el profeta, que dijo: ⁵ Decid á la hija de Sión: He aquí, tu Rey viene á ti, Manso, y sentado sobre una asna, Y sobre un pollino, hijo de animal de yugo.

⁶ Y los discípulos fueron, é hicieron como Jesús les mandó; ⁷ Y trajeron el asna y el pollino, y pusieron sobre ellos sus mantos; y se sentó sobre ellos.
⁸ Y la compañía, que era muy numerosa, tendía sus mantos en el camino: y otros cortaban ramos de los árboles, y los tendían por el camino. ⁹ Y las gentes que iban delante, y las que iban detrás, aclamaban diciendo:
Hosanna al Hijo de David!
Bendito el que viene en el nombre del Señor!
Hosanna en las alturas!

Resumen de las Escrituras: Aproximadamente en el 470 a.C. Zacarías profetizó que el Mesías cabalgaría en un pollino de burro hacia Jerusalem. Aproximadamente 503 años después, Jesús cumplió esta profecía al entrar en Jerusalem montado en un burro.

Profecías del Antiguo Testamento:
El Mesías será traicionado por 30 piezas de plata
y la plata será arrojada al templo para el alfarero

Fecha: Zacarías fue escrito alrededor del 470 a.C.

Zacarías 11:12-13 RVA
¹² Y díjeles: Si os parece bien, dadme mi salario; y si no, dejadlo. Y pesaron para mi salario treinta piezas de plata. ¹³ Y díjome Jehová: Echalo al tesorero, hermoso precio con que me han apreciado. Y tomé las treinta piezas de plata, y echélas en la casa de Jehová al tesorero.

Zacarías 11:13 LBLA
¹³ Entonces el SEÑOR me dijo: Arrójalo al alfarero (*ese* magnífico precio con que me valoraron). Tomé pues, las treinta *piezas* de plata y las arrojé al alfarero en la casa del SEÑOR.

Cumplimiento de las profecías anteriores
en el Nuevo Testamento

Fecha: El siguiente evento ocurrió aproximadamente en el año 33 d.C.

Mateo 26:14-16 RVA
¹⁴ Entonces uno de los doce, que se llamaba Judas Iscariote, fué á los príncipes de los sacerdotes, ¹⁵ Y les dijo: ¿Qué me queréis dar, y yo os lo entregaré? Y ellos le señalaron treinta piezas de plata. ¹⁶ Y desde entonces buscaba oportunidad para entregarle.

Fecha: El siguiente evento ocurrió aproximadamente en el año 33 d.C.

Mateo 27:3-8 RVA
³ Entonces Judas, el que le había entregado, viendo que era condenado, volvió arrepentido las treinta piezas de plata á los príncipes de los sacerdotes y á los ancianos, ⁴ Diciendo: Yo he pecado entregando la sangre inocente. Mas ellos dijeron: ¿Qué se nos da á nosotros? Viéras lo tú.
⁵ Y arrojando las piezas de plata en el templo, partióse; y fué, y se ahorcó.
⁶ Y los príncipes de los sacerdotes, tomando las piezas de plata, dijeron: No es lícito echarlas en el tesoro de los dones, porque es precio de sangre.

⁷ Mas habido consejo, compraron con ellas el campo del alfarero, por sepultura para los extranjeros. ⁸ Por lo cual fué llamado aquel campo, Campo de sangre, hasta el día de hoy.

Resumen de las Escrituras: Aproximadamente en el 470 a.C. Zacarías profetizó que el Mesías sería vendido por 30 piezas de plata que serían arrojadas al templo e irían a un alfarero. Aproximadamente 503 años después, Judas traicionó a Jesús por 30 piezas de plata y arrojó la plata en el templo y se usó para comprar un campo de alfarero.

Profecías del Antiguo Testamento:
La crucifixión y muerte de Jesucristo el Mesías

Fecha: El Salmo 22 fue escrito alrededor del 970 a.C.

Salmo 22:1 RVA
¹ DIOS mío, Dios mío, ¿por qué me has dejado?

Salmo 22:7-8 RVA
⁷ Todos los que me ven, escarnecen de mí; Estiran los labios, menean la cabeza, diciendo: ⁸ Remítese á Jehová, líbrelo; Sálvele, puesto que en él se complacía.

Salmo 22:14-18 RVA
¹⁴ Heme escurrido como aguas, Y todos mis huesos se descoyuntaron: Mi corazón fué como cera, Desliéndose en medio de mis entrañas.

¹⁵ Secóse como un tiesto mi vigor, Y mi lengua se pegó á mi paladar; Y me has puesto en el polvo de la muerte.

¹⁶ Porque perros me han rodeado, Hame cercado cuadrilla de malignos: Horadaron mis manos y mis pies.

¹⁷ Contar puedo todos mis huesos; Ellos miran, considéranme.

¹⁸ Partieron entre sí mis vestidos, Y sobre mi ropa echaron suertes.

Fecha: El Salmo 34 fue escrito alrededor del 950 a.C.

Salmo 34:19-20 RVA
¹⁹ Muchos son los males del justo; Mas de todos ellos lo librará Jehová. ²⁰ El guarda todos sus huesos; Ni uno de ellos será quebrantado.

Fecha: El Salmo 31 fue escrito alrededor del 950 a.C.

Salmo 31:5 RVA
⁵ En tu mano encomiendo mi espíritu:

Fecha: Isaías fue escrito alrededor del 680 a.C.

Isaías 53:5-11 RVA
⁵ Mas él herido fué por nuestras rebeliones, molido por nuestros pecados: el castigo de nuestra paz sobre él; y por su llaga fuimos nosotros curados.

⁶ Todos nosotros nos descarriamos como ovejas, cada cual se apartó por su camino: mas Jehová cargó en él el pecado de todos nosotros.

⁷ Angustiado él, y afligido, no abrió su boca: como cordero fué llevado al matadero; y como oveja delante de sus trasquiladores, enmudeció, y no abrió su boca. ⁸ De la cárcel y del juicio fué quitado; y su generación ¿quién la contará? Porque cortado fué de la tierra de los vivientes; por la rebelión de mi pueblo fué herido.

⁹ Y dipúsose con los impíos su sepultura, mas con los ricos fué en su muerte; porque nunca hizo él maldad, ni hubo engaño en su boca.

¹⁰ Con todo eso Jehová quiso quebrantarlo, sujetándole á padecimiento. Cuando hubiere puesto su vida en expiación por el pecado, verá linaje, vivirá por largos días, y la voluntad de Jehová será en su mano prosperada.

¹¹ Del trabajo de su alma verá y será saciado; con su conocimiento justificará mi siervo justo á muchos, y él llevará las iniquidades de ellos.

Fecha: Zacarías fue escrito alrededor del 470 a.C.

Zacarías 12:10 RVA

¹⁰ Y derramaré sobre la casa de David, y sobre los moradores de Jerusalem, espíritu de gracia y de oración; y mirarán á mí, á quien traspasaron, y harán llanto sobre él, como llanto sobre unigénito, afligiéndose sobre él como quien se aflige sobre primogénito.

Cumplimiento de las profecías anteriores en el Nuevo Testamento

Fecha: El siguiente evento ocurrió aproximadamente en el año 33 d.C.

Mateo 27:33-54 RVA

³³ Y como llegaron al lugar que se llamaba Gólgotha, que es dicho, El lugar de la calavera, ³⁴ Le dieron á beber vinagre mezclado con hiel: y gustando, no quiso beber lo.

³⁵ Y después que le hubieron crucificado, repartieron sus vestidos, echando suertes: para que se cumpliese lo que fué dicho por el profeta: Se repartieron mis vestidos, y sobre mi ropa echaron suertes.

³⁶ Y sentados le guardaban allí. ³⁷ Y pusieron sobre su cabeza su causa escrita: ESTE ES JESUS EL REY DE LOS JUDIOS.

³⁸ Entonces crucificaron con él dos ladrones, uno á la derecha, y otro á la izquierda.

³⁹ Y los que pasaban, le decían injurias, meneando sus cabezas, ⁴⁰ Y diciendo: Tú, el que derribas el templo, y en tres días lo reedificas, sálvate á ti mismo: si eres Hijo de Dios, desciende de la cruz.

⁴¹ De esta manera también los príncipes de los sacerdotes, escarneciendo con los escribas y los Fariseos y los ancianos, decían: ⁴² á otros salvó, á sí mismo no puede salvar: si es el Rey de Israel, descienda ahora de la cruz, y creeremos en él. ⁴³ Confió en Dios: líbrele ahora si le quiere: porque ha dicho: Soy Hijo de Dios. ⁴⁴ Lo mismo también le zaherían los ladrones que estaban crucificados con él.

⁴⁵ Y desde la hora de sexta fueron tinieblas sobre toda la tierra hasta la hora de nona.

⁴⁶ Y cerca de la hora de nona, Jesús exclamó con grande voz, diciendo: Eli, Eli, ¿lama sabachtani? Esto es: Dios mío, Dios mío, ¿por qué me has desamparado?

⁴⁷ Y algunos de los que estaban allí, oyéndolo, decían: A Elías llama éste.

⁴⁸ Y luego, corriendo uno de ellos, tomó una esponja, y la hinchió de vinagre, y poniéndola en una caña, dábale de beber. ⁴⁹ Y los otros decían: Deja, veamos si viene Elías á librarle.

⁵⁰ Mas Jesús, habiendo otra vez exclamado con grande voz, dió el espíritu.

⁵¹ Y he aquí, el velo del templo se rompió en dos, de alto á bajo: y la tierra tembló, y las piedras se hendieron; ⁵² Y abriéronse los sepulcros, y muchos cuerpos de santos que habían dormido, se levantaron; ⁵³ Y salidos de los sepulcros, después de su resurrección, vinieron á la santa ciudad, y aparecieron á muchos.

⁵⁴ Y el centurión, y los que estaban con él guardando á Jesús, visto el terremoto, y las cosas que habían sido hechas, temieron en gran manera, diciendo: Verdaderamente Hijo de Dios era éste.

Fecha: El siguiente evento ocurrió aproximadamente en el año 33 d.C.

Lucas 23:46 RVR 1960
⁴⁶ Entonces Jesús, clamando a gran voz, dijo: Padre, en tus manos encomiendo mi espíritu. Y habiendo dicho esto, expiró.

Fecha: El siguiente evento ocurrió aproximadamente en el año 33 d.C.

Juan 19:23-24 RVA
²³ Y como los soldados hubieron crucificado á Jesús, tomaron sus vestidos, é hicieron cuatro partes (para cada soldado una parte); y la túnica; mas la túnica era sin costura, toda tejida desde arriba.

²⁴ Y dijeron entre ellos: No la partamos, sino echemos suertes sobre ella, de quién será; para que se cumpliese la Escritura, que dice: Partieron para sí mis vestidos, Y sobre mi vestidura echaron suertes. Y los soldados hicieron esto.

Fecha: El siguiente evento ocurrió aproximadamente en el año 33 d.C.

Juan 19:31-37 RVA
³¹ Entonces los Judíos, por cuanto era la víspera de la Pascua, para que los cuerpos no quedasen en la cruz en el sábado, pues era el gran día del sábado, rogaron á Pilato que se les quebrasen las piernas, y fuesen quitados. ³² Y vinieron los soldados, y quebraron las piernas al primero, y asimismo al otro que había sido crucificado con él.

³³ Mas cuando vinieron á Jesús, como le vieron ya muerto, no le quebraron las piernas: ³⁴ Empero uno de los soldados le abrió el costado con una lanza, y luego salió sangre y agua.

³⁵ Y el que lo vió, da testimonio, y su testimonio es verdadero: y él sabe

que dice verdad, para que vosotros también creáis. ³⁶ Porque estas cosas fueron hechas para que se cumpliese la Escritura: Hueso no quebrantaréis de él. ³⁷ Y también otra Escritura dice: Mirarán al que traspasaron.

Fecha: El siguiente evento ocurrió aproximadamente en el año 33 d.C.

Mateo 27:57-60 RVA

⁵⁷ Y como fué la tarde del día, vino un hombre rico de Arimatea, llamado José, el cual también había sido discípulo de Jesús. ⁵⁸ Este llegó á Pilato, y pidió el cuerpo de Jesús: entonces Pilato mandó que se le diese el cuerpo. ⁵⁹ Y tomando José el cuerpo, lo envolvió en una sábana limpia, ⁶⁰ Y lo puso en su sepulcro nuevo, que había labrado en la peña: y revuelta una grande piedra á la puerta del sepulcro, se fué.

Resumen de las Escrituras: El Antiguo Testamento profetizó que el Mesías moriría y que cargaría con los pecados de su pueblo y los justificaría. Al Mesías le perforarían las manos y los pies, pero ninguno de sus huesos se rompería. Sus vestiduras se dividirían echando suertes. El Mesías diría: "Dios mío, Dios mío, ¿por qué me has desamparado?" El Mesías moriría con los malvados pero Su tumba estaría con los ricos. Todo esto sería hecho por el conocimiento previo de Dios porque Dios aceptaría la muerte del Mesías como una ofrenda por la culpa por el pecado porque el Mesías no habría hecho nada malo y el Mesías no habría dicho nada que fuera malicioso o falso. Cuando Jesucristo, el Mesías, murió en la cruz, cumplió cada una de estas profecías del Antiguo Testamento. Jesús también cumplió muchas otras profecías que no se mencionan en este breve capítulo.

Profecía del Antiguo Testamento:
La resurrección de Jesucristo el Mesías

Fecha: El Salmo 16 fue escrito alrededor del 970 a.C.

Salmo 16:9-10 RVA

⁹ Alegróse por tanto mi corazón, y se gozó mi gloria: También mi carne reposará segura. ¹⁰ Porque no dejarás mi alma en el sepulcro; Ni permitirás que tu santo vea corrupción.

Cumplimiento de la profecía anterior
en el Nuevo Testamento

Fecha: El siguiente evento ocurrió aproximadamente en el año 33 d.C.

Mateo 27:65-66 RVA

⁶⁵ Y Pilato les dijo: Tenéis una guardia: id, aseguradlo como sabéis. ⁶⁶ Y yendo ellos, aseguraron el sepulcro, sellando la piedra, con la guardia.

Fecha: El siguiente evento ocurrió aproximadamente en el año 33 d.C.

Mateo 28:1-8 RVR 1960

¹ Pasado el día de reposo, al amanecer del primer día de la semana, vinieron María Magdalena y la otra María, a ver el sepulcro.

² Y hubo un gran terremoto; porque un ángel del Señor, descendiendo del cielo y llegando, removió la piedra, y se sentó sobre ella. ³ Su aspecto era como un relámpago, y su vestido blanco como la nieve. ⁴ Y de miedo de él los guardas temblaron y se quedaron como muertos.

⁵ Mas el ángel, respondiendo, dijo a las mujeres: No temáis vosotras; porque yo sé que buscáis a Jesús, el que fue crucificado. ⁶ No está aquí, pues ha resucitado, como dijo. Venid, ved el lugar donde fue puesto el Señor. ⁷ E id pronto y decid a sus discípulos que ha resucitado de los muertos, y he aquí va delante de vosotros a Galilea; allí le veréis. He aquí, os lo he dicho.

⁸ Entonces ellas, saliendo del sepulcro con temor y gran gozo, fueron corriendo a dar las nuevas a sus discípulos. Y mientras iban a dar las nuevas a los discípulos,

Fecha: El siguiente evento ocurrió aproximadamente en el año 33 d.C.

Mateo 28:16-20 RVA

¹⁶ Mas los once discípulos se fueron á Galilea, al monte donde Jesús les había ordenado. ¹⁷ Y como le vieron, le adoraron: mas algunos dudaban.

¹⁸ Y llegando Jesús, les habló, diciendo: Toda potestad me es dada en el cielo y en la tierra. ¹⁹ Por tanto, id, y doctrinad á todos los Gentiles, bautizándolos en el nombre del Padre, y del Hijo, y del Espíritu Santo: ²⁰ Enseñándoles que guarden todas las cosas que os he mandado: y he aquí, yo estoy con vosotros todos los días, hasta el fin del mundo. Amén.

Fecha: El siguiente evento ocurrió aproximadamente en el año 33 d.C.

Hechos 1:8-11 RVA

⁸ Mas recibiréis la virtud del Espíritu Santo que vendrá sobre vosotros; y me seréis testigos en Jerusalem, en toda Judea, y Samaria, y hasta lo último de la tierra.

⁹ Y habiendo dicho estas cosas, viéndolo ellos, fué alzado; y una nube le recibió y le quitó de sus ojos.

¹⁰ Y estando con los ojos puestos en el cielo, entre tanto que él iba, he aquí dos varones se pusieron junto á ellos en vestidos blancos; ¹¹ Los cuales también les dijeron: Varones Galileos, ¿qué estáis mirando al cielo? este mismo Jesús que ha sido tomado desde vosotros arriba en el cielo, así vendrá como le habéis visto ir al cielo.

Fecha: El siguiente evento ocurrió aproximadamente en el año 33 d.C.

Hechos 2:22-33 RVA

²² Varones Israelitas, oid estas palabras:

Jesús Nazareno, varón aprobado de Dios entre vosotros en maravillas y prodigios y señales, que Dios hizo por él en medio de vosotros, como también vosotros sabéis; ²³ A éste, entregado por determinado consejo y providencia de Dios, prendisteis y matasteis por manos de los inicuos, crucificándole; ²⁴ Al cual Dios levantó, sueltos los dolores de la muerte, por cuanto era imposible ser detenido de ella.

²⁵ Porque David dice de él:
> Veía al Señor siempre delante de mí: Porque está á mi diestra, no seré conmovido. ²⁶ Por lo cual mi corazón se alegró, y gozóse mi lengua; Y aun mi carne descansará en esperanza; ²⁷ Que no dejarás mi alma en el infierno, Ni darás á tu Santo que vea corrupción. ²⁸ Hicísteme notorios los caminos de la vida; Me henchirás de gozo con tu presencia.

²⁹ Varones hermanos, se os puede libremente decir del patriarca David, que murió, y fué sepultado, y su sepulcro está con nosotros hasta del día de hoy. ³⁰ Empero siendo profeta, y sabiendo que con juramento le había Dios jurado que del fruto de su lomo, cuanto á la carne, levantaría al Cristo que se sentaría sobre su trono; ³¹ Viéndolo antes, habló de la resurrección de Cristo, que su alma no fué dejada en el infierno, ni su carne vió corrupción. ³² A este Jesús resucitó Dios, de lo cual todos nosotros somos testigos. ³³ Así que, levantado por la diestra de Dios, y recibiendo del Padre la promesa del Espíritu Santo, ha derramado esto que vosotros veis y oís.

Fecha: El siguiente evento ocurrió aproximadamente en el año 33 d.C.

1 Corintios 15:3-8 RVA
³ Porque primeramente os he enseñado lo que asimismo recibí: Que Cristo fué muerto por nuestros pecados conforme á las Escrituras; ⁴ Y que fué sepultado, y que resucitó al tercer día, conforme á las Escrituras; ⁵ Y que apareció á Cefas, y después á los doce. 6 Después apareció á más de quinientos hermanos juntos; de los cuales muchos viven aún, y otros son muertos. ⁷ Después apareció á Jacobo; después á todos los apóstoles. ⁸ Y el postrero de todos, como á un abortivo, me apareció á mí.

Resumen de las Escrituras: El Antiguo Testamento decía que el Mesías, el Santo, moriría, pero su cuerpo no sería dejado en la tumba para que se pudriera. Jesucristo, el Mesías, fue crucificado y derramó Su Santa Sangre al morir en la cruz. Luego le atravesaron el costado con una lanza para verificar que estaba realmente muerto. Luego fue enterrado en una tumba y la tumba fue sellada y custodiada por soldados romanos. Sin embargo, al tercer día resucitó de entre los muertos y comenzó a aparecer a cientos de personas. Justo antes de que Jesús ascendiera al cielo para sentarse a la diestra del trono de Dios su Padre, Jesús les dijo a sus discípulos que fueran al mundo entero y dar testimonio a todas las personas y darles las buenas nuevas acerca de Él y acerca del don de la vida eterna que está disponible por la gracia de Dios para todo el que cree en Él.

Profecía del Antiguo Testamento:
El descendiente de David gobernará para siempre

Fecha: 2 Samuel fue escrito alrededor del 980 a.C.

2 Samuel 7:4-5 y 7:16-17 RVA

⁴ Y aconteció aquella noche, que fué palabra de Jehová á Nathán, diciendo: ⁵ Ve y di á mi siervo David: Así ha dicho Jehová: ¿Tú me has de edificar casa en que yo more? ...

¹⁶ Y será afirmada tu casa y tu reino para siempre delante de tu rostro; y tu trono será estable eternalmente.

¹⁷ Conforme á todas estas palabras, y conforme á toda esta visión, así habló Nathán á David.

Fecha: El Salmo 89 fue escrito alrededor del 980 a.C.

Salmo 89:34-37 RVA

³⁴ No olvidaré mi pacto, Ni mudaré lo que ha salido de mis labios. ³⁵ Una vez he jurado por mi santidad, Que no mentiré á David. ³⁶ Su simiente será para siempre, Y su trono como el sol delante de mí. ³⁷ Como la luna será firme para siempre, Y como un testigo fiel en el cielo. (Selah.)

Cumplimiento de la profecía anterior en el Nuevo Testamento

Fecha: El siguiente evento ocurrió aproximadamente en el año 33 d.C.

Mateo 28:16-20 RVA

¹⁶ Mas los once discípulos se fueron á Galilea, al monte donde Jesús les había ordenado. ¹⁷ Y como le vieron, le adoraron: mas algunos dudaban. ¹⁸ Y llegando Jesús, les habló, diciendo: Toda potestad me es dada en el cielo y en la tierra. ¹⁹ Por tanto, id, y doctrinad á todos los Gentiles, bautizándolos en el nombre del Padre, y del Hijo, y del Espíritu Santo: ²⁰ Enseñándoles que guarden todas las cosas que os he mandado: y he aquí, yo estoy con vosotros todos los días, hasta el fin del mundo. Amén.

Fecha: El siguiente evento ocurrió aproximadamente en el año 33 d.C.

Hechos 5:29-32 RVA

²⁹ Y respondiendo Pedro y los apóstoles, dijeron: Es menester obedecer á Dios antes que á los hombres. ³⁰ El Dios de nuestros padres levantó á Jesús, al cual vosotros matasteis colgándole de un madero. ³¹ A éste ha Dios ensalzado con su diestra por Príncipe y Salvador, para dar á Israel arrepentimiento y remisión de pecados. ³² Y nosotros somos testigos suyos de estas cosas, y también el Espíritu Santo, el cual ha dado Dios á los que le obedecen.

Fecha: El siguiente evento ocurrió aproximadamente en el año 34 d.C.

Hechos 7:55-56 RVA

⁵⁵ Más él, estando lleno de Espíritu Santo, puestos los ojos en el cielo, vió la gloria de Dios, y á Jesús que estaba á la diestra de Dios,

⁵⁶ Y dijo: He aquí, veo los cielos abiertos, y al Hijo del hombre que está á la diestra de Dios.

Fecha: Pablo registró el siguiente evento alrededor del 57 d.C.

Romanos 8:34 RVA
³⁴ ¿Quién es el que condenará? Cristo es el que murió; más aún, el que también resucitó, quien además está á la diestra de Dios, el que también intercede por nosotros.

Fecha: Juan registró el siguiente evento alrededor del año 95 d.C.

Apocalipsis 1:4-5 RVA
⁴ Juan á las siete iglesias que están en Asia: Gracia sea con vosotros, y paz del que es y que era y que ha de venir, y de los siete Espíritus que están delante de su trono; ⁵ Y de Jesucristo, el testigo fiel, el primogénito de los muertos, y príncipe de los reyes de la tierra. Al que nos amó, y nos ha lavado de nuestros pecados con su sangre,

Resumen de las Escrituras: 2 Samuel y el Salmo 89 fueron escritos alrededor del 980 a.C. y ambos profetizaron que un futuro descendiente de David gobernaría sobre toda la tierra para siempre. Aproximadamente 976 años después, en el 4 a.C. Jesucristo nació y era descendiente de David. Cuando murió aproximadamente en el año 33 d.C., toda la autoridad en el cielo y la tierra le fue dada a Jesús y ascendió al cielo y comenzó a gobernar a la diestra de Dios Su Padre. Jesús todavía está gobernando desde el cielo hoy y continuará gobernando sobre toda la creación para siempre.

Breve resumen del capítulo
¿Qué edad tiene la religión cristiana?

Este capítulo solo contiene algunas de las profecías sobre el Mesías y sobre cómo Jesucristo cumplió esas profecías. La Santa Biblia contiene muchas más profecías que Jesús cumplió, pero no es posible incluir todas esas profecías en este breve capítulo.

La religión cristiana se describe en detalle en el Nuevo Testamento de la Santa Biblia. Jesucristo, el Mesías del Nuevo Testamento, se menciona con frecuencia en el Antiguo Testamento de la Santa Biblia comenzando con la creación de los cielos y la tierra. Por tanto, la religión cristiana tuvo su origen antes del comienzo del mundo. La siguiente escritura da testimonio de este hecho.

Apocalipsis 13:8
RVA: ⁸ Y todos los que moran en la tierra le adoraron, cuyos nombres no están escritos en *el libro de la vida del Cordero, el cual fué muerto desde el principio del mundo.*

RVR 1960: ⁸ Y la adoraron todos los moradores de la tierra cuyos nombres no estaban escritos en *el libro de la vida del Cordero que fue inmolado desde el principio del mundo.*

LBLA: ⁸ Y la adorarán todos los que moran en la tierra, cuyos nombres no han sido escritos, *desde la fundación del mundo, en el libro de la vida del Cordero que fue inmolado.*

NTV: ⁸ Y adoraron a la bestia todos los que pertenecen a este mundo, aquellos cuyos nombres no estaban escritos en *el libro de la vida que pertenece al Cordero que fue sacrificado antes de la creación del mundo.*

La muerte y resurrección de Jesús está documentada en muchos documentos antiguos que no fueron escritos por personas religiosas. La verdad es que la muerte y resurrección de Jesucristo es el evento mejor documentado en la historia del mundo antiguo. Muchas personas diferentes que no eran religiosas han investigado cuidadosa y meticulosamente estos escritos antiguos y constantemente han llegado a la conclusión de que Jesús era una persona real, que fue crucificado y que resucitó de entre los muertos precisamente en la forma en que estos eventos se describen en la Santa Biblia. Por lo tanto, casi todas estas personas aceptaron a Jesucristo como su Señor y Salvador basándose en lo que leyeron en documentos antiguos que no formaban parte de ningún documento religioso sagrado.

Los siguientes dos libros fueron escritos por Josh McDowell y contienen una cantidad significativa de documentación de una variedad de fuentes diferentes para muchos de los detalles que se mencionan en la Santa Biblia.

1. "Evidence that Demands a Verdict", Volumen I, © 1972, 1979 por Campus Crusade for Christ, Inc., Thomas Nelson Publishers, 388 páginas, ISBN 0-918956-46-3. El Volumen I documenta la confiabilidad de toda la Biblia, y presenta evidencia de que Jesús fue una persona real, y documenta las muchas formas diferentes en las que Dios realmente cambió la historia.

2. "Evidence that Demands a Verdict", Volumen II, © 1975, 1981, 1993 por Josh D. McDowell, Thomas Nelson Publishers, 390 páginas, ISBN 0-8407-4379-3. El Volumen II documenta la exactitud de los primeros cinco libros del Antiguo Testamento y documenta la exactitud de los primeros cuatro libros del Nuevo Testamento.

Además, ahora hay una cantidad significativa de evidencia arqueológica que respalda cientos de los detalles mencionados en la Santa Biblia.

En conclusión, la religión cristiana es única entre todas las religiones del mundo porque Jesucristo es el único Hijo del Dios Viviente. Y cuando Jesús murió en la cruz, pagó la pena completa por todos nuestros pecados para que podamos pasar la eternidad en gloria con él. Pero Jesús también es único porque no solo murió, sino que resucitó de entre los muertos, y está vivo hoy a la diestra de Dios Todopoderoso. Ninguna otra religión en el mundo entero tiene un fundador que resucitó de entre los muertos. Y Jesús nos dijo que Él es el único camino al cielo y que nadie puede acercarse al Padre sino a través de la fe en Él porque Él es el único Hijo del Padre.

El Capítulo 25 contiene más información sobre cómo puede aceptar a Jesucristo como su Salvador personal para que pueda vivir para siempre en Gloria con Jesús.

Capitulo veinticuatro
Había tres cruces en el Calvario

Calvario es el nombre de un lugar cerca de una puerta en las afueras de los muros de Jerusalem donde los criminales fueron crucificados. Calvario es una palabra que se deriva de la Vulgata latina "Calvariae Locus". El Calvario también se llama Gólgotha. Gólgotha es una palabra aramea que significa el lugar de la Calavera.

Un día, hace unos 2.000 años, arrestaron a Jesús en medio de la noche y lo ataron. Fue llevado ante los líderes religiosos de los judíos y estos interrogaron a Jesús en un simulacro de juicio al amanecer. Poco después del amanecer del viernes por la mañana, Jesús fue entregado al gobernador romano Poncio Pilato y Pilato lo golpeó hasta que estuvo casi muerto. Pilato luego sentenció a Jesús a ser crucificado y ordenó a sus soldados que clavaran a Jesús en una cruz de madera por sus manos y pies. Luego, la cruz fue elevada por encima del suelo para que Jesús se desangrara hasta morir al sol frente a todos los que pasaban en su camino a Jerusalem. Dos criminales condenados, generalmente llamados ladrones, también fueron crucificados con Jesús el viernes por la mañana temprano.

Echemos un vistazo a lo que dice la Santa Biblia sobre la crucifixión de Jesús y los dos ladrones.

La crucifixión de Jesús y los dos ladrones

Marcos 15:1 RVA
[1] Y LUEGO por la mañana, habiendo tenido consejo los príncipes de los sacerdotes con los ancianos, y con los escribas, y con todo el concilio, llevaron á Jesús atado, y le entregaron á Pilato.

Juan 19:16-18 RVA
[16] Así que entonces lo entregó á ellos para que fuese crucificado. Y tomaron á Jesús, y le llevaron. [17] Y llevando su cruz, salió al lugar que se dice de la Calavera, y en hebreo, Gólgotha; [18] Donde le crucificaron, y con él otros dos, uno á cada lado, y Jesús en medio.

Marcos 15:25-27 RVA
[25] Y era la hora de las tres cuando le crucificaron. [26] Y el título escrito de su causa era: EL REY DE LOS JUDIOS. [27] Y crucificaron con él dos ladrones, uno á su derecha, y el otro á su izquierda.

Lucas 23:32-48 RVR 1960
[32] Llevaban también con él a otros dos, que eran malhechores, para ser muertos. [33] Y cuando llegaron al lugar llamado de la Calavera, le crucificaron allí, y a los malhechores, uno a la derecha y otro a la izquierda.
[34] Y Jesús decía: Padre, perdónalos, porque no saben lo que hacen. Y repartieron entre sí sus vestidos, echando suertes.
[35] Y el pueblo estaba mirando; y aun los gobernantes se burlaban de él,

diciendo: A otros salvó; sálvese a sí mismo, si éste es el Cristo, el escogido de Dios.

³⁶ Los soldados también le escarnecían, acercándose y presentándole vinagre, ³⁷ y diciendo: Si tú eres el Rey de los judíos, sálvate a ti mismo.

³⁸ Había también sobre él un título escrito con letras griegas, latinas y hebreas: ESTE ES EL REY DE LOS JUDÍOS.

³⁹ Y uno de los malhechores que estaban colgados le injuriaba, diciendo: Si tú eres el Cristo, sálvate a ti mismo y a nosotros.

⁴⁰ Respondiendo el otro, le reprendió, diciendo: ¿Ni aun temes tú a Dios, estando en la misma condenación? ⁴¹ Nosotros, a la verdad, justamente padecemos, porque recibimos lo que merecieron nuestros hechos; mas éste ningún mal hizo. ⁴² Y dijo a Jesús: Acuérdate de mí cuando vengas en tu reino.

⁴³ Entonces Jesús le dijo: De cierto te digo que hoy estarás conmigo en el paraíso.

⁴⁴ Cuando era como la hora sexta, hubo tinieblas sobre toda la tierra hasta la hora novena. ⁴⁵ Y el sol se oscureció, y el velo del templo se rasgó por la mitad.

⁴⁶ Entonces Jesús, clamando a gran voz, dijo: Padre, en tus manos encomiendo mi espíritu. Y habiendo dicho esto, expiró.

⁴⁷ Cuando el centurión vio lo que había acontecido, dio gloria a Dios, diciendo: Verdaderamente este hombre era justo.

⁴⁸ Y toda la multitud de los que estaban presentes en este espectáculo, viendo lo que había acontecido, se volvían golpeándose el pecho.

Juan 19:31-37 RVA
³¹ Entonces los Judíos, por cuanto era la víspera de la Pascua, para que los cuerpos no quedasen en la cruz en el sábado, pues era el gran día del sábado, rogaron á Pilato que se les quebrasen las piernas, y fuesen quitados. ³² Y vinieron los soldados, y quebraron las piernas al primero, y asimismo al otro que había sido crucificado con él.

³³ Mas cuando vinieron á Jesús, como le vieron ya muerto, no le quebraron las piernas: ³⁴ Empero uno de los soldados le abrió el costado con una lanza, y luego salió sangre y agua.

³⁵ Y el que lo vió, da testimonio, y su testimonio es verdadero: y él sabe que dice verdad, para que vosotros también creáis. ³⁶ Porque estas cosas fueron hechas para que se cumpliese la Escritura: Hueso no quebrantaréis de él. ³⁷ Y también otra Escritura dice: Mirarán al que traspasaron.

Mateo 27:57-66 RVA
⁵⁷ Y como fué la tarde del día, vino un hombre rico de Arimatea, llamado José, el cual también había sido discípulo de Jesús. ⁵⁸ Este llegó á Pilato, y pidió el cuerpo de Jesús: entonces Pilato mandó que se le diese el cuerpo. ⁵⁹ Y tomando José el cuerpo, lo envolvió en una sábana limpia, ⁶⁰ Y lo puso en su sepulcro nuevo, que había labrado en la peña: y revuelta una grande

piedra á la puerta del sepulcro, se fué. ⁶¹ Y estaban allí María Magdalena, y la otra María, sentadas delante del sepulcro.

⁶² Y el siguiente día, que es después de la preparación, se juntaron los príncipes de los sacerdotes y los Fariseos á Pilato, ⁶³ Diciendo: Señor, nos acordamos que aquel engañador dijo, viviendo aún: Después de tres días resucitaré. ⁶⁴ Manda, pues, que se asegure el sepulcro hasta el día tercero; porque no vengan sus discípulos de noche, y le hurten, y digan al pueblo: Resucitó de los muertos. Y será el postrer error peor que el primero.

⁶⁵ Y Pilato les dijo: Tenéis una guardia: id, aseguradlo como sabéis.

⁶⁶ Y yendo ellos, aseguraron el sepulcro, sellando la piedra, con la guardia.

Mateo 28:1-7 RVR 1960

¹ Pasado el día de reposo, al amanecer del primer día de la semana, vinieron María Magdalena y la otra María, a ver el sepulcro.

² Y hubo un gran terremoto; porque un ángel del Señor, descendiendo del cielo y llegando, removió la piedra, y se sentó sobre ella. ³ Su aspecto era como un relámpago, y su vestido blanco como la nieve. ⁴ Y de miedo de él los guardas temblaron y se quedaron como muertos.

⁵ Mas el ángel, respondiendo, dijo a las mujeres: No temáis vosotras; porque yo sé que buscáis a Jesús, el que fue crucificado. ⁶ No está aquí, pues ha resucitado, como dijo. Venid, ved el lugar donde fue puesto el Señor. ⁷ E id pronto y decid a sus discípulos que ha resucitado de los muertos, y he aquí va delante de vosotros a Galilea; allí le veréis. He aquí, os lo he dicho.

Resumen de las Escrituras
La cruz de Jesús

Todos el que crea que Jesús es el Hijo de Dios, y que acepta la muerte de Jesús como el pago total por todos sus pecados, será perdonado por Dios y pasará la eternidad en Gloria con Jesús.

Colosenses 2:13-14 RVR 1960

¹³ Y a vosotros, estando muertos en pecados y en la incircuncisión de vuestra carne, *os dio vida juntamente con él, perdonándoos todos los pecados,* ¹⁴ *anulando el acta de los decretos que había contra nosotros, que nos era contraria, quitándola de en medio y* **clavándola en la cruz**,

La cruz del ladrón arrepentido

El ladrón en la cruz había cometido pecados tan graves que el gobierno lo estaba ejecutando. Pero el ladrón confesó sus pecados ante Dios y ante todos los que lo veían morir. Entonces el ladrón volvió a hablar y confesó públicamente su fe en Jesús y le pidió a Jesús que lo recordara. Ese día, Jesús le perdonó los pecados al ladrón y entró en el paraíso.

El ladrón hizo exactamente lo que Jesús nos pide que hagamos: arrepentirnos de nuestros pecados, creer que Jesús es el Cristo y confesarlo ante los demás. Todos los que hagan esto pasarán la eternidad en Gloria con Jesús. Esto sucederá incluso si una persona solo tiene la fe de un niño pequeño, que probablemente sea el tipo de fe que poseía el ladrón en la cruz (Lucas 18:17).

La cruz del ladrón desafiante

Dos ladrones fueron crucificados con Jesús. Cuando se mencionan los dos ladrones, el énfasis principal está en el ladrón que se arrepintió y que fue perdonado por Jesús. En todos mis años como cristiano nunca he escuchado un sermón o leído un comentario sobre el otro ladrón que fue crucificado.

Sin embargo, ambos ladrones tuvieron la misma oportunidad de que sus pecados fueran perdonados y de pasar la eternidad en Gloria con Jesús. El ladrón desafiante endureció su corazón y se negó a creer incluso mientras moría en la cruz. Un segundo después de que el ladrón murió y abrió los ojos en el infierno, es muy probable que se arrepintiera de su decisión al igual que el hombre rico en la historia del mendigo Lázaro y el hombre rico (Lucas 16:19-31).

Hoy en el siglo XXI, después de pasar aproximadamente 2.000 años en el infierno, el ladrón desafiante todavía lamenta su decisión de negarse a arrepentirse y su decisión de no pedirle a Jesús que tenga misericordia de él.

Breve resumen del capítulo
Había tres cruces en el Calvario

Dos criminales o ladrones condenados fueron crucificados con Jesús.

1. Un ladrón se arrepintió y cuando murió su alma entró en el paraíso.
2. El otro ladrón endureció su corazón y permaneció desafiante hasta su muerte. Por tanto, cuando murió, su alma se fue al infierno.

La decisión más importante que tomará en toda su vida será su decisión sobre cuál de los dos ladrones seguirás hasta la eternidad.

Capítulo veinticinco
El plan de salvación eterna de Dios

Veamos lo que dice La Biblia Reina-Valera acerca de cómo una persona puede convertirse en cristiano y vivir para siempre con Dios en gloria.

El misterio secreto
Marcos 4:11 RVA
¹¹ A vosotros es dado saber el misterio del reino de Dios; . . .

Resumen de las Escrituras: Estás a punto de aprender el secreto de la vida después de la muerte.

Verdad espiritual o locura
1 Corintios 2:13-14 RVR 1960
¹³ lo cual también hablamos, no con palabras enseñadas por sabiduría humana, sino con las que enseña el Espíritu, acomodando lo espiritual a lo espiritual.
¹⁴ Pero el hombre natural no percibe las cosas que son del Espíritu de Dios, porque para él son locura, y no las puede entender, porque se han de discernir espiritualmente.

1 Corintios 1:18 RVR 1960
¹⁸ Porque la palabra de la cruz es locura a los que se pierden; pero a los que se salvan, esto es, a nosotros, es poder de Dios.

Resumen de las Escrituras: Las cosas que está a punto de aprender son de conocimiento común entre los cristianos. Una vez que se le hayan explicado, comprenderá la verdad más importante sobre la vida y la muerte. Y probablemente querrá compartir sus nuevos conocimientos con otros. Pero la Biblia nos dice que no todo el mundo tiene la capacidad de comprender estas verdades porque son verdades espirituales. Estas verdades espirituales parecerán una locura a muchas personas.

Ahora veamos la primera de estas verdades espirituales.

El único Dios verdadero
Juan 1:1 RVA
¹ EN el principio era el Verbo, y el Verbo era con Dios, y el Verbo era Dios.

Resumen de las Escrituras: Dios estaba vivo al principio. Está vivo ahora. Y vivirá para siempre.

El Hijo de Dios
Juan 1:14 RVA
¹⁴ Y aquel Verbo fué hecho carne, y habitó entre nosotros . . .

Lucas 2:11 RVA
¹¹ . . . os ha nacido hoy, en la ciudad de David, un Salvador, que es CRISTO el Señor.

Resumen de las Escrituras: Un día, hace unos 2.000 años, Dios visitó esta tierra en forma humana. Nació como el niño Jesús en la ciudad de Bethlehem (la ciudad de David).

El Padre y El Hijo

Juan 14:1 RVA
¹ NO se turbe vuestro corazón; creéis en Dios, creed también en mí.

Juan 10:30 RVA
³⁰ Yo y el Padre una cosa somos.

Resumen de las Escrituras: En las dos Escrituras anteriores, Jesús nos dice que Él y Dios son lo mismo. Dios (el Padre) se quedó en el cielo mientras Jesús (el Hijo) visitó la tierra para hablarnos del Padre.

La promesa de la vida eterna

Juan 11:25-26 RVA
²⁵ Dícele Jesús: Yo soy la resurrección y la vida: el que cree en mí, aunque esté muerto, vivirá. ²⁶ Y todo aquel que vive y cree en mí, no morirá eternamente. ¿Crees esto?

Resumen de las Escrituras: Jesús dijo que cualquiera que crea en Él no morirá, sino que vivirá para siempre. Y luego Jesús hizo esta pregunta: "¿Crees esto?"

La pena del pecado

Juan 8:24 RVA
²⁴ . . . si no creyereis que yo soy, en vuestros pecados moriréis.

Eclesiastés 7:20 RVA
²⁰ Ciertamente no hay hombre justo en la tierra, que haga bien y nunca peque.

Romanos 3:23 RVA
²³ Por cuanto todos pecaron, y están distituídos de la gloria de Dios;

Santiago 2:10 RVA
¹⁰ Porque cualquiera que hubiere guardado toda la ley, y ofendiere en un punto, es hecho culpado de todos.

Mateo 16:26 RVA
²⁶ Porque ¿de qué aprovecha al hombre, si granjeare todo el mundo, y perdiere su alma? O ¿qué recompensa dará el hombre por su alma?

Resumen de las Escrituras: La Biblia nos dice claramente que nadie puede vivir toda su vida sin cometer algún tipo de pecado. (Si se supiera la verdad, todos cometemos muchos tipos diferentes de pecados a lo largo de nuestra vida). Sin embargo, solo se necesita un pecado para convertir a una persona en pecador, así como solo se necesita una mentira para convertir a una persona en mentirosa, y solo se necesita un robo para convertir a una persona en ladrón, y solo se necesita un asesinato para convertir a una persona en asesina.

El castigo por el pecado es la condenación de nuestra alma eterna. La Biblia menciona el infierno con más frecuencia que el cielo. El infierno es un lugar real donde las almas condenadas pasan la eternidad en agonía. La Biblia también hace esta pregunta: "¿Qué puedes ofrecerle a Dios para redimir tu alma de una eternidad en el infierno?"

El Don de Dios

Romanos 6:23 RVA
[23] Porque la paga del pecado es muerte: mas *la dádiva de Dios es vida eterna en Cristo Jesús Señor nuestro.*

Colosenses 2:13-14 RVR 1960
[13] Y a vosotros, estando muertos en pecados y en la incircuncisión de vuestra carne, *os dio vida juntamente con él, perdonándoos todos los pecados,* [14] anulando el acta de los decretos que había contra nosotros, que nos era contraria, quitándola de en medio y **clavándola en la cruz**.

Efesios 2:8-10 RVA
[8] Porque por gracia sois salvos por la fe; y esto no de vosotros, pues es don de Dios: [9] No por obras, para que nadie se gloríe. [10] Porque somos hechura suya, criados en Cristo Jesús para buenas obras, las cuales Dios preparó para que anduviésemos en ellas.

Resumen de las Escrituras: Dios nos ha proporcionado una manera de evitar el infierno para que podamos pasar la eternidad en el cielo. De esa manera es a través de la fe en el Hijo de Dios, el Señor Jesucristo. La salvación es el regalo gratuito de Dios, pero debemos recibir ese regalo a través de la fe para que cancele todos nuestros pecados. No podemos hacer ningún tipo de trabajo, incluido el bautismo o participar de la Cena del Señor, para justificarnos ante los ojos de Dios. Jesús pagó la pena completa por nuestros pecados en la cruz y debemos aceptar su sacrificio para que nuestros pecados sean perdonados. Después de haber recibido el regalo de Dios de la vida eterna, deberíamos querer hacer buenas obras. Pero las buenas obras son la evidencia de nuestra fe y nuestras buenas obras no nos salvan.

Perdón del pecado

1 Juan 1:8-10 RVA
[8] Si dijéremos que no tenemos pecado, nos engañamos á nosotros mismos, y no hay verdad en nosotros. [9] Si confesamos nuestros pecados, él es fiel y justo para que nos perdone nuestros pecados, y nos limpie de toda maldad. [10] Si dijéremos que no hemos pecado, lo hacemos á él mentiroso, y su palabra no está en nosotros.

Romanos 5:8-9 RVA
[8] Mas Dios encarece su caridad para con nosotros, porque siendo aún pecadores, Cristo murió por nosotros. [9] Luego mucho más ahora, justificados en su sangre, por él seremos salvos de la ira.

Levítico 17:11 RVA
¹¹ Porque la vida de la carne en la sangre está: y yo os la he dado para expiar vuestras personas sobre el altar: por lo cual la misma sangre expiará la persona.

Juan 3:16 RVA
¹⁶ Porque de tal manera amó Dios al mundo, que ha dado á su Hijo unigénito, para que todo aquel que en él cree, no se pierda, mas tenga vida eterna.

Jeremías 31:34 RVA
³⁴ . . . porque perdonaré la maldad de ellos, y no me acordaré más de su pecado.

Hebreos 8:12 RVA
¹² . . . Y de sus pecados y de sus iniquidades no me acordaré más.

Hebreos 10:17 RVA
¹⁷ . . . Y nunca más me acordaré de sus pecados é iniquidades.

Resumen de las Escrituras: Cristo fue crucificado y derramó Su Santa Sangre en la cruz del Calvario. Dios aceptó la muerte de Su único Hijo como pago total por tus pecados y los míos. Tres días después, Jesús regresó de entre los muertos y tomó posesión de Su cadáver. La tumba no pudo retenerlo. La tumba tampoco podrá retenernos si creemos que Jesucristo es el único Hijo de Dios, y que murió para que tengamos vida eterna en gloria. Dios no solo perdona nuestros pecados, Dios decide intencionalmente no recordar nuestros pecados por toda la eternidad.

Jesús es el único camino al cielo

Proverbios 16:25 NTV
²⁵ Delante de cada persona hay un camino que parece correcto, pero termina en muerte.

1 Timoteo 2:5-6 RVA
⁵ Porque hay un Dios, asimismo un mediador entre Dios y los hombres, Jesucristo hombre; ⁶ El cual se dió á sí mismo en precio del rescate por todos, para testimonio en sus tiempos:

Juan 5:24-29 RVA
²⁴ De cierto, de cierto os digo: El que oye mi palabra, y cree al que me ha enviado, tiene vida eterna; y no vendrá á condenación, mas pasó de muerte á vida. ²⁵ De cierto, de cierto os digo: Vendrá hora, y ahora es, cuando los muertos oirán la voz del Hijo de Dios: y los que oyeren vivirán.

²⁶ Porque como el Padre tiene vida en sí mismo, así dió también al Hijo que tuviese vida en sí mismo: ²⁷ Y también le dió poder de hacer juicio, en cuanto es el Hijo del hombre.

²⁸ No os maravilléis de esto; porque vendrá hora, cuando todos los que están en los sepulcros oirán su voz; ²⁹ Y los que hicieron bien, saldrán á resurrección de vida; mas los que hicieron mal, á resurrección de condenación.

Juan 14:6 RVA
⁶ Jesús le dice: Yo soy el camino, y la verdad, y la vida: nadie viene al Padre, sino por mí.

Resumen de las Escrituras: Solo hay una manera de llegar a Dios y al cielo y es por la fe en Jesucristo.

Neutralidad

Mateo 12:30 LBLA
³⁰ El que no está conmigo, está contra mí; y el que no recoge conmigo, desparrama.

Apocalipsis 3:16 RVA
¹⁶ Mas porque eres tibio, y no frío ni caliente, te vomitaré de mi boca.

Resumen de las Escrituras: Las Escrituras anteriores dicen claramente que todos deben tomar una decisión acerca de Jesucristo. Es imposible permanecer neutral con respecto a Jesús. Cualquiera que decida permanecer neutral acerca de Jesús está tomando la decisión de no aceptar a Jesús como su Salvador personal y, a los ojos de Dios, esto es exactamente lo mismo que rechazar a Jesús. Todos los que rechazan la salvación ofrecida por Jesucristo pasarán la eternidad separados de Dios en el lago de fuego.

Arrepentimiento

Mateo 4:17 RVA
¹⁷ Desde entonces comenzó Jesús á predicar, y á decir: Arrepentíos, que el reino de los cielos se ha acercado.

Marcos 1:14-15 RVA
¹⁴ Mas después que Juan fué encarcelado, Jesús vino á Galilea predicando el evangelio del reino de Dios, ¹⁵ Y diciendo: El tiempo es cumplido, y el reino de Dios está cerca: arrepentíos, y creed al evangelio.

Lucas 13:3 RVA
³ . . . si no os arrepintiereis, todos pereceréis igualmente.

Hechos 3:19 RVA
¹⁹ Así que, arrepentíos y convertíos, para que sean borrados vuestros pecados; pues que vendrán los tiempos del refrigerio de la presencia del Señor,

Hechos 17:30-31 NTV
³⁰ »En la antigüedad Dios pasó por alto la ignorancia de la gente acerca de estas cosas, pero ahora él manda que todo el mundo en todas partes se arrepienta de sus pecados y vuelva a él. ³¹ Pues él ha fijado un día para juzgar al mundo con justicia por el hombre que él ha designado, y les demostró a todos quién es ese hombre al levantarlo de los muertos».

Hechos 26:20 RVA
²⁰ . . . se arrepintiesen y se convirtiesen á Dios, haciendo obras dignas de arrepentimiento.

Resumen de las Escrituras: La Santa Biblia nos dice claramente que debemos arrepentirnos de nuestros pecados para que nuestros pecados sean perdonados. Arrepentirse significa que deseamos dejar de pecar porque nos arrepentimos de los pecados que hemos cometido en el pasado. Arrepentirse significa que le pedimos a Dios que nos ayude a comenzar una nueva vida y que nos ayude a evitar repetir los pecados que nos esclavizaron en el pasado. Lamentar nuestros pecados pasados puede suceder en un instante. Pero evitar esos mismos pecados en el futuro requiere que crezcamos gradualmente en la fe y que permitamos gradualmente que el Espíritu Santo tome el control total de nuestras vidas. Es fácil hablar de esto, pero es un proceso muy desafiante que dura toda la vida. Sin embargo, cada uno puede lograr este objetivo si no nos desanimamos y si no nos damos por vencidos cuando ocasionalmente fallamos.

Cómo aceptar a Jesucristo como tu Salvador

Romanos 10:9-10 RVA
^{9} Que si confesares con tu boca al Señor Jesús, y creyeres en tu corazón que Dios le levantó de los muertos, serás salvo. ^{10} Porque con el corazón se cree para justicia; mas con la boca se hace confesión para salud.

Hechos 16:31 RVA
^{31} . . . Cree en el Señor Jesucristo, y serás salvo tú, y tu casa.

Resumen de las Escrituras: ¿Cómo te conviertes en cristiano? Al decirle a alguien, a cualquier persona, que cree que Jesucristo era el único Hijo de Dios, que murió en la cruz en pago por sus pecados, que se levantó de entre los muertos y que está vivo en el cielo ahora mismo esperando por usted. ¿Puedes hacer eso? Si acepta a Jesús como su Salvador, pasará la eternidad en el cielo en lugar del infierno.

El Don del Espíritu Santo

Efesios 1:13-14 RVA
^{13} En el cual esperasteis también vosotros en oyendo la palabra de verdad, el evangelio de vuestra salud: en el cual también desde que creísteis, fuisteis sellados con el Espíritu Santo de la promesa, ^{14} Que es las arras de nuestra herencia, para la redención de la posesión adquirida para alabanza de su gloria.

1 Corintios 2:12 RVA
^{12} Y nosotros hemos recibido, no el espíritu del mundo, sino el Espíritu que es de Dios, para que conozcamos lo que Dios nos ha dado;

Hechos 15:8 RVA
^{8} Y Dios, que conoce los corazones, les dió testimonio, dándoles el Espíritu Santo también como á nosotros;

Ezequiel 36:26-27 RVR 1960
^{26} Os daré corazón nuevo, y pondré espíritu nuevo dentro de vosotros; y

quitaré de vuestra carne el corazón de piedra, y os daré un corazón de carne. ²⁷ Y pondré dentro de vosotros mi Espíritu, y haré que andéis en mis estatutos, y guardéis mis preceptos, y los pongáis por obra.

1 Corintios 3:16 RVA
¹⁶ ¿No sabéis que sois templo de Dios, y que el Espíritu de Dios mora en vosotros?

Juan 4:24 RVA
²⁴ Dios es Espíritu; y los que le adoran, en espíritu y en verdad es necesario que adoren.

Romanos 8:26-27 RVA
²⁶ Y asimismo también el Espíritu ayuda nuestra flaqueza: porque qué hemos de pedir como conviene, no lo sabemos; sino que el mismo Espíritu pide por nosotros con gemidos indecibles. ²⁷ Mas el que escudriña los corazones, sabe cuál es el intento del Espíritu, porque conforme á la voluntad de Dios, demanda por los santos.

Resumen de las Escrituras: Cuando nos arrepentimos y aceptamos a Jesucristo como nuestro Salvador, el Espíritu Santo reactiva nuestro espíritu y tenemos al Espíritu Santo dentro de nosotros comenzando en ese momento y continuando dentro de nosotros para siempre. El Espíritu Santo es nuestra garantía de vida eterna con Dios en Gloria. Después de que nuestro espíritu es activado por el Espíritu Santo, podemos comunicarnos de manera más eficaz con Dios el Padre porque el Espíritu Santo ora desde nuestro interior por las cosas que realmente necesitamos, y esto sucede sin nuestro conocimiento consciente de las oraciones del Espíritu.

La salvación es para siempre

Juan 3:16
RVA: ¹⁶ Porque de tal manera amó Dios al mundo, que ha dado á su Hijo unigénito, para que todo aquel que en él cree, no se pierda, mas tenga vida eterna.

RVR 1960: ¹⁶ Porque de tal manera amó Dios al mundo, que ha dado a su Hijo unigénito, para que todo aquel que en él cree, no se pierda, mas tenga vida eterna.

LBLA: ¹⁶ Porque de tal manera amó Dios al mundo, que dio a su Hijo unigénito, para que todo aquel que cree en Él, no se pierda, mas tenga vida eterna.

NTV: ¹⁶ »Pues Dios amó tanto al mundo que dio[a] a su único Hijo, para que todo el que crea en él no se pierda, sino que tenga vida eterna.

Juan 10:28-29 RVA
²⁸ Y yo les doy vida eterna y no perecerán para siempre, ni nadie las arrebatará de mi mano. ²⁹ Mi Padre que me las dió, mayor que todos es y nadie las puede arrebatar de la mano de mi Padre.

Romanos 8:38-39 RVA
38 Por lo cual estoy cierto que ni la muerte, ni la vida, ni ángeles, ni principados, ni potestades, ni lo presente, ni lo por venir, **39** Ni lo alto, ni lo bajo, ni ninguna criatura nos podrá apartar del amor de Dios, que es en Cristo Jesús Señor nuestro.

Resumen de las Escrituras: Cuando una persona cree en Jesús, esa persona recibe inmediatamente el regalo de la vida eterna. Y nada puede quitarnos ese regalo.

¿Cuándo es el mejor momento para convertirse en cristiano?
Marcos 1:15 RVA
15 . . . El tiempo es cumplido, y el reino de Dios está cerca: arrepentíos, y creed al evangelio.

2 Corintios 6:2 RVR 1960
2 . . . He aquí ahora el tiempo aceptable; he aquí ahora el día de salvación.

Resumen de las Escrituras: ¿Cuándo debería convertirse en cristiano? Hoy. Ahora mismo. No lo pospongas ni un minuto más. Abre la puerta al cielo con la única llave que quepa: la fe en Jesucristo, el único Hijo del Dios viviente.

No se demore
Romanos 1:28 RVR 1960
28 Y como ellos no aprobaron tener en cuenta a Dios, Dios los entregó a una mente reprobada, para hacer cosas que no convienen;

Proverbios 29:1
RVA: **1** EL hombre que reprendido endurece la cerviz, De repente será quebrantado; ni habrá para él medicina.

RVR 1960: **1** El hombre que reprendido endurece la cerviz, De repente será quebrantado, y no habrá para él medicina.

LBLA: **1** El hombre que después de mucha represión endurece la cerviz, de repente será quebrantado sin remedio.

NTV: **1** Quien se niega tercamente a aceptar la crítica será destruido de repente sin poder recuperarse.

Resumen de las Escrituras: Es peligroso resistir a Dios cuando te está llamando y cuando te pide que te arrepientas y aceptes a Jesús como tu Salvador. Si una persona se resiste a Dios y al Espíritu Santo con la frecuencia suficiente y durante el tiempo suficiente, entonces la persona pierde gradualmente la capacidad de percibir las verdades espirituales y cree que las verdades espirituales no son más que una tontería. Si el espíritu de una persona no es activado por el Espíritu Santo mientras la persona está viva aquí en la tierra, la persona pasará la eternidad en el infierno con el diablo y sus demonios. El infierno es un lugar de tormento. El diablo no será el gobernante del infierno. El diablo y todos sus demonios serán prisioneros en el infierno y sufrirán un dolor extremo.

Compromiso Público

Mateo 10:32-33 RVA
³² Cualquiera pues que me confesare delante de los hombres, le confesaré yo también delante de mi Padre que está en los cielos. ³³ Y cualquiera que me negare delante de los hombres, le negaré yo también delante de mi Padre que está en los cielos.

Lucas 12:8-9 RVA
⁸ Y os digo que todo aquel que me confesare delante de los hombres, también el Hijo del hombre le confesará delante de los ángeles de Dios; ⁹ Mas el que me negare delante de los hombres, será negado delante de los ángeles de Dios.

Apocalipsis 3:5 RVA
⁵ El que venciere, será vestido de vestiduras blancas; y no borraré su nombre del libro de la vida, y confesaré su nombre delante de mi Padre, y delante de sus ángeles.

Resumen de las Escrituras: Jesús predicó en público. Predicó en las sinagogas, en las montañas, en las casas, en las ciudades, junto a un pozo y desde una barca. Jesús murió en la cruz a las afueras de la ciudad de Jerusalem y fue ridiculizado por aquellos que lo vieron morir. Jesús nos pide que tengamos el valor de admitir públicamente que creemos en Él y que confiemos en que Él perdonará nuestros pecados, y que confiemos en que Él nos dará Su Espíritu Santo y el don de la vida eterna para que podamos vivir para siempre con Él en Gloria.

¿Pueden los niños pequeños y los discapacitados intelectuales (o el no educado) comprender el plan de salvación eterna de Dios?

Mateo 11:25 RVA
²⁵ En aquel tiempo, respondiendo Jesús, dijo: Te alabo, Padre, Señor del cielo y de la tierra, que hayas escondido estas cosas de los sabios y de los entendidos, y las hayas revelado á los niños.

Mateo 18:3 RVA
³ . . . De cierto os digo, que si no os volviereis, y fuereis como niños, no entraréis en el reino de los cielos.

Resumen de las Escrituras: El plan de salvación de Dios es el mismo para todos. La juventud de una persona o la falta de brillantez intelectual de una persona no impide que una persona sea salva si esa persona cree en Jesucristo. Por favor recuerde que al ladrón en la cruz no se le explicó en detalle el plan de Dios de salvación eterna. Pero eso no impidió que el ladrón confesara sus pecados, creyera que Jesús era el Hijo de Dios y expresara públicamente su confianza en el poder de Jesús para salvarlo.

Los siguientes versículos de las Escrituras describen el amor de Jesús por los niños pequeños.

Mateo 19:13-14 RVA
¹³ Entonces le fueron presentados unos niños, para que pusiese las manos sobre ellos, y orase; y los discípulos les riñeron. ¹⁴ Y Jesús dijo: Dejad á los niños, y no les impidáis de venir á mí; porque de los tales es el reino de los cielos.

Marcos 10:13-16 RVA
¹³ Y le presentaban niños para que los tocase; y los discípulos reñían á los que los presentaban. ¹⁴ Y viéndolo Jesús, se enojó, y les dijo: Dejad los niños venir, y no se lo estorbéis; porque de los tales es el reino de Dios. ¹⁵ De cierto os digo, que el que no recibiere el reino de Dios como un niño, no entrará en él. ¹⁶ Y tomándolos en los brazos, poniendo las manos sobre ellos, los bendecía.

Resumen de las Escrituras: Jesús ama a todos, sin importar su edad o sus habilidades intelectuales. Y todos pueden acercarse a Jesús, independientemente de su edad e independientemente de su capacidad para comprender conceptos desafiantes.

Joel 2:32 (Aproximadamente en el 590 a.C. o antes) RVA
³² Y será que cualquiera que invocare el nombre de Jehová, será salvo:

Hechos 2:21 (Aproximadamente en el año 33 d.C.) RVA
²¹ Y será que todo aquel que invocare el nombre del Señor, será salvo.

Romanos 10:13 (Aproximadamente en el año 57 d.C.) RVA
¹³ Porque todo aquel que invocare el nombre del Señor, será salvo.

Resumen de las Escrituras: El plan de salvación de Dios no ha cambiado. El plan de salvación de Dios en el año 2020 d.C. es el mismo que su plan de salvación hace 2610 años en el año 590 a.C.

Breve resumen del capítulo
El plan de salvación eterna de Dios

Cada vez que hacemos algo que Dios ha dicho que no debemos hacer, estamos pecando contra Dios. En palabras muy simples, el pecado es desobedecer a Dios. Todo pecado será juzgado por Dios de una de las siguientes maneras:

1. **La Cruz de Jesucristo:** Dios clavó los pecados del mundo entero en la cruz y Dios juzgó esos pecados cuando Su Hijo Jesús derramó Su Santa Sangre en la cruz. Cuando Jesús murió en la cruz, Jesús pagó la pena total que Dios requirió por los pecados del mundo entero. Sin embargo, cada persona debe reconocer y aceptar individualmente a Jesús como Salvador a fin de recibir el beneficio de Su muerte en la cruz y que sus pecados sean perdonados para poder pasar la eternidad con Jesús en Gloria.

2. **El Juicio del Gran Trono Blanco:** Todo el que no acepte el regalo gratuito de Dios de la vida eterna al creer en Jesucristo mientras estaba vivo aquí en esta tierra, tendrá sus pecados juzgados por Dios en el

juicio del gran trono blanco. Esta será la peor tragedia que le pasará a una persona porque la persona sabrá que podría haber recibido un perdón total por todos sus pecados y podría haber evitado ser arrojado al lago de fuego eterno si hubiera creído en Jesús Cristo mientras todavía estaban vivos aquí en la tierra. Y sabrán que es demasiado tarde para aceptar a Jesús como Salvador cuando estén de pie ante el gran trono blanco de Dios.

Para recibir el perdón eterno de todos nuestros pecados, hay varias cosas que debemos hacer mientras todavía estamos vivos aquí en la tierra.

1. **Cree en el mensaje del Evangelio:** Jesús es el único Hijo de Dios y fue concebido en la virgen María por el poder del Espíritu Santo. Como adulto, Jesús sanó a los enfermos y expulsó a los demonios de la gente. Jesús dijo que era el Hijo de Dios, y dijo que tenía el poder de perdonar los pecados, y dijo que él era el único camino al cielo. Jesús vivió una vida sin pecado, pero fue condenado por los líderes judíos de su época y fue sentenciado a morir en una cruz por el gobierno romano. Él derramó Su Santa Sangre Inocente en la cruz como el pago completo y eterno por todos nuestros pecados (pasados, presentes y futuros). Gradualmente se desangró hasta morir mientras colgaba de la cruz. Después de que murió, un soldado romano le atravesó el costado con una lanza para verificar que estaba realmente muerto. Jesús fue enterrado en una tumba prestada y se puso un sello en la piedra que cubría la tumba y la tumba fue custodiada por soldados romanos. Al tercer día, un ángel quitó la piedra y Jesús se levantó de entre los muertos. Se apareció a muchas personas durante las próximas semanas y les dijo que predicaran las buenas nuevas acerca de Él a todos en todas partes. Luego ascendió al cielo y hoy está vivo a la diestra de Dios intercediendo por todos los que creen en Él.

2. **Arrepentimiento de nuestros pecados:** Necesitamos reconocer que hemos pecado y que merecemos ser castigados por nuestros pecados. Necesitamos estar tristes por nuestros pecados y debemos pedirle a Jesús que perdone nuestros pecados. Jesús tiene el poder de perdonar el pecado y solo está esperando que le pidamos perdón porque no nos perdonará sin nuestro permiso. Cuando nos arrepentimos, recibiremos el don del Espíritu Santo y el Espíritu Santo nos ayudará a vivir una vida mejor en el futuro en comparación con la forma en que vivimos en el pasado. Para algunas personas, esto será solo algunos pequeños cambios porque ya eran personas razonablemente buenas. Pero para otras personas será un cambio drástico porque en el pasado hicieron muchas cosas que sabían que estaban mal. Aunque nuestra salvación eterna es instantánea, nuestra vida y nuestro comportamiento cambiarán gradualmente para mejor con el paso de las semanas, meses y años.

3. **Confesar a Jesucristo como Señor y Salvador:** Necesitamos defender públicamente a Jesús y debemos reconocerlo públicamente como nuestro Salvador ante los demás. Si confesamos a Jesús ante los hombres, entonces Jesús confesará nuestros nombres ante Su Padre en el cielo y recibiremos el perdón de nuestros pecados y recibiremos el regalo de la vida eterna en Gloria. Hay gran regocijo en el cielo cuando un pecador se arrepiente. Los ángeles se regocijan y todos nuestros antepasados desde Adán y Eva también se regocijan. Y pasaremos la eternidad en comunión con ellos y con Dios el Padre, Jesucristo el Hijo y el Espíritu Santo.

La salvación es para siempre. Cuando somos salvos, nuestros pecados no solo son perdonados, sino que Dios toma la decisión intencional de no recordar nuestros pecados en ningún momento en el futuro. Después de ser salvos, debemos desear vivir una vida mejor y debemos desear hacer buenas obras que beneficien a otras personas. Cuando muramos, compareceremos ante el tribunal de Cristo para recibir recompensas por las buenas obras que hicimos mientras vivíamos aquí en esta tierra.

Capítulo veintiséis
¿Qué llevaremos con nosotros a la eternidad?

Solo pasamos una parte muy, muy breve de nuestras vidas aquí en la tierra. Cuando nuestros cuerpos mortales mueran, nuestros espíritus partirán de esta tierra y pasaremos la eternidad en otro lugar. Este capítulo analizará lo que dejaremos atrás en esta tierra y lo que nos llevaremos a la eternidad.

Cosas que dejaremos atrás cuando muramos

La mayoría de las cosas aquí en la tierra son solo temporales. Estas cosas pueden ser muy importantes para nuestro disfrute de la vida aquí en la tierra, pero cuando muramos las dejaremos atrás para siempre. Por ejemplo, cualquier terreno que podamos poseer, la casa en la que vivimos, los muebles que adquirimos, la ropa que usamos, las cosas que poseemos que nos ayudan a entretenernos, el dinero que acumulamos, las inversiones financieras que hacemos, nuestros trabajos o profesiones y la educación secular que adquirimos (diferentes idiomas, ciencia, geografía, historia, etc.).

Cosas que nos llevaremos cuando muramos

Algunas cosas aquí en la tierra son eternas. Nuestras almas son eternas y nuestras almas vivirán para siempre: ya sea con Dios o separadas de Dios para siempre. Las almas de las personas a las que llevemos al conocimiento salvador de Jesucristo pasarán la eternidad con nosotros en gloria. Además de nuestras almas eternas, llevaremos las siguientes cosas con nosotros a la eternidad.

1. El amor que tenemos por Dios y el amor que tenemos por otras personas durará para siempre. El amor se analiza en detalle como el próximo tema principal de este capítulo.
1 Corintios 13:8 RVR 1960 - [8] El amor nunca deja de ser; ...

2. Nuestro conocimiento de la Santa Biblia nos será útil para siempre.
Mateo 24:35 RVA - [35] El cielo y la tierra pasarán, mas mis palabras no pasarán.

3. Las recompensas que recibimos por las buenas obras que hacemos mientras estamos vivos aquí en esta tierra durarán para siempre. Las recompensas se analizan en el capítulo 18.
Mateo 16:27 RVA - [27] Porque el Hijo del hombre vendrá en la gloria de su Padre con sus ángeles, y entonces pagará á cada uno conforme á sus obras.
Apocalipsis 22:12 RVA - [12] Y he aquí, yo vengo presto, y mi galardón conmigo, para recompensar á cada uno según fuere su obra.

Cómo prepararse para la eternidad en el cielo

Cuando nos damos cuenta de que solo una parte muy pequeña de nuestras vidas la pasaremos aquí en la tierra, y que pasaremos la eternidad en el cielo, muchos de nosotros comenzamos a pensar un poco más en lo que podemos hacer mientras estemos vivos aquí en este tierra para mejorar nuestra vida eterna en el cielo.

Amor

Dios es amor. Si deseamos agradar a Dios, entonces debemos demostrar nuestro amor obedeciendo los dos mandamientos más importantes: amar a Dios y amar a nuestro prójimo. Estos dos mandamientos serán de suma importancia en el cielo y por toda la eternidad. Por lo tanto, deberíamos intentar aprender a dominar estos conceptos ahora.

1 Juan 4:7-21 RVA
7 Carísimos, amémonos unos á otros; porque el amor es de Dios. Cualquiera que ama, es nacido de Dios, y conoce á Dios. 8 El que no ama, no conoce á Dios; porque *Dios es amor*. 9 En esto se mostró el amor de Dios para con nosotros, en que Dios envió á su Hijo unigénito al mundo, para que vivamos por él. 10 En esto consiste el amor: no que nosotros hayamos amado á Dios, sino que él nos amó á nosotros, y ha enviado á su Hijo en propiciación por nuestros pecados.

11 Amados, si Dios así nos ha amado, debemos también nosotros amarnos unos á otros. 12 Ninguno vió jamás á Dios. Si nos amamos unos á otros, Dios está en nosotros, y su amor es perfecto en nosotros:

13 En esto conocemos que estamos en él, y él en nosotros, en que nos ha dado de su Espíritu. 14 Y nosotros hemos visto y testificamos que el Padre ha enviado al Hijo para ser Salvador del mundo. 15 Cualquiera que confesare que Jesús es el Hijo de Dios, Dios está en él, y él en Dios.

16 Y nosotros hemos conocido y creído el amor que Dios tiene para con nosotros. *Dios es amor*; y el que vive en amor, vive en Dios, y Dios en él.
17 En esto es perfecto el amor con nosotros, para que tengamos confianza en el día del juicio; pues como él es, así somos nosotros en este mundo.
18 En amor no hay temor; mas el perfecto amor echa fuera el temor: porque el temor tiene pena. De donde el que teme, no está perfecto en el amor.
19 Nosotros le amamos á él, porque él nos amó primero. 20 Si alguno dice, Yo amo á Dios, y aborrece á su hermano, es mentiroso. Porque el que no ama á su hermano al cual ha visto, ¿cómo puede amar á Dios á quien no ha visto? 21 Y nosotros tenemos este mandamiento de él: Que el que ama á Dios, ame también á su hermano.

Mateo 22:37-40 RVA
37 Y Jesús le dijo: *Amarás al Señor tu Dios de todo tu corazón*, y de toda tu alma, y de toda tu mente. 38 Este es el primero y el grande mandamiento.
39 Y el segundo es semejante á éste: *Amarás á tu prójimo como á ti mismo*.
40 De estos dos mandamientos depende toda la ley y los profetas.

1 Juan 3:18 RVA
¹⁸ Hijitos míos, no amemos de palabra ni de lengua, sino de obra y en verdad.

Resumen de las Escrituras: El amor es mucho más que un sentimiento. El verdadero amor no se expresa en palabras; el verdadero amor se expresa en hechos.

Juan 3:16 RVA
¹⁶ Porque de tal manera amó Dios al mundo, que ha dado á su Hijo unigénito, para que todo aquel que en él cree, no se pierda, mas tenga vida eterna.

Resumen de las Escrituras: Dios dio a Su único Hijo para pagar la deuda del pecado de la humanidad para que Dios pudiera perdonarnos. El amor se demuestra mejor en el perdón. *El perdón es la evidencia tangible visible del amor. Dios exige que perdonemos a los demás.*

Perdón

Debemos aprender a perdonar, especialmente cuando no queremos perdonar. El perdón no es una opción. El perdón es un requisito. Ruth Graham, la esposa de Billy Graham, dijo una vez: "El secreto de un matrimonio feliz son dos personas que saben cómo perdonarse".

Cuando Jesús enseñó a sus discípulos el Padrenuestro, Jesús dijo que deberían incluir la siguiente declaración cuando oren:

Lucas 11:4 RVA
⁴ Y perdónanos nuestros pecados, porque también nosotros perdonamos á todos los que nos deben.

Cuando Pedro le preguntó a Jesús cuántas veces debía perdonar, Jesús le respondió de la siguiente manera:

Mateo 18:21-35 RVA
²¹ Entonces Pedro, llegándose á él, dijo: Señor, ¿cuántas veces perdonaré á mi hermano que pecare contra mí? ¿hasta siete?

²² Jesús le dice: No te digo hasta siete, mas aun hasta setenta veces siete.

²³ Por lo cual, el reino de los cielos es semejante á un hombre rey, que quiso hacer cuentas con sus siervos. ²⁴ Y comenzando á hacer cuentas, le fué presentado uno que le debía diez mil talentos. ²⁵ Mas á éste, no pudiendo pagar, mandó su señor venderle, y á su mujer é hijos, con todo lo que tenía, y que se le pagase.

²⁶ Entonces aquel siervo, postrado, le adoraba, diciendo: Señor, ten paciencia conmigo, y yo te lo pagaré todo. ²⁷ El señor, movido á misericordia de aquel siervo, le soltó y le perdonó la deuda.

²⁸ Y saliendo aquel siervo, halló á uno de sus consiervos, que le debía cien denarios; y trabando de él, le ahogaba, diciendo: Págame lo que debes.

²⁹ Entonces su consiervo, postrándose á sus pies, le rogaba, diciendo: Ten paciencia conmigo, y yo te lo pagaré todo.

³⁰ Mas él no quiso; sino fué, y le echó en la cárcel hasta que pagase la deuda.

³¹ Y viendo sus consiervos lo que pasaba, se entristecieron mucho, y viniendo, declararon á su señor todo lo que había pasado. ³² Entonces llamándole su señor, le dice: Siervo malvado, toda aquella deuda te perdoné, porque me rogaste: ³³ ¿No te convenía también á ti tener misericordia de tu consiervo, como también yo tuve misericordia de ti?

³⁴ Entonces su señor, enojado, le entregó á los verdugos, hasta que pagase todo lo que le debía.

³⁵ Así también hará con vosotros mi Padre celestial, si no perdonareis de vuestros corazones cada uno á su hermano sus ofensas.

Mateo 6:14-15 RVA
¹⁴ Porque si perdonareis á los hombres sus ofensas, os perdonará también á vosotros vuestro Padre celestial. ¹⁵ Mas si no perdonareis á los hombres sus ofensas, tampoco vuestro Padre os perdonará vuestras ofensas.

Resumen de las Escrituras: Si somos capaces de perdonar verdaderamente a otras personas independientemente de lo que hayan hecho, y podemos orar con sinceridad por su felicidad, su prosperidad futura y su salvación eterna, entonces esta es una excelente evidencia de que somos verdaderamente salvos.

Mateo 7:21-23 RVA
²¹ No todo el que me dice: Señor, Señor, entrará en el reino de los cielos: mas el que hiciere la voluntad de mi Padre que está en los cielos. ²² Muchos me dirán en aquel día: Señor, Señor, ¿no profetizamos en tu nombre, y en tu nombre lanzamos demonios, y en tu nombre hicimos mucho milagros? ²³ Y entonces les protestaré: Nunca os conocí; apartaos de mí, obradores de maldad.

Resumen de las Escrituras: Si no podemos perdonar a otras personas, entonces deberíamos cuestionarnos seriamente si somos realmente salvos o no. Puede ser que simplemente estemos "actuando" como si fuéramos salvos y nos engañamos a nosotros mismos.

Fe

Aunque no podemos ver a Dios, por la fe podemos saber y estar absolutamente seguros de que Dios existe. Este es el tipo de fe que agrada a Dios y Dios recompensará a todo aquel que tenga este tipo de fe y que busque saber más acerca de Él leyendo la Santa Biblia.

Romanos 10:17 RVA
¹⁷ Luego la fe es por el oir; y el oir por la palabra de Dios.

Hebreos 11:6 RVA
⁶ Empero sin fe es imposible agradar á Dios; porque es menester que el que á Dios se allega, crea que le hay, y que es galardonador de los que le buscan.

Hebreos 11:1 RVA
¹ ES pues la fe la sustancia de las cosas que se esperan, la demostración de las cosas que no se ven.

2 Corintios 5:7 RVA
⁷ (Porque por fe andamos, no por vista;)

Resumen de las Escrituras: Sin fe es imposible agradar a Dios. La salvación es por fe. Las buenas obras son una de las evidencias de nuestra fe. Recibiremos recompensas en proporción a nuestra fe y nuestras buenas obras. La fe se puede incrementar escuchando y leyendo la Santa Biblia.

Buenas acciones

De vez en cuando hay un malentendido sobre la relación entre las buenas obras y la fe. Las siguientes Escrituras explican este tema:

Efesios 2:8-9 RVA
⁸ Porque por gracia sois salvos por la fe; y esto no de vosotros, pues es don de Dios: ⁹ No por obras, para que nadie se gloríe.

Santiago 2:14-26 RVA
¹⁴ Hermanos míos, ¿qué aprovechará si alguno dice que tiene fe, y no tiene obras? ¿Podrá la fe salvarle? ¹⁵ Y si el hermano ó la hermana están desnudos, y tienen necesidad del mantenimiento de cada día, ¹⁶ Y alguno de vosotros les dice: Id en paz, calentaos y hartaos; pero no les diereis las cosas que son necesarias para el cuerpo: ¿qué aprovechará? ¹⁷ Así también la fe, si no tuviere obras, es muerta en sí misma.

¹⁸ Pero alguno dirá: Tú tienes fe, y yo tengo obras:
muéstrame tu fe sin tus obras, y yo te mostraré mi fe por mis obras.

¹⁹ Tú crees que Dios es uno; bien haces: también los demonios creen, y tiemblan.

²⁰ ¿Mas quieres saber, hombre vano, que la fe sin obras es muerta? ²¹ ¿No fué justificado por las obras Abraham nuestro padre, cuando ofreció á su hijo Isaac sobre el altar? ²² ¿No ves que la fe obró con sus obras, y que la fe fué perfecta por las obras? ²³ Y fué cumplida la Escritura que dice: Abraham creyó á Dios, y le fué imputado á justicia, y fué llamado amigo de Dios. ²⁴ Vosotros veis, pues, que el hombre es justificado por las obras, y no solamente por la fe.

²⁵ Asimismo también Rahab la ramera, ¿no fué justificada por obras, cuando recibió los mensajeros, y los echó fuera por otro camino?

²⁶ Porque como el cuerpo sin espíritu está muerto, así también la fe sin obras es muerta.

1 Timoteo 6:18-19 NTV
¹⁸ Diles que usen su dinero para hacer el bien. Deberían ser ricos en buenas acciones, generosos con los que pasan necesidad y estar siempre dispuestos a compartir con otros. ¹⁹ De esa manera, al hacer esto, acumularán su tesoro como un buen fundamento para el futuro, a fin de poder experimentar lo que es la vida verdadera.

Mateo 7:21-23 RVA
[21] No todo el que me dice: Señor, Señor, entrará en el reino de los cielos: mas el que hiciere la voluntad de mi Padre que está en los cielos. [22] Muchos me dirán en aquel día: Señor, Señor, ¿no profetizamos en tu nombre, y en tu nombre lanzamos demonios, y en tu nombre hicimos mucho milagros? [23] Y entonces les protestaré: Nunca os conocí; apartaos de mí, obradores de maldad.

Romanos 2:11
RVA: [11] Porque no hay acepción de personas para con Dios.
RVR 1960: [11] porque no hay acepción de personas para con Dios.
LBLA: [11] Porque en Dios no hay acepción de personas.
NTV: [11] Pues Dios no muestra favoritismo.

Resumen de las Escrituras: Somos salvos por nuestra fe en Jesucristo según la gracia de Dios. Las buenas obras no salvarán a nadie. Sin embargo, la fe y las obras no se pueden separar. Una persona salva debe tener ambos. Sin embargo, la fe en Jesús es lo que salva a una persona. Las obras no salvan a una persona. Pero una persona que tiene verdadera fe en Jesucristo deseará seguir las enseñanzas de Jesús y esa persona querrá hacer buenas obras que beneficien a otras personas. Las buenas obras que hace la persona son la evidencia de que la persona tiene una fe salvadora en Jesucristo. Una persona primero debe tener fe, y luego sus buenas obras resultarán en recompensas celestiales que durarán por la eternidad.

Dios no muestra favoritismo. Todos somos iguales a los ojos de Dios y todos tenemos la misma oportunidad de aceptar a Jesucristo como nuestro Salvador personal. Después de ser salvos, todos tenemos la misma oportunidad de hacer buenas obras en proporción a nuestras habilidades y recursos.

Sin embargo, una persona puede hacer muchas buenas acciones con la falsa creencia de que sus buenas acciones la salvarán. Pero cuando se presenten ante Dios serán rechazados porque no creyeron en Jesús. La razón por la que una persona será rechazada se debe a la falta de fe salvadora en Jesús y el rechazo no se debe a la falta de buenas obras.

Por otro lado, si una persona dice que es cristiana, pero esa persona no intenta practicar la fe cristiana, es posible que esa persona no sea verdaderamente salva porque es posible que no tenga una verdadera fe salvadora en Jesús. La falta de verdadera fe en Jesús será lo que condene a esa persona y no la falta de buenas obras de la persona.

Leer la Santa Biblia con regularidad

El deseo de leer la Santa Biblia es uno de los rasgos de una persona que ha sido salva y que realmente quiere agradar a Dios, y que realmente quiere aprender más acerca de Dios. Esta persona se da cuenta de que el conocimiento bíblico es conocimiento eterno y, por lo tanto, es más valioso que cualquier otro conocimiento que la persona pueda adquirir de cualquier otra fuente. Leer la Santa Biblia significa que no dependemos de otra persona para que nos enseñe acerca de Dios, sino que estamos tratando de aprender directamente de Dios. Esto puede ayudarnos a evitar muchos errores. La razón es porque podremos determinar si una enseñanza específica concuerda con otras enseñanzas de la Biblia, o si la enseñanza está malinterpretando una escritura específica porque la interpretación propuesta ignora otras Escrituras que contradicen la interpretación propuesta de esa escritura. La lectura de la Biblia debe hacerse todos los días, incluso si es solo unos minutos cada día y solo leemos una página o media página por día.

Isaías 34:16
RVA: [16] Inquirid en el libro de Jehová, y leed . . .
RVR 1960: [16] Inquirid en el libro de Jehová, y leed . . .
LBLA: [16] Buscad en el libro del SEÑOR, y leed: . .
NTV: [16] Escudriñen el libro del SEÑOR y vean lo que él hará. . . .

Isaías 59:21 RVA
[21] Y este será mi pacto con ellos, dijo Jehová: El espíritu mío que está sobre ti, y mis palabras que puse en tu boca, no faltarán de tu boca, ni de la boca de tu simiente, dijo Jehová, ni de la boca de la simiente de tu simiente, desde ahora y para siempre.

Isaías 40:8 RVA
[8] Sécase la hierba, cáese la flor: mas la palabra del Dios nuestro permanece para siempre.

Salmo 119:89 RVA
[89] Para siempre, oh Jehová, Permenece tu palabra en los cielos.

Mateo 24:35 RVA
[35] El cielo y la tierra pasarán, mas mis palabras no pasarán.

2 Timoteo 3:16-17 RVA
[16] Toda Escritura es inspirada divinamente y útil para enseñar, para redargüir, para corregir, para instituir en justicia, [17] Para que el hombre de Dios sea perfecto, enteramente instruído para toda buena obra.

2 Timoteo 2:15 RVA
[15] Procura con diligencia presentarte á Dios aprobado, como obrero que no tiene de qué avergonzarse, que traza bien la palabra de verdad.

Resumen de las Escrituras: Una comprensión correcta de la Santa Biblia nos ayudará a tomar mejores decisiones a diario y esto nos ayudará a comportarnos de una manera que glorifica a Jesús y agrada a Dios. Recuerde que nuestras recompensas eternas se basarán en las cosas que hagamos mientras aún estemos vivos aquí en la tierra y que nuestras recompensas se basarán en nuestras obras que sobrevivan a la prueba del fuego (consulte la página 121).

Leyes de Dios

Solo habrá un legislador en el cielo y ese será Dios. No habrá debate ni votación en el cielo sobre si algo debe o no debe permitirse. Por lo tanto, deberíamos comenzar a obedecer las leyes de Dios ahora. Las leyes de Dios no son arbitrarias. Las leyes de Dios están diseñadas para mejorar la calidad de nuestra vida sin afectar negativamente la calidad de vida de otras personas. La esencia de las leyes de Dios se puede resumir en la Regla de Oro de la siguiente mane:

Mateo 7:12
RVA: [12] Así que, todas las cosas que quisierais que los hombres hiciesen con vosotros, así también haced vosotros con ellos; porque esta es la ley y los profetas.
RVR 1960: [12] Así que, todas las cosas que queráis que los hombres hagan con vosotros, así también haced vosotros con ellos; porque esto es la ley y los profetas.
LBLA: [12] Por eso, todo cuanto queráis que os hagan los hombres, así también haced vosotros con ellos, porque esta es la ley y los profetas.
NTV: [12] »Haz a los demás todo lo que quieras que te hagan a ti. Esa es la esencia de todo lo que se enseña en la ley y en los profetas.

Resumen de las Escrituras: *Mi opinión personal* es que la Regla de Oro contiene tanto una bendición como una maldición.

1. **Bendición:** Si hacemos el bien a los demás, otras personas harán cosas buenas por nosotros. Aunque el impacto puede ser inmediato, también es posible que el impacto se retrase hasta algún momento en el futuro.
2. **Maldición:** Si hacemos cosas malas a otras personas, otras personas nos harán cosas malas a nosotros. El efecto negativo puede ser inmediato o puede ocurrir en algún momento futuro de nuestras vidas.

Dios siempre cumple sus promesas. Si hemos hecho el bien y se nos debe una recompensa, Dios se asegurará de que recibamos esa recompensa en el mejor momento posible de nuestras vidas. Si somos malvados y merecemos ser castigados, entonces Dios nos castigará en el momento exacto en que Él lo desee en base a Su plan soberano para toda la humanidad.

Lenguaje vulgar

El tipo de lenguaje que usemos será importante en el cielo. No se permitirá nada profano en el cielo y eso significa que no se permitirá lenguaje obsceno. Poder hablar sin usar malas palabras es un hábito que debemos dominar mientras aún estemos vivos aquí en esta tierra. Si una mala palabra de vez en cuando se nos escapa de la boca, debemos darnos cuenta instantáneamente, y debemos disculparnos de inmediato con todos los que nos escuchan, y debemos pedirle a Dios que nos perdone, y debemos tratar de no usar esas malas palabras nuevamente por cualquier razón. La mejor manera de evitar el uso de malas palabras es no acostumbrarse a usar malas palabras para empezar. No se debe permitir el lenguaje inapropiado en nuestros hogares. Y no debemos usar lenguaje soez en nuestras relaciones sociales y no debemos usar lenguaje soez cuando estamos en el trabajo.

También debemos evitar usar el nombre del Señor de manera inapropiada. Esto incluye el nombre de Jesús, el nombre de Dios Padre y el nombre del Espíritu Santo. Los nombres de Dios no deben usarse para maldecir a alguien, o como parte de una exclamación de sorpresa, o para describir algo que es común como "santo".

Mateo 12:36 RVA
[36] Mas yo os digo, que toda palabra ociosa que hablaren los hombres, de ella darán cuenta en el día del juicio;

Mateo 5:34-37 RVA
[34] Mas yo os digo: No juréis en ninguna manera: ni por el cielo, porque es el trono de Dios; [35] Ni por la tierra, porque es el estrado de sus pies; ni por Jerusalem, porque es la ciudad del gran Rey. [36] Ni por tu cabeza jurarás, porque no puedes hacer un cabello blanco ó negro.
[37] Mas sea vuestro hablar: Sí, sí; No, no; porque lo que es más de esto, de mal procede.

1 Pedro 3:10 RVA
[10] Porque El que quiere amar la vida, Y ver días buenos, Refrene su lengua de mal, Y sus labios no hablen engaño;

Santiago 1:26 RVA
[26] Si alguno piensa ser religioso entre vosotros, y no refrena su lengua, sino engañando su corazón, la religión del tal es vana.

Santiago 3:9-10 RVA
[9] Con ella bendecimos al Dios y Padre, y con ella maldecimos á los hombres, los cuales son hechos á la semejanza de Dios. [10] De una misma boca proceden bendición y maldición. Hermanos míos, no conviene que estas cosas sean así hechas.

Proverbios 29:20
RVA: [20] ¿Has visto hombre ligero en sus palabras? Más esperanza hay del necio que de él.
RVR 1960: [20] ¿Has visto hombre ligero en sus palabras? Más esperanza hay del necio que de él.
LBLA: [20] ¿Ves a un hombre precipitado en sus palabras? Más esperanza hay para el necio que para él.
NTV: [20] Hay más esperanza para un necio que para la persona que habla sin pensar.

Resumen de las Escrituras: Obtener el control de nuestra lengua puede ser una tarea extremadamente desafiante si hemos permitido que se salga de control en el pasado. Pero si realmente deseamos convertirnos en el tipo de persona que agrada a Dios, entonces tenemos que esforzarnos continuamente para evitar que nuestra lengua diga cosas que son ofensivas para Dios, para los miembros de nuestra familia y para otras personas.

Generosidad

Cuando damos a los demás, logramos tres cosas:

1. Ayudamos a mejorar la vida de la persona o las personas que reciben el regalo.
2. Recibimos una bendición en esta tierra.
3. Recibiremos una recompensa en el cielo por nuestra buena acción.

Lucas 6:38 RVA
38 Dad, y se os dará; medida buena, apretada, remecida, y rebosando darán en vuestro seno: porque con la misma medida que midiereis, os será vuelto á medir.

Marcos 12:41-44 NTV
41 Jesús se sentó cerca de la caja de las ofrendas del templo y observó mientras la gente depositaba su dinero. Muchos ricos echaban grandes cantidades. 42 Entonces llegó una viuda pobre y echó dos monedas pequeñas.
43 Jesús llamó a sus discípulos y les dijo: «Les digo la verdad, esta viuda pobre ha dado más que todos los demás que ofrendan. 44 Pues ellos dieron una mínima parte de lo que les sobraba, pero ella, con lo pobre que es, dio todo lo que tenía para vivir».

Resumen de las Escrituras: Nuestra recompensa celestial por nuestra generosidad no se basará en la cantidad que demos. En cambio, nuestra recompensa se basará en la proporción de nuestros ingresos que regalamos voluntariamente y en las razones que nos motiven a dar.

Santidad

Debemos tratar de convertirnos en mejores personas porque Dios nos dice en la Santa Biblia que debemos ser santos y que debemos tratar de imitar Su comportamiento.

Hebreos 12:14 RVA
14 Seguid la paz con todos, y la santidad, sin la cual nadie verá al Señor:

1 Pedro 1:15-16 RVA
15 Sino como aquel que os ha llamado es santo, sed también vosotros santos en toda conversación: 16 Porque escrito está: Sed santos, porque yo soy santo.

2 Pedro 3:11 RVA
11 Pues como todas estas cosas han de ser deshechas, ¿qué tales conviene que vosotros seáis en santas y pías conversaciones,

Tito 1:7-9 NTV
7 Pues un líder de la iglesia es un administrador de la casa de Dios, y debe

vivir de manera intachable. No debe ser arrogante, ni iracundo, ni emborracharse, ni ser violento, ni deshonesto con el dinero. ⁸ Al contrario, debe recibir huéspedes en su casa con agrado y amar lo que es bueno. Debe vivir sabiamente y ser justo. Tiene que llevar una vida de devoción y disciplina. ⁹ Debe tener una fuerte creencia en el mensaje fiel que se le enseñó; entonces podrá animar a otros con la sana enseñanza y demostrar a los que se oponen en qué están equivocados.

1 Tesalonicenses 4:7-8 RVA
⁷ Porque no nos ha llamado Dios á inmundicia, sino á santificación. ⁸ Así que, el que menosprecia, no menosprecia á hombre, sino á Dios, el cual también nos dió su Espíritu Santo.

Resumen de las Escrituras: No seremos perfectos hasta que recibamos nuestros cuerpos glorificados. Pero si realmente deseamos agradar a Dios, entonces debemos tratar de mejorar nuestro comportamiento y llegar a ser más como Jesús mientras estemos todavía en nuestros cuerpos mortales aquí en esta tierra.

Honra el día de reposo

Éxodo 20:8-11 RVA
⁸ Acordarte has del día del reposo, para santificarlo: ⁹ Seis días trabajarás, y harás toda tu obra; ¹⁰ Mas el séptimo día será reposo para Jehová tu Dios: no hagas en él obra alguna, tú, ni tu hijo, ni tu hija, ni tu siervo, ni tu criada, ni tu bestia, ni tu extranjero que está dentro de tus puertas: ¹¹ Porque en seis días hizo Jehová los cielos y la tierra, la mar y todas las cosas que en ellos hay, y reposó en el séptimo día: por tanto Jehová bendijo el día del reposo y lo santificó.

Resumen de las Escrituras: Recibiremos recompensas por ser obedientes a la voluntad de Dios. Si tratamos el día de reposo con el respeto que se merece, entonces hay una muy, muy buena posibilidad de que seamos recompensados por nuestro comportamiento en el juicio de Cristo.

La mayoría de los cristianos observan el domingo, el primer día de la semana, como un día de descanso y adoración. En otras palabras, la mayoría de los cristianos observan el domingo como día de reposo (en lugar de sábado) por las siguientes razones:

Mateo 28:1 RVR 1960
¹ Pasado el día de reposo, al amanecer del primer día de la semana, vinieron María Magdalena y la otra María, a ver el sepulcro.

Marcos 16:9 RVA
⁹ Mas como Jesús resucitó por la mañana, el primer día de la semana, apareció primeramente á María Magdalena, . . .

Juan 20:18-20 RVA
¹⁸ Fué María Magdalena dando las nuevas á los discípulos de que había visto al Señor, y que él le había dicho estas cosas.

¹⁹ Y como fué tarde aquel día, el primero de la semana, y estando las puertas cerradas donde los discípulos estaban juntos por miedo de los Judíos, vino Jesús, y púsose en medio, y díjoles: Paz á vosotros.
²⁰ Y como hubo dicho esto, mostróles las manos y el costado. Y los discípulos se gozaron viendo al Señor.

Hechos 20:7 RVA
⁷ Y el día primero de la semana, juntos los discípulos á partir el pan, Pablo les enseñaba, . . .

1 Corintios 16:2 RVA
² Cada primer día de la semana cada uno de vosotros aparte en su casa, guardando lo que por la bondad de Dios pudiere; para que cuando yo llegare, no se hagan entonces colectas.

Apocalipsis 1:10 RVA
¹⁰ Yo estaba en el Espíritu en el día del Señor, . . .

Romanos 14:5-6 RVA
⁵ Uno hace diferencia entre día y día; otro juzga iguales todos los días. Cada uno esté asegurado en su ánimo. ⁶ El que hace caso del día, háce lo para el Señor: y el que no hace caso del día, no lo hace para el Señor. El que come, come para el Señor, porque da gracias á Dios; y el que no come, no come para el Señor, y da gracias á Dios.

Hebreos 10:25 NTV
²⁵ Y no dejemos de congregarnos, como lo hacen algunos, sino animémonos unos a otros, sobre todo ahora que el día de su regreso se acerca.

Resumen de las Escrituras: Los versículos de las Escrituras anteriores proporcionan algunas de las razones por las que la mayoría de los cristianos observan el domingo como su día de reposo. Fue el día en que Jesucristo resucitó de entre los muertos y fue el día en que se mostró vivo a muchos de sus seguidores. Era el día en que se recogían las ofrendas. Fue el día en que Jesús se apareció al apóstol Juan, y Jesús le mostró a Juan los eventos que Juan registró en el libro de Apocalipsis. Durante los años siguientes, las iglesias cristianas recién formadas comenzaron gradualmente a observar el primer día de la semana como el día en que se reunirían y adorarían a Dios. Esa práctica ha continuado hasta el siglo XXI.

Algunas personas tienen que trabajar los domingos, como bomberos, policías y empleados del hospital. Esta es la razón por la que algunas personas asisten a un servicio de adoración formal en su iglesia en un día diferente de la semana. Romanos 14:5-6 arriba es la escritura que apoya esta práctica.

Si actualmente no asiste a un servicio religioso cada semana, le recomiendo encarecidamente que comience de inmediato. Si no puede asistir físicamente a un servicio religioso en persona, aún puede asistir a un servicio religioso desde su hogar si tiene acceso a internet porque muchas iglesias están transmitiendo sus servicios religiosos semanales a través de internet. Si no tiene acceso a internet pero tiene acceso a una televisión, es posible que pueda ver un servicio religioso mientras se transmite por televisión. Si no tiene acceso a una televisión, pero sí a una radio, es posible que pueda escuchar un servicio religioso en vivo mientras se transmite por la radio. Por lo tanto, cada uno de nosotros puede adorar a Dios en el día de reposo, incluso si estamos confinados en nuestro hogar o en una cama de hospital.

Las últimas palabras de Jesús antes de ascender al cielo
Mateo 28:18-20 RVA

[18] Y llegando Jesús, les habló, diciendo:

Toda potestad me es dada en el cielo y en la tierra. [19] Por tanto, id, y doctrinad á todos los Gentiles, bautizándolos en el nombre del Padre, y del Hijo, y del Espíritu Santo: [20] Enseñándoles que guarden todas las cosas que os he mandado: y he aquí, yo estoy con vosotros todos los días, hasta el fin del mundo. Amén.

Resumen de las Escrituras: Justo antes de que Jesús ascendiera al cielo, dijo que deberíamos contarle a todo el mundo sobre Él, y deberíamos enseñar a todos a obedecer todos Sus mandamientos. Si hacemos esto, entonces quizás Jesús nos salude al cielo con las palabras: "Bien, buen siervo y fiel". (Mateo 25:21)

Breve resumen del capítulo
¿Qué nos llevaremos a la eternidad?

Además de nuestras almas eternas, también podemos llevar algunos de los siguientes con nosotros a la eternidad:

1. Nuestro amor por Dios y nuestro amor por los demás, especialmente los miembros de nuestra familia y nuestros amigos cercanos. Nuestro amor se medirá por nuestras acciones y nuestro amor no se medirá en función de las hermosas palabras que nos decimos unos a otros.

2. Nuestro conocimiento de la Santa Biblia. Las palabras de Dios son eternas, y las palabras de Dios nunca pasarán, y las palabras de Dios nunca serán menos importantes. Hay varias Escrituras en la Santa Biblia que mencionan que recibiremos una bendición o una recompensa por leer o escuchar las palabras de Dios (Apocalipsis 1:3).

3. En el tribunal de Cristo recibiremos recompensas por las buenas obras que hagamos mientras estemos vivos aquí en la tierra.

4. En el tribunal de Cristo recibiremos una recompensa en proporción a nuestra generosidad mientras estuvimos aquí en la tierra y en base a las razones que nos motivaron a dar. Recuerde el regalo de la viuda de dos pequeñas monedas (Marcos 12:41-44).

5. Podemos recibir una o más coronas en función de lo que hacemos mientras estamos vivos aquí en la tierra.
6. Nuestros cuerpos glorificados brillarán en proporción a nuestro buen comportamiento mientras todavía estemos vivos aquí en la tierra. La luminosidad de nuestro cuerpo aumentará en proporción a nuestro éxito en las siguientes actividades:
   a. Qué bien aprendemos las leyes de Dios.
   b. Cuán bien obedecemos las leyes de Dios.
   c. El grado en que nos volvemos mejores personas (o más santos).
   d. Qué tan bien usamos un buen lenguaje y qué tan bien evitamos usar todo tipo de lenguaje inapropiado.
   e. Nuestra capacidad para perdonar a los demás, especialmente cuando realmente no queremos perdonar. Esto se medirá por la sinceridad de nuestro perdón como lo demuestran nuestras acciones y nuestros pensamientos.
   f. Nuestros esfuerzos por llevar a otras personas a un conocimiento salvador de Jesucristo.
   g. Con qué frecuencia practicamos nuestra fe porque la mejor manera de aumentar nuestra fe es usar nuestra fe. Sin embargo, nuestra fe debe ejercerse con buen juicio y no de manera imprudente. Por ejemplo, cuando el diablo le dijo a Jesús que saltara desde lo alto del templo para probar que era el Hijo de Dios, Jesús se negó citando un pasaje de las Escrituras que decía que no deberíamos probar a Dios (Mateo 4:5-7).
   h. La sinceridad de nuestra adoración a Dios el Padre, Jesús el Hijo y el Espíritu Santo.
   i. El respeto que mostramos por el día de reposo y si evitamos hacer el trabajo ordinario en el día de reposo, como lavar nuestros autos. También debemos evitar ir de compras el día de reposo, excepto en una emergencia, como por ejemplo, necesitar algún medicamento debido a una enfermedad que comienza la noche anterior al día de reposo o el mismo día de reposo. Si disfrutamos comiendo en un restaurante, entonces quizás deberíamos comer en un restaurante cualquier día excepto el día de reposo, a menos que sea absolutamente necesario. Si más cristianos no comen en un restaurante en el día de reposo, esto podría ayudar a reducir el número de personas que tienen que trabajar en el día de reposo para servir a los cristianos. Esto definitivamente agradaría a Dios y probablemente resultaría en una recompensa celestial porque estamos tratando sinceramente de obedecer a Dios y honrar el día de reposo al no requerir que otros trabajen en el día de reposo para poder servirnos una comida.

Índice

A

Abominación desoladora ... 43,47, 48,52,59-61,65,74-78
Abismo 21,26-28,63,83-85,89, 90,98-100,113
Abraham 22,145,154,165,197
Adán 12,13,100,121,135, 153,162,192
Adivinación 106,107,139
Adivino 107,139
Adulterio 31,104,106,107
Agua viva 43,81,87,88,95-97, 126,129-132,135
Agua de vida 13,106,124,125 131,134
Alas 7,8,127,128,158,159
Alpha 13,29,106,124,125,134
Alfarero 32,166,167
Alma 8-11,13,19,21-28,58,83, 85,87,89,95,96,99-101,104,121, 131,137,138,141,144,168,170, 172,180,182-183,193,194,205
Amor 7,12,30,91,188,189, 193,194,195,205
Ángeles buenos .. 15,19,20,21,22, 23-25,27-33,54-64,75,76,78,86, 108,109,115,118,124,126,128, 129,134,138,149,153,155-158, 160,188,189,192,193
Ángeles malos 15,16,19-21, 24-28,110,139
Animales 7-9,14,43,48,54, 57,58,83,91,97,105,127,128,133
Apocalipsis 45
Arameo 4
Árbol de la vida 30,88,96,97, 125,126,131-135
Árbol de ciencia . 12,100,133,135
Arcángel 71

Arca de su pacto 67,68,105
Armagedón 43,55,77,78, 79-85,89,90,97,99,101
Arrepentimiento 18,22,24,25, 30-34,54,108,110,116,138,140, 166,173,179,180,185-188,191
Artes mágicas 106,107
Asesinato 16,18,104,106, 107,110,112,124,125,134,182
Ay 63-65
Azufre 13,19,25,48,82,85,89, 90,99,103,106,124

B

Babel 152,153
Babilonia 55,68,81
Banquete 22,154
Bautizado 7,130
Bethlehem 15,158,162,163,182
Bestia 19,25,26,45,48,50,52, 54,55,65,77,79,80,82,83,85,86, 89-91,99,101-104,113
Bestialidad 107
Bethfagé 165
Boda 154-155
Bolsas 119,122
Borracheras 106,107
Buenas acciones 3,32,102,103, 111,117,120,122,152,192,193, 197,198,205
Burro 80,104,165,166

C

Caballo 48,57,58,80-82,85,89,128
Cabello 72,142,154,159,201
Cabra 41,42,92,96,157
Calavera 168,177
Calidad 121,200
Calvario 177
Celos 106,107

Índice 207

Centurión 145,169,178
Ciegos 18,159,163
Cielo 21,28,105,120,122
Cielo nuevo 21,27,28,92,122
Ciudad Santa 6,8,27,35,50,100, 124,126,135,145,153,159,169
Cobra 92
Cobardes 106,107,124,134
Codicia 104,107,133
Codo 35-41,44,87,95,124, 130,150
Conciencia 10,18,112
Corona de gloria 156
Corona de justicia 156
Corona de la vida 30,156
Criminales 116,177,178,180
Cristianismo 161-176
Copa 35,45,54-55,61,64-68, 79,81,124
Cuerpo humano 9-13,21,24-27,137
Cuerpos resucitados 137-160

D

Demonios 15-21,26-28,55,79, 139,188,191,196-198
Diablo 15-21,24-28,30,83-85, 88-90,98-100,103,109,110, 135,139,156,162,188,206
Día de reposo 104,170, 178,179,203,204,205,206
Diez mandamientos 103-105
Dos testigos 35,45,50,68,86

E

Edén 19,100,133-135,153,162
Efeso 30
Elías 24,100,102,140,141, 144,147,152,154,158,169
Eliseo 83,141,144
Emanuel 163
Emaús 148,155
Enemistades 106,107

Enfermedad 17-18,97,140,142, 151,159,206
Engaño 33,90,106,107,168,201
Enoc 24,102
Envidia 106,107
Espíritu, hombre 9-11,137
Espíritus malignos 15-16,19,79
Espíritu Santo ... 5-13,18,109,129, 130,132,139,157,160-164, 171-173,186-192,201-206
Esposa 6,8,11,27,32,124,125, 131,134,195
Estadios 81,124,126,143,148
Estafadores 107
Esteban 24,174
Estrellas 16,30,32,59,60,63,65,75, 76,82,101,113,114,146,147,152
Éufrates 54,64,79
Eutichô 144
Eva 100,121,135,153,162,192
Evangelio 11,17,23-25,73-77, 86,108,113,150,156,158,165, 185,186,188,191

F

Falso profeta 19,25,26,48,52, 55,79,82-85,89,90,99,103
Falso testimonio 104
Fe 196
Filadelfia 33
Filisteos 83,139,140
Fornicación 106,107
Frente ... 33,52,55,60,64,65,85,86, 89,90,99,125,126,134,153,159
Fuego eterno ... 19,24,84,86,89,90, 100,106,110-114,122,139,191

G

Gedeón 83
Generosidad 119,198,202,205
Gentiles 23,35,50,74,163-165, 171,173,205

Gólgotha 168,177
Graham, Billy y Ruth 195
Granizo 55,63,67,68,81,83
Gran tribulación 24,35,43,
   45,59,60,69,76,78,83,85,86,87,
   96,97,101,102
Gran trono blanco 13,21,25-27,
   101-105,110-118,122,190,191

H
Hades 21-27,83,93,100
Hambruna 58,65,74
Hechiceros 13,106,124,125,134
Higuera 59,60,75,94,133
Hipócritas 120
Hombre rico 22,140,154,170,
   178,180
Homosexualidad 106,107
Hurtos 18,106,107

I
Idioma, universal 152,153
Idolatría 23,106,107,
   124,125,134
Ídolos 31,32,42,104
Inmoralidad sexual 31,32,107
Incensario de oro 67,68
Infierno 10,11,13,19,21-23,
   26-28,48,52,58,101,111,114,138-
   140,154,172,180,183,186,188
Insensatez 106,107
Ira de Dios ... 54,61,81,90,108,183
Iras 106,107
Isaac 145,197

J
Jacob 93,94,129,145,164
Jairo 141
Jerusalem .. 17,35,43,60,77,79-83,
   87-100,129-132,143,145,147-149,
   157,163-166,168,171,177,189,201
Joab 83
Jonatán 83

Josaphat 81
José de Arimatea 170,178
José, esposo de María 162,163
Judío 30,33,43,46,47,59-61,
   65,86,108,129,142-144,162,163,
   168,169,177,178,191,204

L
Ladrón 22,23,32,55,79,106,
   107,110,116,119,122,123,127,
   168,177,179,180,182,189
Lago de fuego 13,19-21,25-28,
   48,82,84-86,88-90,93,99-103,
   111-117,122,138,185,191
Langostas 63-65
Laodicea 33
Lascivia 23,107
Latina 177,178
Lázaro, hermano 142-144
Lázaro, mendigo 22,140,180
Lenguaje, malo 200,206
Lenguaje universal 152
León 8,39,52,64,91-93
Leopardo 52,92
Libro de la vida 6,13,25,26,32,
   99,101,103,111,113-117,122,
   125,126,135,155,174,175,189
Lobo 91,92,93
Locura 138,181
Lugar Santísimo 38,44,105
Lugar Santo .. 40,44,46,59,74,105
Luna oscurecida 59-60,63,65,
   75,76,82

M
Maledicencia 106,107
Malos pensamientos 106,107
Maná 31,153
Marca de la bestia 25,48,54,
   55,65,86,90,97,101
María Magdalena 17,148,170,
   179,203
Matrimonio 156,157,160,195

Mentiroso 13,16,30, 106,107,124,183,194
Miguel, ángel 16,101,113
Moisés 22,83,102,105,113, 147,149,152,154,158,164
Monte de los olivos 57,73,80
Muerte, primera 12,13,138
Muerte, segunda 12,13,21, 26,27,30,34,85,89,97,99,101, 106,111,114,124,138

N
Nacimiento, primeros 10
Nacimiento, segundo 11
Nain 141
Nathán 173
Nazaret 18,164
Neutralidad 185
Nicodemo 11
Nicolaítas 30,31
Niños 97,189,190
Noé 23,71
Nueva Jerusalén 8,27,33,34,88, 88,94,95,96,114,123-127,135,153
Nueva tierra 21,27,28, 92,93,94,123-128

O
Omega 13,29,106,124,125,134
Orgías 23,106,107
Oro .. 18,30,33,35,54,64,67,68,80, 113,121,124,126,141,144,200
Oscurecido por el sol 59,60, 63,64,65,75,76,82
Osa 91,92

P
Pablo 24,72,144,159,174,204
Paraíso 13,21-27,30,34, 102,116,134,138,140,178-180
Patmos 29
Paz universal 93,94,97

Pecado 182-184
Pentecostés 130,132
Perdona 102,103,108,111, 114-116,118,121,127,140,177, 179,180,183,184,186,189-192, 195,196,206
Pérgamo 31
Piedrecita blanca 31,153
Pilato 169,170,177-179
Plaga 6,18,45,50,54,55,58,68, 80,81,124,126,134
Plata 18,35,80,121,166-167
Posesión demoníaca 17
Primera muerte 12,13,138
Primera resurrección 12,77, 84-86,89,97,99,101,102
Primer nacimiento 10
Prostitución 107

Q
Querubín 39,128,133,135

R
Rapto .. 59-61,71-78,85,86,96,101
Recompensas 102,103,111, 117-122,193-206
Reencarnación 137
Reinado de Jesucristo 82,84, 87,89-98
Rejas de arado 93,94
Relámpagos 55,67,68,81
Resurrección 82,84,72,110, 137,138,143,145,146,147,148, 151,156,157,169,182,184
Resurrección, primero 12,77, 84-86,89,97,99,101,102
Resurrección, segundo . 25,83,84, 101-102,111,115,117
Rodilla 87,95,117,118,130,144
Ropa blanca 32,34,59,60, 76,155,159

S
Salvación, plan 181-192
Samuel 139,140,152
Sangre, Jesús .. 60,76,111,122,135,
  169,172,178,183,184,190,191
Santidad 80,202
Santo, santo, santo 7,8,127
Sardis 32
Satanás 16,19-21,25-33,
  83,85,89,90,99,135,161,162
Saúl 83,139-140
Segunda muerte 12,13,21,
  26,27,30,34,85,89,97,99,101,
  106,111,114,124,138
Segunda resurrección .. 25,83,84,
  101-102,111,115,117
Segundo nacimiento 11-13
Seol 23
Serafín, serafines 7,8,127,128
Serpiente 16,26,83,85,89,
  92,93,97,99,133,162
Siete años 46-48
Siete copas 54-55
Siete iglesias 29-34
Siete plagas 54-54
Siete sellos 57-61
Siete trompetas 63-65
Siete truenos 64-67
Silencio 60,61,67,68
Sión ... 82,88,90,91,93,94,131,165
Soberbia 90,106,107
Smirna 30

T
Tablas de piedra 105
Teorías de la tribulación 73,77
Terremoto 55,59,67,68,
  73-75,79-83,145,169,171,179
Tesoro 108,114,117.119.122,
  127,166,202
Tiatira 31-32
Tierra nueva 21,27,28,
  92,93,94,123-128
Trono del juicio de Cristo 102,
  103,111,117,118,120-122,192
Tumba 12,23,86,142,145,
  170,172,184,191
Templo, reconstruido 35-44,
  87-88,94-96,129-131
Templo, croquis 44
Tres ayes 63-65
Trueno . 48,55,57,64,67,68,81,128

U
Uzzías, rey 7,79,127

V
Verbo, El 6,82,148,161,181
Víbora 92,108
Vino 58,96,97,154
Virgen 162-163,191
Volar 63,86,158
Voz del Hijo de Dios .110,146,184
Vulgata 177

Z
Zabulón 163,164,165

Sobre el Autor
Robert Wayne Atkins, P.E. (Grandpappy o abuelo)
Nacido en 1949. Aceptó a Jesucristo como Salvador en abril de 1976.
B.S. Ingeniería Industrial e Investigación de Operaciones, Instituto Politécnico y Universidad Estatal de Virginia, 1972.
Máster en Administración de Empresas, Universidad Estatal Georgia, 1985.
Ingeniero Profesional Licenciado (P.E.) en Florida 1980, y Georgia 1982.
Profesor de Ingeniería Industrial y Tecnología de Ingeniería Industrial, Facultad Politécnica del Sur de Ingeniería y Tecnología de Ingeniería, Universidad Estatal de Kennesaw, 1984 a 2021.
Miembro de "The Gideons International" continuamente desde 1979.
Ordenado Diácono en la Iglesia Cristiana, Ocala, Florida, 1980.
Autor de nueve juegos de software, incluido "La Corona Perdida de la Reina Ana", 1988-1991.
Autor colaborador del "Manual de Ingeniería Industrial de Maynard", 5ª edición, pág. 5.10, 2001.
Autor colaborador del "Manual de Ingeniería Industrial y de Sistemas de Maynard", 6ª edición, pág. 102, 2023.
Incluido en "Quién es Quién en el America", 64ª edición, 2010.
Incluido en "Quién es Quién en el Mundo", 29ª edición, 2012.
Destinatario del "Premio a la Trayectoria" de "Quién es Quién", 2019.

Otros libros de este mismo autor:
1. Handbook of Industrial, Systems, and Quality Engineering (inglés).
2. Manual de Ingeniería Industrial, de Sistemas y de Calidad (español).
3. Introduction to Engineering Management.
4. Engineering Statistics and Applications.
5. Engineering Economy and Financial Analysis.
6. Introduction to Quality Engineering.
7. Introduction to Industrial and Systems Engineering.
8. Instructor's Manual: Introduction to Industrial & Systems Engineering.
9. Work Measurement and Ergonomics.
10. Instructor's Manual: Work Measurement and Ergonomics.
11. Facilities Design and Plant Layout.
12. Instructor's Manual: Facilities Design and Plant Layout.
13. Practical Small-Scale Electrical Energy Systems.
14. Practical Strategies for Long-Term Survival.
15. The Practical Prepper's Survival Handbook.
16. Self-Defense Weapons: Traditional and Modern.
17. How to Maximize Your Eating Pleasure and Your Life Expectancy.
18. The Common Sense Diet.
19. The Food Book.
20. Grandpappy's Gourmet Cookbook.
21. Grandpappy's Recipes for Hard Times.
22. Grandpappy's Campfire Survival Cookbook (inglés).
23. Recetas del Abuelo para la Supervivencia al Acampar (español).
24. Grandpappy's Survival Manual for Hard Times, Third Edition.
25. The Most Important Survival Skills of the 1800s.
26. How to Tan Animal Hides and How to Make High Quality Buckskin Clothing.
27. How to Live Comfortably for Several Years in a Hostile Wilderness Environment.
28. Some Difficult Questions Answered Using the Holy Bible.
29. Religion and Christianity in the Twenty-First Century.
30. Grandpappy's Christian Poems.
31. The New Heaven and the New Earth (inglés).
32. Grandpappy's Stories for Children of All Ages.
33. Ancient Board Games and Solitaire Games from Around the World.
34. The Four Pillars of Prosperity: Government, Business, Religion, and Banks.

www.ingramcontent.com/pod-product-compliance
Lightning Source LLC
Chambersburg PA
CBHW070639050426
42451CB00008B/219